Neue Sommerkrimis

Neue Sommerkrimis

Herausgegeben
von Johannes Thiele

Weltbild

Weltbild Buchverlag –Originalausgaben–
Das vorliegende Buch ist sorgfältig erarbeitet worden. Dennoch erfolgen alle Angaben ohne Gewähr.

Projektleitung: Dr. Ulrike Strerath-Bolz
Einbandgestaltung und Umschlagfoto: Peter Gross, München
Satz: Anke Kiederle
Druck und Bindung: Oldenbourg Taschenbuch GmbH, Hürderstraße 4, 85551 Kirchheim
Printed in Germany

ISBN 3-89604-576-8

INHALT

ES GESCHAH AN EINEM SOMMERTAG

DIE KLEINE ROQUE

Guy de Maupassant

1

Der Landbriefträger Médéric Rompel, den die Leute einfach Médéric nannten, verließ das Posthaus in Rouy-le-Tors zur gewohnten Stunde. Mit dem langen Schritt des ehemaligen Soldaten ging er durch die kleine Stadt und wählte den kürzesten Weg über die Wiesen von Villaumes, zum Ufer der Brindille, um am Wasser entlang das Dorf Carvelin zu erreichen, wo sein Bestellgang anfing. Er ging rasch das schmale Flüßchen entlang, das unter dem Weidenbogen in seinem Grasbett schäumte, murrte und sprudelte. Die großen Steine, die seinen Lauf aufhielten, waren von Wasserwülsten umschlungen wie von Krawatten, die in einem Schaumknoten endeten. Stellenweise gab es fußhohe Wasserfälle, sichtbare und unsichtbare, die unter Blättern, unter Schlingpflanzen, unter einem Dach aus grünem Laub zornig lärmten oder sanft flüsterten; wo die Ufer mehr zurücktraten, sah man einen kleinen trüben See, in dem Forellen zwischen all dem Grün schwammen, wie es auf dem Grund stiller Flüsse wächst.

Médéric ging, ohne etwas zu sehen, immer weiter und dachte nichts als: Mein erster Brief ist für Poivron, dann hab' ich einen für Renardet; also muß ich durch den Wald. Die blaue Bluse, die ein schwarzer Ledergürtel in der Taille zusammenhielt, ging rasch und gleichmäßig die grüne Weidenhecke entlang; und der Stock, der kräftige Stamm einer Stechpalme, marschierte neben ihr und hielt mit den Beinen Schritt.

So kreuzte er die Brindille auf einer Brücke aus einem einzigen Baumstamm, den man von einem Ufer zum andern geworfen hatte und dessen Geländer aus einem Strick bestand, der auf dem rechten und linken Ufer an einem Pfahl befestigt war.

Der Wald gehörte Monsieur Renardet, dem Bürgermeister von Carvelin und größten Grundbesitzer des Ortes; es war ein Stück Gehölz, das sich sehen lassen konnte mit seinen uralten, riesigen Bäumen, die gerade wie Säulen standen und sich eine halbe Meile weit auf dem linken Ufer des Flusses hinzogen, der das unermeßliche Laubdach begrenzte. Am Wasser wuchsen in der Sonne hohe Büsche; aber im Schatten des Waldes fand sich nur Moos, dichtes Moos, weich und glatt, das die stehende Luft mit einem leichten Geruch von Moder und toten Zweigen füllte.

Médéric verlangsamte seinen Schritt, nahm die schwarze, mit roten Tressen besetzte Mütze ab und wischte sich die Stirn; denn es war auf den Wiesen schon heiß, wenn es auch noch kaum acht Uhr morgens war.

Er hatte die Mütze gerade wieder aufgesetzt und seinen gewohnten raschen Schritt angenommen, als er am Fuß eines Baumes ein Messer sah, ein kleines Kindermesser. Er bückte sich danach und entdeckte noch einen Fingerhut und zwei Schritte weiter eine Nadelbüchse.

Er nahm die Sachen an sich und dachte: Ich werde sie dem Bürgermeister abliefern. Im Weitergehen sah er sich aber genau um, als erwarte er, noch etwas zu finden. Plötzlich blieb er stehen, als wenn er gegen einen Schlagbaum gerannt wäre, denn zehn Schritte vor ihm lag auf dem Moose der völlig nackte Körper eines Kindes auf dem Rücken. Es war ein kleines Mädchen von etwa zwölf Jahren. Die Arme waren ausgebreitet, die Beine gespreizt, ein Taschentuch verhüllte das Gesicht. Die Schenkel zeigten Blutflecken.

Médéric trat auf den Fußspitzen näher, als fürchte er, ein Geräusch zu machen. Er riß die Augen auf.

Was war das? Schlief sie? Dann überlegte er sich, daß man morgens um halb acht Uhr nicht ganz nackt im kühlen Baumschatten zu schlafen pflegt. Also war sie tot, und er stand vor einem Verbrechen. Bei diesem Gedanken durchschauerte es ihn kalt, obgleich er ein alter Soldat war. Außerdem war ein Mord in dieser Gegend solch eine Seltenheit, und noch dazu ein Kindesmord; er traute seinen Augen nicht. Keine Wunden waren zu sehen, nichts als das geronnene Blut auf den Beinen. Auf welche Weise war die Kleine getötet worden?

Er stand dicht vor ihr und musterte sie, auf seinen Stock gestützt. Er mußte sie kennen, er kannte ja alle Leute in der Gegend. Da er aber das Gesicht nicht sah, konnte er ihren Namen nicht erraten. Er bückte sich, um das Taschentuch von ihrem Gesicht zu nehmen, zog die ausgestreckte Hand aber wieder zurück. Hatte er ein Recht, den Körper zu berühren, ehe die Gerichtsbehörde den Todesfall protokolliert hatte? Er stellte sich die Gerichtsbehörde wie eine Art General vor, dem nichts entgeht und dem ein verlorener Knopf ebenso wichtig ist wie ein Messerstich in den Bauch. Das Tuch war vielleicht ein Hauptbeweismittel. Jedenfalls war es ein Beweisstück, das durch die Berührung einer ungeschickten Hand an Wert verlieren konnte.

Also erhob er sich, um rasch den Herrn Bürgermeister aufzusuchen; aber ein anderer Gedanke hielt ihn wieder zurück. Wenn das kleine Mädchen noch lebte, durfte er es nicht verlassen. Er kniete ziemlich weit von ihm vorsichtig nieder und streckte die Hand nach seinem Fuß aus. Er war kalt, eisig, von der schrecklichen, furchtbaren Kälte toten Fleisches, die jeden Zweifel vernichtet. Dem Briefträger drehte sich bei der Berührung das Herz im Leibe um, wie er später erzählte, und der Speichel in seinem Mund trocknete ein. Er sprang auf und eilte durch den Wald zu Renardets Haus. Die Fäuste geballt, den Stock unter dem Arm, den Kopf vorgestreckt, machte er Riesenschritte, und die Ledertasche mit den Briefen und Zeitungen schlug im Takt an seine Hüfte.

Das Haus des Bürgermeisters lag am Ende des Waldes, der sein Park war, und reichte mit einer Ecke bis an den kleinen Teich, den die Brindille bildete. Es war ein sehr altes, großes, viereckiges Haus aus grauen Steinen, das schon Belagerungen ausgehalten hatte, mit einem großen, zwanzig Meter hohen Turm, der ins Wasser hineingebaut war. Von der Höhe dieses Turmes war in alter Zeit das ganze Land überwacht worden. Er wurde Fuchsturm genannt, ohne daß man wußte, warum er so hieß, und die Besitzer dieses Lehens, das seit mehr als zweihundert Jahren in derselben Familie war, gehörten zu den halbadeligen Bürgern, denen man vor der Revolution oft in der Provinz begegnete.

Der Briefträger stürzte in die Küche, in der die Dienstboten frühstückten und rief: »Ist der Herr Bürgermeister schon auf? Ich muß ihn gleich sprechen.«

Médéric galt als ein Mann von Gewicht und Autorität, also wußte man gleich, daß etwas Ernstes geschehen sein mußte. Renardet, dem er gemeldet wurde, ließ ihn zu sich rufen. Der Landbriefträger trat, die Mütze in der Hand, bleich und atemlos ein und fand den Bürgermeister hinter einem langen Tisch sitzend, der mit durcheinandergeworfenen Papieren bedeckt war. Er war ein dicker, hochgewachsener Mann, schwerfällig und rot, stark wie ein Ochse und sehr beliebt in der Gegend, obgleich er sehr jähzornig war. Er war fast vierzig Jahre alt, seit sechs Monaten Witwer und lebte wie ein Landedelmann auf seinem Grund und Boden. Sein aufbrausendes Temperament hatte ihn oft in peinliche Geschichten verwickelt, aber die Richter von Rouy-le-Tors, seine nachsichtigen und diskreten Freunde, halfen ihm immer wieder heraus. Eines Tages hatte er den Postkutscher vom Bock geworfen, weil er seinen Hühnerhund Micmac fast überfahren hätte. Einem Wildhüter, der gegen ihn ausgesagt hatte, weil er ihn, die Flinte im Arm, auf fremdem Jagdgrund getroffen hatte, schlug er die Rippen ein. Einen Unterpräfekten, der auf einer Geschäftsreise ins Dorf kam, die Renardet für eine Wahlagitationsreise hielt, packte er beim Kragen. Er war aus alter Familientradition oppositionell.

Der Bürgermeister fragte: »Was gibt's, Médéric?«

»Ich habe ein kleines Mädchen tot in Ihrem Wald gefunden.« Renardet, ziegelrot im Gesicht, richtete sich auf:

»Was Sie sagen ... Ein kleines Mädchen?«

»Ja, ein kleines Mädchen, ganz nackt, auf dem Rücken, blutig, tot, ganz tot.« Der Bürgermeister fluchte: »Gottsdonner; ich möchte wetten, daß es die kleine Roque ist. Es ist gemeldet worden, sie sei gestern nicht wieder zu ihrer Mutter nach Hause gekommen. An welcher Stelle haben Sie sie gefunden?« Der Briefträger bezeichnete den Ort näher, gab Einzelheiten an und erbot sich, den Bürgermeister hinzuführen.

Aber Renardet wurde heftig: »Nein. Ich brauche Sie nicht. Schicken Sie mir sofort den Flurwächter, den Gemeindeschreiber und den Arzt, und machen Sie, daß Sie weiterkommen. Rasch, rasch, fort, und sagen Sie, sie sollen mir in den Wald nachkommen.«

Der Briefträger gehorchte und zog sich zurück, war aber wütend und traurig, weil er bei der Feststellung des Tatbestandes nicht dabei sein sollte.
Der Bürgermeister stand auf, nahm seinen Hut, einen großen, weichen Hut aus grauem Filz mit sehr breiter Krempe und blieb auf der Schwelle seines Hauses noch einige Augenblicke stehen. Vor ihm breitete sich ein mächtiger Rasenplatz, auf dem drei große Flecke, ein roter, ein blauer und ein weißer, sich schön abhoben, drei große korbförmige Beete mit blühenden Blumen, das eine dem Hause gegenüber, die beiden anderen zu seinen Seiten. Weiterhin ragten die ersten Bäume des Waldes bis in den Himmel auf, während links hinter der zum Teich erweiterten Brindille lichte Wiesen lagen, ein ganzes grünes Flachland, von Wassergräben und Weidenhecken durchschnitten, die wie Fabelwesen, wie Zwerge aussahen; denn sie wurden beständig gestutzt und trugen auf sehr dicken, kurzen Stämmen den zitternden Flaum junger Zweige. Rechts hinter den Ställen, den Wagenremisen und all den anderen Gebäuden, die zu der Besitzung gehörten, fing das Dorf an, eine reiche Ortschaft, deren Bewohner von Viehzucht lebten.
Renardet stieg langsam die Stufen der Vortreppe hinunter, wendete sich nach links, erreichte das Flußufer und ging langsam, die Hände auf dem Rücken, am Wasser weiter. Er ging mit gesenkter Stirn; von Zeit zu Zeit sah er sich um, ob die Leute, die er hatte rufen lassen, noch nicht kämen.
Als er die ersten Bäume erreicht hatte, blieb er unter ihnen stehen, nahm den Hut ab und wischte sich die Stirn, ganz wie Médéric es gemacht hatte, denn die heiße Julisonne fiel in Feuerströmen auf die Erde herab. Dann setzte er seinen Weg fort, blieb wieder stehen und ging zurück. Auf

einmal bückte er sich und tauchte sein Taschentuch in den Fluß zu seinen Füßen und legte es unter den Hut auf den Kopf. Wassertropfen liefen die Schläfen entlang über seine stets blauroten Ohren, über seinen mächtigen roten Hals und verschwanden einer nach dem andern in dem weißen Hemdkragen.
Da niemand erschien, stampfte er mit dem Fuß und rief dann:
»Hallo! Hallo!«
Da erschien der Arzt unter den Bäumen, ein kleiner, hagerer Mann, ein früherer Militärchirurg, der in der Gegend für sehr geschickt galt. Er hinkte, da er im Dienst verwundet worden war, und bediente sich beim Gehen eines Stocks.
Dann erschienen zusammen der Flurwächter und der Gemeindeschreiber. Sie sahen bestürzt aus, kamen keuchend angerannt und bewegten dabei die Arme so heftig, daß sie mehr mit ihnen als mit den Beinen zu laufen schienen. Renardet sagte zum Arzt: »Sie wissen, worum es sich handelt?«
»Ja, Médéric hat im Wald ein totes Kind gefunden.«
»Also vorwärts!«
Sie gingen, von den beiden anderen gefolgt, Seite an Seite. Ihre Schritte waren lautlos; ihre Augen waren gesenkt und suchten den Boden ab.
Plötzlich streckte Doktor Labarbe den Arm aus: »Da!«
In weiter Entfernung noch sah man unter den Bäumen etwas Helles. Wenn sie nicht gewußt hätten, was es war, hätten sie es kaum erraten. Es schien so leuchtend weiß wie ausgebreitetes Linnen, denn ein durch die Zweige gleitender Sonnenstrahl zog einen breiten Lichtstreif schräg über den Leib des Kindes. Als sie näher kamen, unterschieden sie allmählich die Gestalt, den verhüllten

Kopf, der dem Wasser zugewendet lag, und die beiden wie gekreuzigt ausgestreckten Arme.
»Es ist furchtbar heiß«, sagte der Bürgermeister.
Er beugte sich über die Brindille, tauchte sein Taschentuch wieder hinein und legte es auf seine Stirn. Der Arzt, den der Fall interessierte, ging rascher. Bei der Leiche angekommen, bückte er sich, um sie genau zu betrachten, rührte sie aber nicht an. Er hatte seinen Kneifer aufgesetzt und vertiefte sich in den Anblick.
Er sagte, ohne sich aufzurichten: »Notzucht und Mord, was wir gleich feststellen werden. Das kleine Mädchen ist übrigens beinahe eine Frau, sehen Sie sich mal die Brust an.«
Die beiden schon ziemlich entwickelten Brüste hingen, durch den Tod weich geworden, schlaff herab.
Der Arzt hob vorsichtig das Tuch auf, das ihr Gesicht verhüllte. Es sah schwarz und schrecklich aus, mit herausgestreckter Zunge und hervorgequollenen Augen. Er sagte: »Wahrhaftig, der Kerl hat sie nach vollbrachter Notzucht erdrosselt.«
Er betastete den Hals: »Erdrosselt, mit den Händen, die übrigens keine besondere Spur zurückgelassen haben, keinen Nagel- oder Fingerabdruck. Es ist wirklich die kleine Roque.«
Er legte das Tuch zart wieder über ihr Gesicht: »Ich kann hier nichts machen; sie ist mindestens schon zwölf Stunden tot. Man muß das Gericht benachrichtigen.«
Renardet stand mit den Händen auf dem Rücken und musterte starr den kleinen, aufs Moos hingestreckten Körper. Er murmelte: »So ein Schuft! Man sollte übrigens nach den Kleidern suchen.«
Der Arzt befühlte die Hände, die Arme, die Beine der Toten und sagte: »Sie hat sicher ein Bad nehmen wollen. Die Kleider werden am Ufer sein.«

Der Bürgermeister befahl: »Du, Principe (so hieß der Gemeindeschreiber), gehst und suchst die Kleider am Ufer. Du, Maxime (das war der Name des Flurwächters), läufst nach Rouy-le-Tors und holst mir den Untersuchungsrichter mit der Gendarmerie. Sie müssen in einer Stunde hier sein. Verstehst du!«

Die beiden Männer gingen eilig davon, und Renardet sagte zum Doktor: »Welcher Schuft ist hierzulande einer solchen Gemeinheit fähig?«

Der Arzt antwortete: »Wer kann das wissen! Jeder Mensch ist einer solchen Tat fähig, jeder im besondern und niemand im allgemeinen. Irgendein Landstreicher, irgendein Arbeitsloser wird's gewesen sein. Seitdem wir die Republik haben, sind die Landstraßen voll von solchem Gesindel.«

Alle beide waren Bonapartisten.

Der Bürgermeister sagte: »Ja, es kann nur ein Fremder gewesen sein, ein Strolch, ein Kerl ohne Heimat ...«

Der Arzt lächelte leicht: »Und ohne Frau. Da er weder Abendessen noch Nachtquartier hatte, wollte er wenigstens ... Man ahnt nicht, zu was für Schandtaten die Menschen fähig sind. Wußten Sie übrigens, daß die Kleine verschwunden war?«

Und er berührte mit der Spitze seines Stocks nacheinander alle Finger der Toten, spielte auf ihnen, wie auf den Tasten eines Klaviers.

»Ja, die Mutter ließ mich gestern abend um neun Uhr rufen, weil das Kind zum Abendessen um sieben noch nicht zu Hause war. Wir haben bis Mitternacht auf allen Wegen nach ihr gerufen; an den Wald haben wir nicht gedacht. Zum richtigen Suchen muß man Tageslicht haben.«

»Wollen Sie eine Zigarre?« fragte der Arzt.

»Danke, ich habe keine Lust zu rauchen. Die Geschichte

geht mir doch nah.« Sie blieben beide vor dem zarten, weißen Kinderkörper auf dem dunkeln Moose stehen. Eine große Fliege mit blauem Leib kroch den einen Schenkel entlang, machte bei den Blutflecken halt und setzte dann ihren Weg aufwärts fort, rückte rasch und stoßweise über die Lende, erkletterte eine Brust, stieg wieder herunter, um die andere zu erforschen. Sie suchte auf der Toten etwas zum Trinken. Die beiden Männer betrachteten den schwarzen, wandernden Punkt.

Der Arzt sagte: »Wie hübsch das aussieht, eine Fliege auf weißer Haut. Die Damen des vorigen Jahrhunderts hatten recht, daß sie sich welche ins Gesicht klebten. Warum ist die Mode eigentlich davon abgekommen?«

Der Bürgermeister schien ihn nicht zu hören; er stand in tiefen Gedanken. Aber plötzlich wandte er sich um. Ein Geräusch hatte ihn überrascht: Eine Frau mit Haube und blauer Schürze kam angerannt. Es war die Mutter der kleinen Roque. Als sie Renardet sah, fing sie laut zu weinen an: »Meine Kleine, wo ist meine Kleine?« Sie war so außer sich, daß sie nicht auf die Erde sah. Auf einmal erblickte sie die Leiche, blieb stehen, faltete die Hände, warf beide Arme in die Luft und stieß scharfe, herzzerreißende Schreie aus, die Schreie eines verwundeten Tieres. Dann stürzte sie vor, warf sich auf die Knie und riß dem Kind das Tuch vom Kopf. Als sie das furchtbare Gesicht erblickte, schwarz und verzerrt, sprang sie auf und fiel mit dem Gesicht auf die Erde, verbarg es im Moos und schrie dabei unausgesetzt. Ihr großer, magerer Körper mit den eng anschließenden Kleidern wurde wie von Krämpfen geschüttelt. Ihre starken Knöchel und ihre dürren Waden in groben, blauen Strümpfen zitterten furchtbar; ihre gekrümmten Finger wühlten ein Loch in den Boden, als wollte sie sich hineinflüchten.

Der Arzt flüsterte bewegt: »Arme Frau!«
Renardet spürte in seinem Innern eine eigentümliche Bewegung; er brach in eine Art lautes Niesen aus, das ihm zugleich aus Nase und Mund kam, zog sein Taschentuch heraus und fing an, hineinzuweinen. Dabei hustete er, schluchzte und schneuzte sich geräuschvoll. Er stammelte: »Ver... ver... ver... verdammtes Schwein, das das getan hat ... Ich ... ich ... möchte sehen, wie man ihm den Kopf abschlägt.«
Principe erschien wieder mit trostlosem Blick und leeren Händen. Er sagte leise: »Ich finde nichts, Herr Bürgermeister, ich kann nichts finden.«
Der schrak zusammen und fragte mit schwerer, tränenerstickter Stimme: »Was findest du nicht?«
»Die Kleider der Kleinen.«
»Suche sie ... suche weiter ... und ... und finde sie, oder du bekommst es mit mir zu tun.«
Der Mann wußte, daß man dem Bürgermeister nicht widersprechen durfte, warf einen furchtsamen Seitenblick auf die Leiche und ging wieder suchen. Ferne Stimmen wurden unter den Bäumen laut, ein wirrer Lärm, das Geräusch einer sich nähernden Menschenmenge; denn Médéric hatte beim Bestellen der Briefe die Neuigkeit von Tür zu Tür getragen. Die Leute hatten es, zuerst starr vor Schreck, weitererzählt, dann waren sie zusammengeströmt, hatten geschwatzt, gestritten und die Begebenheit einige Minuten lang erörtert; und jetzt kamen sie, um selbst zu sehen. Gruppenweise kamen sie, zögernd und unruhig, ein wenig ängstlich von dem ersten Schrecken. Als sie den Körper sahen, blieben sie stehen, wagten sich nicht näher und sprachen leise. Dann nahmen sie sich zusammen, machten einige Schritte, hielten wieder an, rückten von neuem vor und bildeten bald um die Tote, die Mutter, den Arzt

und Renardet herum einen dichtgedrängten, sich unruhig bewegenden, geräuschvollen Kreis, der durch plötzliche Stöße Nachkommender immer enger wurde. Bald waren sie ganz nahe bei der Leiche. Einige beugten sich sogar nieder, um sie zu betasten. Der Arzt wies sie zurück. Der Bürgermeister fuhr aus seiner Betäubung auf, wurde wütend, nahm den Stock Doktor Labarbes, stürzte sich auf die Versammelten und rief: »Aus dem Wege ... schert euch ... dummes Pack ... schert euch ...« In einem Augenblick war der Kreis der Neugierigen zweihundert Meter weit. Die Mutter hatte sich erhoben, sich umgesehen, sich hingesetzt und weinte nun, das Gesicht in die Hände gepreßt. Die Menge besprach den Fall; gierige Knabenaugen betrachteten diesen jungen nackten Körper eingehend. Renardet bemerkte es, zog schnell seine Leinenjacke aus und warf sie über das kleine Mädchen, das ganz unter ihr verschwand.

Die Neugierigen näherten sich langsam wieder, der Wald füllte sich mit Menschen; ein unablässiges Stimmengewirr erhob sich unter dem dichten Laub der großen Bäume. Der Bürgermeister stand in Hemdsärmeln, den Stock in der Hand, in Kampfstellung. Die Neugier des Volkes empörte ihn, und er rief: »Wenn einer von euch näher kommt, spalte ich ihm den Kopf wie einem Hund!«

Die Bauern fürchteten ihn sehr und hielten sich zurück. Doktor Labarbe saß rauchend neben der Mutter, sprach mit ihr und suchte sie abzulenken. Die alte Frau nahm die Hände vom Gesicht und antwortete mit einer Flut von Tränen und goß ihren Schmerz in eine Fülle von Worten. Sie erzählte ihr ganzes Leben, ihre Ehe, den Tod ihres Mannes, eines Ochsentreibers, die Kindheit ihrer Tochter, ihr elendes, mittelloses Witwenleben mit der Kleinen. Sie hatte nur ihre Luise gehabt; und man hatte sie getötet, man

hatte sie hier im Wald ermordet. Plötzlich wollte sie sie wieder sehen, sie kroch auf den Knien bis zum Leichnam, hob einen Zipfel der Jacke auf, die sie deckte, ließ ihn wieder fallen und fing wieder zu schreien an. Die Menge schwieg und musterte gierig jede Bewegung der Mutter. Plötzlich entstand eine große Bewegung; man rief: »Die Gendarmen, die Gendarmen!«
Zwei Gendarmen zeigten sich in der Ferne und kamen in Begleitung ihres Führers und eines kleinen Herrn mit rotem Backenbart eilig näher. Der kleine Rote schwankte wie ein Äfflein auf seiner großen weißen Stute.
Der Flurwächter hatte Monsieur Putoin, den Untersuchungsrichter, gerade in dem Augenblick getroffen, als er aufs Pferd stieg, um seinen täglichen Spazierritt zu machen; denn zum größten Gaudium der Offiziere spielte er den schneidigen Reiter.
Er stieg mit dem Hauptmann ab, drückte dem Bürgermeister und dem Doktor die Hand und warf dabei einen prüfenden Blick auf die Leinwandjacke über dem ausgestreckten Körper.
Als er alle Einzelheiten erfahren hatte, ließ er erst die Leute sich entfernen, die von den Gendarmen aus dem Wald gejagt wurden. Aber sie erschienen bald wieder auf der Wiese und bildeten längs der Brindille auf der andern Seite des Flusses eine Hecke, eine große Hecke aus erregten und sich bewegenden Köpfen.
Der Arzt gab Erklärungen, die Renardet mit einem Bleistift in sein Notizbuch eintrug. Das Ganze wurde aufgenommen, protokolliert und mit Bemerkungen versehen, ohne daß eine neue Entdeckung gemacht worden wäre. Und auch Principe war wieder ohne die Kleider zurückgekommen.
Ihr Verschwinden überraschte alle. Sie konnten es sich

nur mit einem Diebstahl erklären; und da die Lumpen des Kindes kaum zwanzig Sous wert waren, erschien selbst der Diebstahl kaum glaubhaft.
Der Untersuchungsrichter, der Bürgermeister, der Hauptmann und der Doktor suchten nun selbst, immer zu zweit, alles ab, schlugen sogar die kleinsten Zweige am Wasser zurück.
Renardet sagte zum Richter: »Wie kommt es, daß dieser Schurke die Lumpen versteckt hat und den Körper so frei liegen ließ?«
Der antwortete mit lauerndem und scharfem Blick: »He! He! Eine List vielleicht? Das Verbrechen hat ein Rohling oder ein gerissener Bursche begangen. In jedem Falle werden wir's bald heraus haben.«
Das Rollen eines Wagens ließ die Köpfe sich wenden. Es kamen ein Beamter der Staatsanwaltschaft, der Gerichtsarzt und der Gerichtsschreiber. Man untersuchte noch einmal alles und unterhielt sich lebhaft.
Renardet sagte plötzlich: »Darf ich die Herren bitten, zum Essen bei mir zu bleiben?«
Alle nahmen lächelnd an. Der Untersuchungsrichter, der fand, man habe sich für heute genug mit der kleinen Roque beschäftigt, wandte sich an den Bürgermeister:
»Ich darf die Leiche doch zu Ihnen bringen lassen, nicht wahr? Sie haben doch gewiß ein Zimmer, in dem sie bis zum Abend bleiben kann?«
Renardet machte ein verwirrtes Gesicht und stotterte: »Ja, nein, ... aufrichtig gestanden, ich möchte lieber, daß sie nicht zu mir gebracht wird ... weil ... meine Dienstboten ... schon ... schon von Gespenstern sprechen in ... in meinem Turm, im Fuchsturm ... Sie wissen ... keiner würde bei mir bleiben. Nein ... ich möchte die Leiche nicht in meinem Hause haben.«

Der Richter lächelte. »Gut ... Ich werde die Leiche also gleich nach Rouy zur gerichtlichen Untersuchung bringen.« Und er wandte sich an den Beamten der Staatsanwaltschaft: »Ich kann doch Ihren Wagen nehmen, nicht wahr?«

»Gern.«

Alle näherten sich wieder der Leiche. Die Mutter saß jetzt neben ihrer Tochter, deren Hand sie gefaßt hatte, und starrte stumpf und blöd vor sich hin.

Die beiden Ärzte suchten zu verhindern, daß sie die Kleine fortbringen sehe, aber sie begriff doch, was geschehen sollte, warf sich über den Körper, umklammerte ihn mit beiden Armen und schrie: »Sie bekommen sie nicht, sie gehört mir, sie gehört mir. Man hat sie mir gemordet; ich will sie behalten, Sie bekommen sie nicht!«

Die Männer standen bewegt und unentschlossen um sie herum. Renardet kniete zu ihr nieder und sagte: »Hören Sie doch, Roque, es muß sein; man muß doch erfahren, wer es getan hat; ohne das bekommt man's nicht heraus. Er soll bestraft werden. Wenn man ihn gefunden hat, bekommen Sie die Leiche zurück, ich verspreche es Ihnen.«

Dies Argument machte Eindruck, und mit haßerfülltem Blick fragte sie: »Wird er gefaßt werden?«

»Ja, ich verspreche es Ihnen.«

Sie erhob sich entschlossen, den Männern Platz zu machen. Der Hauptmann sagte: »Wie sonderbar, daß die Kleider nicht gefunden sind.« Der Mutter kam eine neue Idee in ihren Bauernschädel, und sie fragte: »Wo sind ihre Kleider; sie gehören mir, ich will sie haben. Wo sind sie geblieben?«

Man erklärte ihr, sie seien nicht zu finden; sie aber verlangte sie schreiend und stöhnend mit verzweifelter Hartnäckigkeit: »Sie gehören mir, ich will sie haben; wo sie auch sind, ich will sie haben.«

Je mehr man sie zu beruhigen suchte, desto wilder schluchzte sie. Nicht mehr die Leiche, die Kleider ihrer Tochter wollte sie haben, vielleicht ebenso stark aus dem unbewußten Gefühl des Geizes armer Leute heraus, für die ein Goldstück ein Vermögen bedeutet, wie aus mütterlicher Zärtlichkeit.
Als der Körper, in eine Decke gehüllt, die man von Renardet geholt hatte, im Wagen verschwand, schrie die Alte unter den Bäumen, vom Bürgermeister und dem Hauptmann gestützt: »Nichts mehr, nichts mehr, nichts mehr habe ich in der Welt, nichts mehr, nicht einmal ihr Mützchen, ihr kleines Mützchen; ich habe nichts, nichts, nicht einmal ihr kleines Mützchen.«
Gerade kam der Pfarrer, ein ganz junger, aber schon wohlbeleibter Priester. Er übernahm es, die Mutter fortzuführen, und sie gingen zusammen nach dem Dorf zurück. Ihr Schmerz beruhigte sich unter den süß beschwichtigenden Worten des Geistlichen, der ihr tausend Belohnungen versprach. Aber sie wiederholte unaufhörlich: »Wenn ich nur ihr kleines Mützchen hätte ...« Sie klammerte sich an den Gedanken, der im Augenblick alles andere verdrängte.
Renardet rief dem Pfarrer noch nach: »Sie essen doch mit uns, Hochwürden. In einer Stunde.«
Der Priester wandte den Kopf und antwortete: »Gern, Herr Bürgermeister. Ich bin um zwölf bei Ihnen.«
Alle gingen auf das Haus zu, dessen graue Mauern und dessen hohen Turm man durch die Zweige am Ufer der Brindille sah.
Das Essen dauerte lange; man besprach das Verbrechen. Alle waren einer Meinung: Irgendein Landstreicher, der zufällig vorübergekommen war, während die Kleine badete, hätte es getan.

Die Amtspersonen kehrten nach Rouy zurück und versprachen, am nächsten Tage zeitig wiederzukommen. Der Arzt und der Pfarrer gingen nach Hause, während Renardet nach einem langen Spaziergang durch die Wiesen wieder in den Wald ging, den er bis zum Einbruch der Nacht, die Hände auf dem Rücken, ganz langsam durchstreifte. Er ging früh zu Bett und schlief noch, als der Untersuchungsrichter am anderen Morgen in sein Zimmer trat. Der rieb sich die Hände und sagte mit zufriedener Miene: »So, so, Sie schlafen noch! Was? Aber mein Lieber, wir wissen etwas Neues.«
Der Bürgermeister hatte sich in seinem Bett aufgesetzt.
»Was denn?«
»Ja, etwas sehr Eigentümliches. Sie erinnern sich doch, wie die Mutter gestern nach einem Andenken an ihre Tochter verlangte, besonders nach dem Mützchen. Nun, als sie heute morgen die Tür öffnete, fand sie auf der Schwelle die beiden kleinen Holzschuhe des Kindes. Das beweist, daß das Verbrechen von einem Hiesigen begangen wurde, von einem, der wohl Mitleid mit ihr hatte. Und dann hat mir der Briefträger noch den Fingerhut, das Messer und die Nadelbüchse der Toten gebracht. Der Mann, der die Kleider forttrug, um sie zu verstecken, muß also diese Sachen aus der Tasche haben fallen lassen. Für mich ist die Tatsache mit den Holzschuhen besonders wichtig, denn sie beweist, daß der Mörder nicht ganz furchtlos ist, daß er in gewisser Weise moralische Kultur hat. Wir wollen, wenn es Ihnen recht ist, mal die Bewohner der Gegend durchnehmen.«
Der Bürgermeister hatte sich erhoben. Er schellte und ließ sich heißes Wasser zum Rasieren bringen. Er sagte: »Gern, aber das wird eine langwierige Geschichte, also wollen wir gleich anfangen.«

Richter Putoin hatte sich rittlings auf einen Stuhl gesetzt; er frönte sogar im Zimmer seiner Reitmanie.
Renardet seifte sein Kinn mit dem weißen Schaum ein und sah dabei in den Spiegel; dann zog er das Rasiermesser ab und sagte: »Der Haupteinwohner von Carvelin heißt Josef Renardet, Bürgermeister, reicher Grundbesitzer, ein harter Mann, der Flurwächter und Kutscher prügelt ...«
Der Untersuchungsrichter fing an zu lachen: »Das genügt; gehen wir weiter ...«
»Der zweitgrößte ist Pelledent, Adjunkt, Viehzüchter, auch ein reicher Grundbesitzer, ein verschmitzter, in Gelddingen sehr geriebener Bauer, aber meiner Meinung nach eines solchen Verbrechens nicht fähig.«
Putoin sagte: »Also weiter.«
Und beim Rasieren und Waschen setzte Renardet die moralische Untersuchung aller Einwohner Carvelins fort. Nach einer zweistündigen Diskussion blieb der Verdacht auf drei ziemlich anrüchigen Leuten haften: auf einem Wilddieb namens Cavalle, einem Forellen- und Krebsfischer mit Namen Paquet und einem Ochsentreiber namens Clovis.

2

Die Untersuchung des Falles dauerte den ganzen Sommer über; aber der Mörder wurde nicht entdeckt. Die Verdächtigen, die man verhaftete, konnten ihre Unschuld leicht nachweisen, und das Gericht mußte die Verfolgung aufgeben.
Aber der Mord schien die ganze Gegend seltsam erregt zu haben. In den Seelen der Einwohner blieb eine Unruhe, ein dunkles Angstgefühl, die Empfindung eines geheimnisvollen Schreckens zurück, die nicht nur durch die

Unmöglichkeit, irgendeine Spur des Täters zu entdecken, verursacht war, sondern, und das war die Hauptsache, von dem merkwürdigen Fund der Holzschuhe vor der Tür der Mutter Roque an dem gleichen Morgen. Die Gewißheit, daß der Mörder der Feststellung der Tatsachen beigewohnt hatte, daß er zweifellos noch im Dorf lebte, spukte in den Köpfen, quälte die Geister, schien wie eine beständige Drohung über der Gegend zu schweben. Der Wald wurde ein gefürchteter, gemiedener Ort, in dem Gespenster umgehen sollten.

Früher waren die Einwohner jeden Sonntagnachmittag dort spazierengegangen. Sie hatten sich unter den riesigen Bäumen ins Moos gesetzt oder waren am Wasser entlang spaziert und hatten Ausschau gehalten nach Forellen, die unter dem Grün hinzogen. Die Knaben hatten an gewissen Plätzen, die sie dazu hergerichtet hatten, Kegel geschoben oder Ball gespielt, und die Mädchen waren, in Reihen zu vier oder fünf, Arm in Arm spazierengegangen, hatten mit schreienden Stimmen ihre Lieder gegrölt, die das Ohr beleidigten, deren falsche Töne die stille Luft zerrissen und wie eine ätzende Tinktur die Zahnnerven reizten.

Jetzt ging niemand mehr unter dem dichten, hohen Blattgewölbe, als fürchtete man, dort jedesmal irgendwo einen ausgestreckten Leichnam zu finden. Der Herbst kam, die Blätter fielen. Sie fielen Tag und Nacht, wirbelten rund und leicht um die dicken Stämme nieder, und man konnte wieder den Himmel durch die Äste sehen. Wenn zuweilen ein Windstoß durch die Wipfel ging, wurde der leise, immerwährende Blätterfall plötzlich stärker, wurde zu einem leise rauschenden Regen und deckte das Moos mit einem dicken, gelben Teppich, der unter den Tritten leise knisterte. Und das fast lautlose, tanzende, unablässige, süße und traurige Gemurmel glich einer Klage, und diese immer fallenden Blätter schienen Tränen zu sein, große Tränen, die die mächtigen, trauernden Bäume Tag und Nacht über das Scheiden des Jahres vergossen, über das Ende der lauen Morgenröten und der milden Abenddämmerungen, über das Ende der heißen, klaren Sonntage und vielleicht auch über das Verbrechen, das in ihrem Schatten begangen worden war, und weil sie hatten mitansehen müssen, wie das Kind zu ihren Füßen vergewaltigt und ermordet wurde. Sie weinten in der Stille des einsamen, öden, verlassenen und gefürchteten Forstes, in dem der Geist, der kleine Geist der Toten umgehen sollte.

Die Brindille war durch Gewitterregen angeschwollen und lief rascher, gelber und zorniger zwischen ihren dürren Ufern und den zwei mageren, nackten Weidenhecken.

Plötzlich fing Renardet wieder an, im Wald spazierenzugehen. Jeden Tag verließ er bei sinkender Nacht das Haus, stieg langsam die Vortreppe hinab und ging ebenso langsam, die Hände in den Taschen, nachdenklich unter den Bäumen hin. Er wanderte lange auf dem weichen Moose, während eine Legion von Krähen, die von überallher zusammengeströmt waren, um in den Wipfeln zu schlafen, scharfe und unheimliche Schreie ausstoßend, sich in die Luft schwangen, um dort wie ein riesiger Trauerschleier im Winde zu flattern. Ab und zu setzten sie sich und bildeten schwarze Flecken auf den Zweigen, die sich vielfältig vom roten Himmel und dem blutroten herbstlichen Sonnenuntergangshimmel abhoben. Dann plötzlich stiegen sie mit schrecklichem Gekrächz wieder auf und entfalteten über dem Walde wieder die lange, dunkle Girlande ihres Fluges.

Dann ließen sie sich endlich auf den höchsten Spitzen der Bäume nieder und wurden nach und nach still, während

die wachsende Nacht ihr schwarzes Gefieder im Dunkel verschwinden ließ.
Renardet durchirrte noch immer langsam den Wald; wenn ihn dann die dichte Finsternis nach Hause getrieben hatte, warf er sich schwer in seinen Lehnstuhl, der vor dem brennenden Kamin stand, und streckte seine nassen Füße aus, die noch lange über den Flammen dampften.
Eines Morgens durchlief eine große Neuigkeit die Gegend: Der Bürgermeister ließ seinen Wald abholzen.
Zwanzig Holzhauer arbeiteten bereits. Sie hatten mit der Ecke am Hause angefangen, und es ging unter Aufsicht des Besitzers rasch vorwärts.
Zuerst erkletterten Leute die Stämme, um die Äste zu kappen. Durch Stricke am Stamm gehalten, umklammerten sie ihn zuerst mit den Armen, dann hoben sie einen Fuß und schlugen mit einem spitzen Stahl, der an der Sohle befestigt war, drauflos. Die Spitze drang ins Holz, blieb stecken, und der Mann erhob sich wie auf einer Stufe, um die zweite Spitze am anderen Fuß ins Holz zu schlagen. Dann kam wieder die erste Spitze an die Reihe und so fort. Und bei jeder Steigung zogen sie die Stricke, die sie am Baum hielten, höher; ihnen zur Seite hing funkelnd die kleine Axt aus Stahl. Langsam, wie ein Parasit einen Riesen angreift, klommen sie empor, schwerfällig stiegen sie die gewaltige Säule hinan, umarmten sie und drückten ihr die Sporen hinein, ehe sie sie enthaupteten.
Sobald sie die höchsten Äste erreicht hatten, hielten sie an, banden die kleine Axt von der Seite los und schlugen zu. Langsam, methodisch schlugen sie und trafen die Äste dicht am Stamm; und plötzlich kracht der Ast, gibt nach, neigt sich, reißt sich los, fällt und streift im Fallen die Nachbarbäume. Dann stürzt er mit großem Lärm zu Boden, und alle seine Zweiglein zittern noch lange.

Der Boden bedeckt sich mit Trümmern, die andere Männer zerhacken, in Bündel ordnen und häufen, während die noch nicht gefällten Stämme wie überirdisch große Pfähle aussehen, wie riesige Pfosten.
Wenn der Mann, der die Äste kappte, seine Aufgabe erfüllt hatte, ließ er an der Spitze des geraden, schlanken Schaftes den Strick zurück, den er hinaufgebracht hatte, und stieg wieder mit den Sporenschlägen an dem der Krone beraubten Stamm hinab, dem die Fäller dann unten mit gewaltigen, weithin durch den Wald tönenden Axtschlägen zu Leibe gingen.
Wenn die Wunde am Fuß tief genug erschien, zogen ein paar Männer mit taktmäßigen Schreien den am Wipfel befestigten Strick an, und der riesige Mast krachte plötzlich und stürzte mit einem dumpfen Knall zu Boden, daß es hallte wie ein ferner Kanonenschuß.
Und der Wald wurde jeden Tag kleiner, verlor seine Bäume, wie eine Armee ihre Soldaten verliert.
Renardet wich überhaupt nicht mehr von der Stelle. Vom Morgen bis zum Abend war er da und sah, die Hände auf dem Rücken, dem langsamen Sterben seines Waldes zu. Wenn ein Baum gefallen war, setzte er den Fuß auf ihn wie auf einen Leichnam. Dann erhob er den Blick mit einer Art heimlicher, stiller Ungeduld zum nächsten, als erwarte, als erhoffe er etwas vom Ende dieser Metzelei.
Man näherte sich der Stelle, an der die kleine Roque gefunden worden war. Man erreichte sie eines Abends bei sinkender Dämmerung.
Da der Himmel bedeckt war, wurde es rasch dunkel, und die Holzfäller wollten ihre Arbeit einstellen, um erst am andern Morgen eine riesige Buche zu Fall zu bringen, aber der Besitzer widersetzte sich und verlangte, daß man den

Koloß, in dessen Schatten das scheußliche Verbrechen begangen worden war, sofort fälle.

Als der Ästekapper ihn entkleidet hatte und er im Armesündergewand dastand und die Fäller ihn eingekerbt hatten, begannen fünf Männer den am Wipfel befestigten Strick anzuziehen.

Der Baum widerstand; sein mächtiger Stamm hielt, obgleich er bis zur Hälfte gespalten war. Die Arbeiter zogen mit regelmäßigen Sprüngen, bei denen sie sich bis zur Erde niederbogen, alle gleichzeitig den Strick an und ließen dabei einen heiseren Schrei hören, der ihre Anstrengungen kundgab.

Zwei Fäller standen, die Axt in der Faust, wie zwei Henker vor dem Riesen, bereit, noch einmal zuzuschlagen, und Renardet erwartete, die Hand gegen die Rinde des Stammes gestützt, regungslos, aber in unruhiger, nervöser Spannung den Sturz.

Einer der Männer sagte zu ihm: »Sie stehen zu nah, Herr Bürgermeister; wenn er fällt, kann er Sie treffen.«

Er antwortete nicht und trat auch nicht zurück; es sah aus, als wollte er die Buche selbst anpacken, um sie wie einen Gegner im Ringkampf niederzuwerfen.

Plötzlich ging durch die hohe Holzsäule ein Ruck vom Fuß bis zum Wipfel, und sie neigte sich ein wenig, als wollte sie fallen, widerstand aber schließlich doch. Die Arbeiter spannten, dadurch erregt, ihre Arme an und verdoppelten ihre Anstrengung. Als der geborstene Baum stürzte, trat Renardet plötzlich einen Schritt vor, blieb mit hochgezogenen Schultern stehen, um den tödlichen, zermalmenden Schlag zu empfangen.

Aber die Buche wich ein wenig seitwärts, streifte nur seine Hüfte und schleuderte ihn fünf Schritte weiter aufs Gesicht. Die Arbeiter sprangen zu, um ihn aufzuheben; er aber war schon selbst aufgekniet, sah mit irren Augen um sich und fuhr mit der Hand über die Stirn, als erwache er aus einem Wahnsinnsanfall.

Als er wieder auf den Füßen stand, redeten die bestürzten Männer auf ihn ein; sie begriffen nicht, was er getan hatte. Er antwortete stotternd, er sei einen Augenblick ganz verwirrt gewesen, hätte sich wieder als Kind gefühlt und sich eingebildet, er habe noch Zeit, unter dem Baume durchzulaufen, wie die Straßenjungen es tun, wenn sie vor einem schnellfahrenden Wagen über die Straße huschen; er habe mit der Gefahr gespielt, habe seit acht Tagen schon solche Lust in sich wachsen fühlen und sich jedesmal, wenn ein Baum vor dem Fallen krachte, gefragt, ob er wohl, ohne getroffen zu werden, vorbeikäme. Es wäre eine Dummheit, er gebe es zu: aber jeder Mensch habe derart verrückte Minuten und solche Versuchungen zu kindisch dummen Streichen.

Er sprach langsam und suchte nach Worten. Seine Stimme klang dumpf. Dann entfernte er sich und sagte:

»Bis morgen also, meine Freunde, bis morgen.«

In seinem Zimmer setzte er sich an den Tisch, den die Schirmlampe hell beschien, stützte die Stirn in die Hände und schluchzte.

Er weinte lange, trocknete seine Augen, hob den Kopf und sah zur Wanduhr. Es war noch vor sechs. Er dachte: Ich habe noch Zeit bis zum Essen, und schloß die Tür ab. Dann setzte er sich wieder an den Tisch, zog die mittlere Schublade heraus, nahm einen Revolver und legte ihn ins helle Licht, auf seine Papiere. Der Stahl blinkte und warf Reflexe gleich Flammen.

Renardet betrachtete die Waffe eine Zeitlang mit den trüben Augen eines Betrunkenen; dann erhob er sich und begann auf und ab zu gehen.

Er ging von einem Ende des Zimmers zum andern und blieb von Zeit zu Zeit stehen, um sofort seine Wanderung wieder aufzunehmen. Dann öffnete er plötzlich die Tür zu seinem Ankleidezimmer, tauchte ein Handtuch in den Wasserkrug und netzte sich die Stirn, wie er es am Morgen nach dem Verbrechen gemacht hatte. Darauf ging er wieder auf und ab. Jedesmal, wenn er am Tisch vorüberkam, zog die blinkende Waffe seinen Blick an und reizte seine Hand; aber er sah auf die Uhr und dachte:

Ich hab' noch Zeit.

Es schlug halb sechs. Da packte er den Revolver, öffnete mit einer furchtbaren Grimasse den Mund ganz weit und steckte den Lauf hinein, als wollte er ihn verschlingen. So stand er ein paar Augenblicke, den Finger am Drücker, unbeweglich. Auf einmal aber schüttelten ihn kalte Schauer, und er spie den Revolver auf den Teppich.

Schluchzend fiel er wieder in seinen Stuhl: »Ich kann nicht. Ich wag' es nicht! Lieber Gott! Lieber Gott! Woher soll ich den Mut nehmen, mich zu töten!« Es wurde an die Tür geklopft; er richtete sich erschrocken auf. Ein Diener sagte: »Das Essen ist aufgetragen, gnädiger Herr.« Er antwortete: »Gut, ich komme.«

Er hob die Waffe vom Boden auf, schloß sie wieder in die Schublade und musterte sich dann im Spiegel, um zu sehen, ob seine Miene nicht gar zu verzerrt wäre. Er war rot im Gesicht wie immer, vielleicht ein klein wenig röter. Das war alles. Er ging hinunter und setzte sich zu Tisch. Er aß langsam wie einer, der seine Mahlzeit in die Länge ziehen möchte, einer, der sich fürchtet, wieder mit sich allein zu sein. Während abgedeckt wurde, rauchte er ein paar Pfeifen. Endlich ging er wieder in sein Zimmer hinauf.

Sobald er sich eingeschlossen hatte, sah er unters Bett, öffnete alle Schränke, spähte in jeden Winkel, untersuchte jedes Möbel. Dann zündete er die Kerzen auf dem Kamin an, drehte sich ein paarmal um sich selber, durchlief, das Gesicht von Angst verzerrt, mit den Augen die ganze Stube, denn er wußte, er würde sie heute wie jede Nacht sehen, die kleine Roque, das kleine Mädchen, das er vergewaltigt und erwürgt hatte.

Nacht für Nacht kam die furchtbare Vision. Zuerst kam's wie ein Brummen in den Ohren, wie das Geräusch einer Dreschmaschine oder das ferne Rollen eines Zuges auf einer Brücke. Dann begann er zu keuchen, zu ersticken und mußte Hemdkragen und Gürtel aufmachen. Er ging herum, um sein Blut in rascheren Fluß zu bringen, er versuchte zu lesen, zu singen; alles vergebens, seine Gedanken kehrten gegen seinen Willen zum Mordtag zurück, und er erlebte die geheimsten Einzelheiten mit ihren entsetzlichen Aufregungen von der ersten bis zur letzten Minute wieder.

Als er am Morgen jenes furchtbaren Tages aufgewacht war, hatte er etwas Schwindelgefühl und Kopfweh gehabt, was er der Hitze zuschrieb, und war deshalb bis zum Essen im Zimmer geblieben. Nach der Mahlzeit hatte er ein wenig geruht und war dann erst spät am Nachmittag ausgegangen, um sich unter den Bäumen seines Waldes von dem frischen, beruhigenden Wind umwehen zu lassen.

Aber im Freien bedrückte ihn die schwere Glut der Ebene noch mehr. Die Sonne stand noch hoch am Himmel und goß heiße Lichtströme auf die trockene, dürstende Erde. Kein Lufthauch bewegte die Blätter. Alle Tiere schwiegen, sogar die Grillen. Renardet erreichte die großen Bäume und ging dort, wo die Brindille etwas Kühlung gewährte, unter dem riesigen Laubdach übers Moos. Aber er fühlte sich nicht wohl. Ihm war, als schnüre ihm eine unbekannte, unsichtbare Hand die Kehle zusammen; er dachte fast an nichts, er war ja auch sonst nicht reich an Ideen. Ein einziger unklarer Gedanke nur verfolgte ihn seit drei Monaten, der Gedanke, sich wieder zu verheiraten. Er litt unter der Einsamkeit seines Lebens, litt seelisch und körperlich. Er war seit zehn Jahren daran gewöhnt gewesen, eine Frau neben sich zu fühlen, sie beständig um sich zu haben, ihre täglichen Umarmungen zu genießen, und so sehnte er sich wild und wirr nach der beständigen Berührung mit einer Frau, nach ihrem regelmäßigen Kuß. Seit dem Tode seiner Gattin litt er unaufhörlich, ohne recht zu begreifen, warum; litt darunter, daß er nicht mehr täglich fühlte, wie ihr Kleid seine Beine streifte. Besonders eins fehlte ihm, daß er sich in ihren Armen nicht mehr beruhigen und ausschöpfen lassen konnte. Kaum sechs Monate war er Witwer, aber er sah sich schon überall nach einem jungen Mädchen oder einer Witwe um, die er heiraten könnte, sobald die Trauerzeit vorüber wäre.

Er hatte eine keusche Seele, aber sie lebte in dem Körper eines Herkules, und fleischliche Bilder fingen an, seinen Schlaf und seine wachen Stunden zu beunruhigen. Er verjagte sie; sie kamen wieder; und er sagte zuweilen lächelnd zu sich selber: »Ich bin wie der heilige Antonius.«

Da er auch heute schon mehrfach solche Anfechtungen gehabt hatte, kam ihm der Wunsch, in der Brindille zu baden, um sich zu erfrischen und sein heißes Blut zu kühlen.

Er kannte etwas weiter eine breite und tiefe Stelle, wo die Bauern zuweilen im Sommer badeten. Die suchte er auf. Dichtbelaubte Weiden verbargen das klare Becken, wo die Strömung ruhte und ein Weilchen schlummerte, ehe sie weiterzog. Als Renardet näher kam, glaubte er ein leich-

tes Geräusch zu hören, ein schwaches Plätschern, das anders klang als das Anschlagen des Wassers am Ufer. Er bog die Zweige vorsichtig auseinander und spähte aus. Ein kleines Mädchen, ganz nackt, ganz weiß in der durchsichtigen Flut, schlug das Wasser mit beiden Händen, hüpfte auf und ab und drehte sich anmutig um sich selbst. Es war kein Kind mehr und noch kein Weib; sie war voll und entwickelt und hatte dabei doch noch das Aussehen eines frühreifen, schnell emporgeschossenen Wildfangs. Starr vor Überraschung und Angst rührte er sich nicht, und der Atem stockte ihm vor seltsamer, stechender Erregung. So stand er mit pochendem Herzen, ihm war, als wäre einer seiner sinnlichen Träume Wirklichkeit geworden, als lasse eine unreine Fee dies beunruhigende und allzu junge Wesen vor ihm erstehen, eine kleine Bauernvenus, aus den Wellen der Brindille geboren, wie die andere große aus dem Schaum des Meeres.
Plötzlich stieg das Kind aus seinem Bad und schritt, ohne ihn zu sehen, auf ihn zu, um ihre Kleider zu nehmen und sich wieder anzuziehen. Mit jedem Schritt, den sie ihm, aus Furcht vor den spitzen Kieseln trippelnd, entgegentrat, fühlte er sich stärker, fast unwiderstehlich zu ihr hingezogen; eine tierische Erregung durchwühlte sein Fleisch, verwirrte seine Seele und ließ ihn von Kopf bis Fuß zittern. Sie blieb einige Augenblicke hinter der Weide stehen, die ihn verbarg. Da verlor er die Besinnung, bog die Zweige auseinander, warf sich auf sie und nahm sie in seine Arme. Sie sank hin, zu erschrocken, um widerstehen, zu entsetzt, um schreien zu können, und ohne daß er wußte, was er tat, nahm er sie in Besitz.
Nachdem das Verbrechen geschehen war, erwachte er wie aus einem schweren Traum. Das Kind fing an zu weinen.
»Sei doch still, sei still, ich geb' dir Geld.«

Aber sie hörte nicht auf ihn; sie schluchzte.
»Sei doch still, sei doch still, sei doch still«, sagte er wieder.
Sie schrie und wand sich, um loszukommen.
Er begriff auf einmal, daß er verloren war, und packte sie an der Kehle, um ihr gellendes Schreien zu ersticken.
Sie aber schlug mit der Kraft der Verzweiflung im Kampf um Leben und Tod mit Händen und Füßen um sich. Da legte er seine Riesenhände um die kleine, vom Schreien geschwellte Kehle. In wenigen Augenblicken hatte er sie erwürgt, so wütend drückte er zu. Er hatte sie nicht töten wollen, nur still sein sollte sie.
Dann richtete er sich auf, außer sich vor Entsetzen.
Blutig und mit schwarzem Gesicht lag sie vor ihm. Er wollte fliehen, dann aber erwachte in seiner erschütterten Seele der geheimnisvolle Instinkt, der jedes Wesen in der Gefahr leitet.
Er dachte daran, den Körper ins Wasser zu werfen; aber ein anderer Impuls trieb ihn zu den Kleidern, aus denen er ein kleines Bündel machte. Da er immer Bindfaden bei sich trug, schnürte er es zusammen und verbarg es in einem tiefen Loch im Wasser unter einem Baumstamm, dessen Fuß in der Brindille stand.
Dann eilte er mit großen Schritten davon, erreichte die Wiesen, machte einen großen Umweg, damit er von den Bauern, die weitab wohnten, gesehen würde, war zu seiner Essensstunde zu Hause und erzählte den Dienstboten von seinem weiten Spaziergang.
In der Nacht schlief er, schlief so tief und fest, wie zum Tode Verurteilte zuweilen schlafen.
Er öffnete die Augen erst, als es schon Tag war, und erwartete angstgequält die Stunde, in der er gewöhnlich aufstand.
Dann mußte er der Feststellung des Tatbestandes bei-

wohnen. Er tat es wie ein Nachtwandler, in einer Betäubung, sah Dinge und Menschen wie im Traum, in einer Rauchwolke, wie etwas zweifelhaft Wirkliches, wie der Geist in Stunden einer Katastrophe zu sehen pflegt.

Nur der gellende Schrei der Mutter Roque ging ihm wirklich ans Herz. In diesem Augenblick wäre er der alten Frau fast zu Füßen gesunken und hätte gerufen: »Ich hab' es getan!« Aber er bezwang sich. Nur in der Nacht holte er die Holzschuhe hervor und legte sie auf die Schwelle ihres Hauses.

Solange die Untersuchung dauerte, solange er das Gericht leiten und irreführen mußte, war er ruhig, blieb er Herr seiner selbst, schlau und lächelnd. Er sprach in aller Ruhe mit den Gerichtspersonen über alle Vermutungen, die das Hirn durchkreuzten, bekämpfte ihre Meinungen, warf ihre Gründe um. Er empfand sogar ein bitteres und schmerzliches Vergnügen, wenn er ihre Geister verwirren, ihren Scharfsinn trüben konnte, wenn er ihnen bewies, daß sie Unschuldige verdächtigten.

Aber an dem Tag, an dem die Nachforschungen aufgegeben wurden, wurde er nervös, reizbarer als früher, wenn er auch seine Zornausbrüche beherrschte. Plötzliche Geräusche ließen ihn zusammenfahren; er zitterte bei jeder Kleinigkeit, erbebte manchmal vom Scheitel bis zur Sohle, wenn eine Fliege sich auf seine Stirn setzte. Ein Bedürfnis nach Bewegung ergriff ihn und zwang ihn zu ganz wunderlichen Ausflügen, ließ ihn ganze Nächte ruhelos durch sein Zimmer wandern. Nicht gerade, daß er Reue empfunden hätte. Seine brutale Natur gab sich durchaus nicht moralischen Gefühlen oder moralischer Furcht hin. Er war ein energischer, ja jähzorniger Mann, eigentlich von Natur dazu bestimmt, Krieg zu führen, eroberte Länder zu verwüsten und die Besiegten hinzumorden, ein

Mensch voll wilder Jäger- und Kämpferinstinkte. Ein Menschenleben bedeutete ihm nichts. Obgleich er der Kirche aus Politik anhing, glaubte er weder an Gott noch an den Teufel und erwartete weder Bestrafung noch Belohnung in einem anderen Leben. Sein Glaubensbekenntnis war eine unbestimmte Philosophie, die er sich aus allen Ideen der Enzyklopädisten des letzten Jahrhunderts zusammengestellt hatte; ihm war die Religion eine moralische Bekräftigung des Gesetzes, und beide waren von Menschen erfunden, um die menschlichen Beziehungen zu regeln.

Jemanden im Duell, im Krieg oder im Streit zu töten oder auch zufällig aus Rache, ja selbst aus Angeberei, erschien ihm lustig und kühn. Solch ein Totschlag hätte in seinem Geiste nicht mehr Spuren hinterlassen als der tödliche Schuß auf einen Hasen. Aber diesem Kind gegenüber fühlte er sich als Mörder. Im Wahnsinn eines unwiderstehlichen Rausches, in einer Art von sinnlichem Sturm, der ihn seiner Vernunft beraubte, hatte er sich an ihr vergriffen. In seinem Herzen, in seinem Fleisch, auf seinen Lippen, sogar in seinen Mörderhänden war eine Art tierischer Liebe zu diesem kleinen Mädchen geblieben und zugleich doch ein furchtbares Grauen vor der, die er so feig überfallen und gemordet hatte. Immer wieder durchlebte er in Gedanken die entsetzliche Szene; und obgleich er sich bemühte, das Bild zu verscheuchen, obgleich er es mit Entsetzen, mit Ekel von sich stieß, fühlte er, wie es ihn umkreiste, wie es nur den rechten Augenblick abwartete, um wieder zu erscheinen.

Da begann er, die Abende zu fürchten und die über ihn niedersinkenden Schatten. Er wußte noch nicht, warum ihm die Finsternis so furchtbar war; aber instinktiv scheute er sie; er fühlte, sie war mit Schrecken bevölkert. Der helle Tag weiß nichts vom Grauen. Deutlich sieht man im Licht Dinge und Wesen; und nur natürliche Dinge, natürliche Wesen zeigen sich in seiner Klarheit. Aber die Nacht, dichter als Mauern und leer, die unendliche, weite Nacht, wo schreckhafte Dinge uns streifen können, die Nacht, in der man das geheimnisvolle Grauen schleichen fühlt, die Nacht schien ihm eine unbekannte, nahe und drohende Gefahr zu bergen. Welche Gefahr?

Er wußte es bald. Als er eines Abends, es war schon ziemlich spät, in seinem Lehnstuhl saß, glaubte er zu sehen, wie der Vorhang seines Fensters sich bewegte. Er wartete unruhig, mit klopfendem Herzen. Die Falten rührten sich nicht mehr; aber auf einmal bewegten sie sich wieder; wenigstens glaubte er, es zu sehen. Er wagte nicht aufzustehen; er wagte nicht mehr zu atmen; und doch hatte er Mut; er hatte sich oft duelliert, und gern hätte er Diebe bei sich entdeckt.

Bewegte sich der Vorhang wirklich? Das fragte er sich und fürchtete, seine Augen hätten ihn getrogen. Die Bewegung war außerdem nur leise gewesen, ein leichtes Erzittern des Stoffes, eine Art Beben der Falten, kaum solch eine Wellenbewegung, wie der Wind sie hervorbringt. Renardet saß mit starren Augen und vorgestrecktem Hals. Plötzlich erhob er sich, denn er schämte sich seiner Furcht, machte vier Schritte, griff den Vorhang mit beiden Händen und zog ihn ganz vom Fenster zurück. Zuerst sah er nur schwarze Scheiben. Die Nacht, tiefe, undurchdringliche Nacht dehnte sich dahinter bis zum unsichtbaren Horizont. Aufrecht stand er vor dieser unermeßlichen Finsternis. Auf einmal sah er einen Schein, einen Schein, der sich in weiter Ferne bewegte. Er näherte sein Gesicht den Scheiben, dachte, es sei ein Krebsfischer, der in der Brindille wildere; denn Mitternacht war schon vorüber,

aber der Schein lief das Wasser entlang unter den Bäumen des Waldes. Da er nichts unterscheiden konnte, schirmte Renardet seine Augen mit beiden Händen. Da plötzlich wurde der Schein zu hellem Licht, und er sah die kleine Roque nackt und blutig auf dem Moose liegen.
Er taumelte entsetzt zurück, stieß gegen seinen Stuhl und stützte sich auf die Lehne. So blieb er ein paar Augenblicke mit stechendem Herzen stehen, dann setzte er sich und grübelte. Er hatte eine Halluzination gehabt, nichts weiter; eine Sinnestäuschung, hervorgerufen durch einen nächtlichen Wanderer, der mit seiner Laterne den Fluß entlang ging. War's ein Wunder, daß die Erinnerung an sein Verbrechen ihm zuweilen das Bild der Toten vor Augen stellte?
Er stand auf, trank ein Glas Wasser und setzte sich wieder. Er dachte: Was soll ich anfangen, wenn es wiederkommt? Und es würde wiederkommen. Er fühlte es, er war dessen sicher. Schon zog das Fenster seinen Blick aufs neue an, rief ihn, verlangte nach ihm. Um es nicht mehr sehen zu müssen, drehte er seinen Stuhl um; dann nahm er ein Buch und versuchte zu lesen, aber er meinte zu hören, daß sich hinter ihm etwas bewege, und drehte seinen Stuhl auf einem Fuß herum. Der Vorhang hatte sich wieder bewegt; diesmal ganz sicher; er konnte nicht mehr zweifeln; er stürzte vor, packte ihn so kräftig, daß er samt der Stange herunterfiel, und preßte sein Gesicht gierig gegen die Scheiben. Er sah nichts. Draußen war alles schwarz, und er atmete auf mit der Freude eines Menschen, dem man eben das Leben gerettet hat.
Er setzte sich wieder, hatte aber gleich den neuen Wunsch, zum Fenster hinzusehen. Seit der Vorhang ganz fort war, bildete es ein schwarzes Loch, das den Blick auf sich zog. Um der gefährlichen Versuchung zu widerstehen, zog er

sich aus, löschte das Licht, legte sich nieder und schloß die Augen.

Unbeweglich auf dem Rücken liegend, erwartete er den Schlaf. Seine Haut war naß und heiß. Plötzlich drang ein helles Licht durch seine Lider. Er öffnete sie, weil er glaubte, es brenne. Aber alles war schwarz. Er stützte sich halb auf, um zu sehen, ob er das Fenster unterscheiden könne, das ihn immer noch unwiderstehlich anzog. Da er angestrengt hinaussah, entdeckte er ein paar Sterne; er stand auf, durchquerte tastend das Zimmer, fand mit seinen ausgestreckten Händen die Scheiben und drückte seine Stirn dagegen. Unten unter den Bäumen leuchtete der Körper des kleinen Mädchens wie Phosphor und warf einen leichten Schein um sich her.

Renardet stieß einen Schrei aus und flüchtete in sein Bett, wo er, den Kopf in die Kissen gedrückt, bis zum Morgen blieb.

Von dem Augenblick an wurde sein Leben unerträglich. Er verbrachte seine Tage in der Angst vor den Nächten; und jede Nacht kam die Vision wieder. Kaum hatte er sich in seinem Zimmer eingeschlossen, so versuchte er, sich zu wehren; aber alles umsonst. Eine unwiderstehliche Kraft hob ihn auf und stieß ihn ans Fenster, als solle er das Gespenst rufen, und sofort sah er dann am Ort des Verbrechens mit gespreizten Beinen und ausgestreckten Armen den Körper liegen, wie man ihn damals gefunden hatte. Dann erhob sich die Tote und kam mit kleinen Schritten wie damals, als das Kind aus dem Fluß stieg, auf ihn zu. Sie kam leise, quer über den Rasen und über das verdorrte Blumenbeet, dann erhob sie sich in die Luft, auf Renardets Fenster zu. Sie kam wie damals am Tage des Verbrechens auf ihn, ihren Mörder, zu. Und der Mann wich zurück vor der Erscheinung, wich zurück bis an sein Bett, auf das er kraftlos niedersank, denn er wußte, die Kleine war jetzt im Zimmer, hinter dem Vorhang, der sich gleich bewegen würde. Und bis zum Tagesanbruch sah er starr auf diesen Vorhang und glaubte jeden Augenblick, sein Opfer hervortreten zu sehen. Aber sie zeigte sich nicht mehr; sie blieb hinter dem Stoff, der zuweilen erbebte. Und Renardet krampfte die Finger um seine Decke, wie er sie um den Hals der kleinen Roque gepreßt hatte.

Er hörte die Stunden schlagen, hörte in der Stille ringsum das Ticken der Uhr und die lauten Schläge seines Herzens. Und er litt, der Unglückselige, wie noch kein Mensch gelitten hatte.

Sobald der erste weiße Schimmer, der den nahen Tag verkündete, an der Decke erschien, fühlte er sich befreit, endlich allein, allein in seinem Zimmer und schlief ein. Er schlief ein paar Stunden unruhig und fieberhaft, und oft sah er im Traum noch einmal die furchtbare Vision.

Wenn er dann später zum Frühstück hinunterging, fühlte er sich zerschlagen wie nach den größten körperlichen Anstrengungen. Er aß fast nichts, denn er fürchtete sich schon vor der kommenden Nacht.

Er wußte: das war keine Erscheinung; er wußte: die Toten kommen nicht wieder; er wußte, daß seine kranke Seele, von einem Gedanken, einer unauslöschlichen Erinnerung besessen, die einzige Ursache seiner Qual war, die einzige Beschwörerin der von ihr allein wiedererweckten Toten, die von ihr gerufen und vor seine Augen gestellt wurde, in denen der Abdruck des unvergeßlichen Bildes lebte. Aber er wußte auch, daß es für ihn keine Genesung gab, niemals würde er dieser wilden Verfolgung seines Gedächtnisses entrinnen; und er entschloß sich, lieber zu sterben, als länger diese Folter zu ertragen.

Er überlegte, wie er sich töten könnte. Einfach und natür-

lich, nicht wie ein Selbstmord sollte sein Tod aussehen. Denn er hielt viel auf seinen guten Ruf, auf den Namen, den ihm seine Väter vererbt hatten; und wenn ein Verdacht wegen seines Todes entstünde, würde man zweifellos auch an das unaufgeklärte Verbrechen denken, an den unauffindbaren Mörder, und man würde nicht zögern, ihn der Tat zu beschuldigen.
Eine sonderbare Idee war ihm gekommen, die Idee, sich von dem Baum erschlagen zu lassen, an dessen Fuß er die kleine Roque ermordet hatte. So entschloß er sich, seinen Wald abholzen zu lassen und dabei einen Unglücksfall herbeizuführen. Aber die Buche wollte ihn nicht zerschmettern. Als er nach Hause gekommen war, hatte er in wilder Verzweiflung seinen Revolver genommen und schließlich doch nicht zu schießen gewagt.
Dann war die Stunde des Essens gekommen, er hatte gegessen und war wieder hinaufgegangen. Er wußte nicht, was er tun sollte. Er fühlte sich jetzt, da er der Gefahr entgangen war, feig. Eben war er noch bereit gewesen, fest entschlossen, Herr seines Mutes und seines Willens; jetzt war er schwach und fürchtete den Tod ebenso wie die Tote. Er stammelte: »Ich wage es nicht mehr, ich wag' es nicht mehr«, und voll Entsetzen musterte er abwechselnd den Revolver und den Vorhang, der das Fenster verbarg. Es war ihm auch, als müßte etwas Fürchterliches geschehen, sobald sein Leben zu Ende wäre! Aber was, was? Würde er ihr begegnen? Erwartete sie ihn nicht, rief sie ihn nicht, Abend für Abend, um ihn zu verderben, um sich zu rächen, um ihn in den Tod zu treiben?
Er fing an, wie ein Kind zu weinen, und wiederholte: »Ich wage es nicht mehr, ich wage es nicht mehr.« Dann fiel er auf die Knie und stammelte: »Mein Gott, mein Gott«, aber ohne an Gott zu glauben. Er wagte wirklich nicht mehr,

nach seinem Fenster hinzusehen, hinter dem die Erscheinung stand, und nach dem Tisch, auf dem der Revolver blinkte.

Als er sich wieder erhoben hatte, sagte er laut: »So kann es nicht weitergehen, ich muß ein Ende machen.« Der Schall seiner Stimme im stillen Zimmer trieb ihm einen Angstschauer durch alle Glieder; aber da er zu keinem Entschluß kommen konnte, fühlte er, der Finger seiner Hand würde niemals den tödlichen Schuß abdrücken; er steckte den Kopf wieder unter die Bettdecke und dachte nach.

Er mußte irgend etwas finden, was ihn zum Sterben zwingen würde, irgendeine List gegen sich selbst, die ihm keinen Aufschub, kein Zurückweichen möglich machte. Er beneidete die Verbrecher, die von Soldaten zum Schafott geführt werden. Ach, wenn er doch jemand hätte bitten können, ihn zu erschießen; wenn er den Zustand seiner Seele, sein Verbrechen einem zuverlässigen Freunde hätte beichten können, der das Geheimnis bewahren, ihn aber töten würde. Von wem konnte er solch einen furchtbaren Dienst fordern? Von wem? Er ging alle Leute seiner Bekanntschaft durch. Der Arzt? Nein. Er würde es nachher sicher erzählen. Und plötzlich kam ihm ein seltsamer Gedanke. Er wollte dem Untersuchungsrichter schreiben, den er genau kannte, er wollte sich selbst denunzieren. Er würde in diesem Brief alles sagen, das Verbrechen gestehen und die Qualen, die ihn verzehrten, seinen Entschluß zu sterben, sein Zögern und das Mittel, das er angewendet hatte, um seinem sinkenden Mut zu Hilfe zu kommen. Er wollte ihn im Namen ihrer alten Freundschaft anflehen, den Brief zu vernichten, sobald er erfahren hätte, daß der Schuldige sich selbst gerichtet habe. Renardet konnte auf den Richter zählen, er wußte, daß er zuverlässig, diskret, ja nicht einmal einer leisen Andeutung fähig wäre. Er war einer von den Männern, die ein unbeugsames Gewissen haben, die sich nur durch die Vernunft beherrschen und leiten lassen.

Kaum hatte er diesen Entschluß gefaßt, da erfüllte ihn seltsame Freude. Er war ruhig. Er wollte langsam seinen Brief schreiben, ihn dann, sobald es Tag würde, in den Kasten werfen, der an seinem Hof angebracht war, dann auf den Turm steigen, um den Briefträger kommen zu sehen, und wenn die blaue Bluse fort wäre, würde er sich kopfüber auf die Felsen stürzen, auf denen die Fundamente ruhten. Er würde schon dafür sorgen, daß die Arbeiter, die seinen Wald fällten, ihn zuerst fänden. Er könnte auf die vorspringende Stufe klettern, die den Fahnenmast trug. Den Mast würde er mit einem Ruck zerbrechen und sich mit ihm hinunterstürzen. Das würde wie ein Zufall aussehen. Da er so schwer war und der Turm so hoch, würde er gleich tot sein.

Er stieg sofort aus dem Bett, setzte sich an den Tisch und begann zu schreiben. Er vergaß nichts, keine Einzelheit des Verbrechens, keine Einzelheit aus seinem Leben voller Angst und Schrecken, und sagte zum Schluß, er habe sich selbst verurteilt, er werde den Verbrecher hinrichten und bäte seinen Freund, seinen alten Freund nur dafür zu sorgen, daß niemand sein Andenken verunglimpfe.

Als er den Brief beendet hatte, sah er, daß es schon Tag war. Er verschloß ihn, siegelte ihn zu, schrieb die Adresse, stieg dann mit leichten Schritten hinunter, lief zu dem kleinen weißen Kasten, der an der Mauerecke am Hof angebracht war, warf den Brief, der seiner Hand die Kraft genommen hatte, hinein, kam rasch zurück, verriegelte die Haustür von innen und stieg auf seinen Turm, um das

Kommen des Landbriefträgers abzuwarten, der sein Todesurteil forttragen sollte. Endlich fühlte er sich ruhig, frei, gerettet.
Ein kalter, trockener Wind, ein eisiger Wind fuhr ihm übers Gesicht. Mit offenem Mund atmete er ihn gierig ein, trank er seine kalte Liebkosung. Der Himmel war rot, feurig rot, und die weißbereifte Ebene leuchtete unter den ersten Strahlen der Sonne, als wäre sie mit gestoßenem Glas bestäubt. Mit bloßem Kopf stand Renardet, sah übers weite Land hinaus, links über die Wiesen, rechts über das Dorf, dessen Schornsteine zu rauchen begannen.
Zu seinen Füßen sah er die Brindille über die Felsen fließen, auf denen er bald zerschmettert liegen würde. Er fühlte sich in dem schönen, eisigen Morgenrot wie neu geboren, voll Kraft und Leben. Das Licht überstrahlte, umwogte ihn, durchdrang ihn wie eine Hoffnung. Tausend Erinnerungen sprangen auf, Erinnerungen an ähnliche Morgen, an schnelles Wandern auf hartgefrorener Erde, die unter den Tritten klang, an fröhliche Pirschgänge an den Teichufern, wo die Wildenten schlummern. Alle guten Dinge, die er liebte, die guten Dinge des Lebens, erwachten in seiner Erinnerung, stachelten ihn zu neuen Wünschen, erweckten alle starken Begierden seines tätigen, kraftvollen Körpers in ihm.
Und er sollte sterben? Warum? Er sollte sich plötzlich töten, weil er seinen Schatten fürchtete? Ein Nichts? Er war reich und noch jung! Welche Torheit! Er brauchte ja nur Zerstreuung, andere Umgebung, eine Reise, um zu vergessen! Schon heute nacht hatte er das Kind nicht gesehen, weil er sich ganz in andere Dinge vertieft hatte. Vielleicht würde es überhaupt nicht wiederkommen. Und wenn es ihn auch in diesem Hause heimsuchte, anderswo würde

es ihn sicher in Ruhe lassen. Die Erde war so groß und die Zukunft so weit, warum sterben?
Sein Blick irrte über die Wiesen, und er sah, auf dem Fußweg, der den Fluß entlang lief, einen blauen Punkt. Es war Médéric, der die Briefe aus der Stadt brachte und die Briefe der Dörfler holen wollte.
Renardet zuckte zusammen, ein jäher Schmerz durchdrang ihn, und er stürzte die Wendeltreppe hinunter, um sich den Brief zurückzuholen, ihn dem Briefträger wieder abzufordern.
Es scherte ihn nicht mehr, ob man ihn sähe; er lief durch das bereifte Gras und traf vor dem Kasten mit dem Briefträger zusammen.
Der Mann hatte gerade das Holztürchen geöffnet und entnahm die wenigen Briefschaften.
Renardet sagte:
»Guten Tag, Médéric.«
»Guten Tag, Herr Bürgermeister.«
»Ach, hören Sie mal, Médéric, ich hab' da einen Brief in den Kasten geworfen, den ich zurückhaben möchte. Bitte, geben Sie ihn mir wieder.«
»Schön, Herr Bürgermeister, den können Sie haben.«
Der Briefträger hob den Blick und sah befremdet in Renardets Gesicht. Seine Backen waren blaurot, sein Blick trübe, die Augen schwarz umrändert und gleichsam in den Kopf eingesunken, die Haare waren zerwühlt, der Bart wirr, die Krawatte gelöst. Man sah ihm an, daß er nicht geschlafen hatte.
Der Mann fragte: »Sind Sie krank, Herr Bürgermeister?«
Renardet, dem auf einmal einfiel, daß er sonderbar aussehen müsse, verlor die Fassung und stammelte: »Nein, ach nein. Ich bin nur schnell aus dem Bett gesprungen, um den Brief zurückzuholen ... Ich habe geschlafen ... Verstehen Sie ...?«

Ein unbestimmter Verdacht blitzte im Kopf des alten Soldaten auf. »Was für einen Brief denn?« fragte er.
»Den, den Sie mir gleich wiedergeben werden.«
Jetzt zögerte Médéric, denn das Benehmen des Bürgermeisters erschien ihm unnatürlich. Es stand am Ende ein Geheimnis in dem Brief, ein politisches Geheimnis. Er wußte, daß Renardet kein Republikaner war, und kannte alle Kniffe und Listen, die bei den Wahlen eine Rolle spielen.
Er fragte: »An wen ist der Brief?«
»An Herrn Putoin, den Untersuchungsrichter. Sie wissen ja, Putoin ist mein Freund!«
Der Briefträger kramte die Briefschaften durch und fand das Gesuchte. Er betrachtete ihn, drehte ihn in den Fingern hin und her, sehr verlegen, sehr beunruhigt, in der Furcht, entweder einen schweren Fehler zu begehen oder sich den Bürgermeister zum Feind zu machen.
Als Renardet sein Zögern sah, machte er eine Bewegung, als wolle er ihm den Brief entreißen. Diese plötzliche Geste überzeugte Médéric, daß es sich um ein wichtiges Geheimnis handle, und er beschloß, koste es, was es wolle, seine Pflicht zu tun.
Er warf den Brief in seinen Sack, verschloß ihn und sagte: »Nein, ich kann es nicht, Herr Bürgermeister. Da ich gesehen habe, daß er ans Gericht ist, darf ich's nicht tun.«
Eine furchtbare Angst zog Renardets Herz zusammen, er stotterte: »Aber Sie kennen mich doch, Sie kennen doch auch meine Handschrift.«
»Ich kann nicht.«
»Aber Médéric, Sie wissen doch, daß ich nicht imstande wäre, Sie zu betrügen; ich sage Ihnen doch, ich muß den Brief zurück haben.«
»Nein, ich darf es nicht.«

Eine Zorneswelle überschäumte den gewalttätigen Geist Renardets: »Heiliges Donnerwetter, ich sage Ihnen, nehmen Sie sich in acht. Sie wissen, ich spaße nicht und kann Sie ohne weiteres um Ihre Stelle bringen. Und vor allen Dingen, mein Bester, ich bin der Bürgermeister, und ich befehle Ihnen jetzt, mir den Brief wiederzugeben.«

Der Briefträger antwortete im festen Ton: »Nein, ich darf nicht, Herr Bürgermeister.«

Da verlor Renardet den Kopf, er packte ihn an den Armen, um ihm die Tasche zu entreißen; aber der Mann befreite sich mit einem Stoß und hob seinen dicken Stechpalmenstock. Ganz ruhig sagte er: »Rühren Sie mich nicht an, Herr Bürgermeister, oder ich schlage zu. Hüten Sie sich, ich tue meine Pflicht!«

Renardet fühlte, daß er verloren war, er wurde auf einmal demütig und sanft und bat wie ein weinendes Kind.

»Hören Sie doch, lieber Freund, geben Sie mir den Brief, ich werde es Ihnen lohnen, ich gebe Ihnen Geld, da, da, ich gebe Ihnen hundert Franken, hören Sie doch, hundert Franken.«

Der Mann drehte ihm den Rücken und ging. Renardet folgte ihm atemlos und stammelte: »Médéric, Médéric, hören Sie, ich gebe Ihnen tausend Franken, tausend Franken.«

Der Briefträger ging weiter, ohne zu antworten.

Renardet fing an zu heulen: »Sie machen Ihr Glück, hören Sie, ich gebe Ihnen ... fünfzigtausend Franken ... fünfzigtausend Franken für den einen Brief ... Warum wollen Sie ihn mir nicht geben? ... Wollen Sie? ... Sie wollen nicht? ... Nun also, hunderttausend ... ich gebe Ihnen hunderttausend Franken, verstehen Sie ... hunderttausend Franken.«

Der Briefträger wendete sich mit hartem Gesicht und strenger Miene nach ihm um. »Genug, oder ich wiederhole vor Gericht, was Sie mir eben gesagt haben.«

Renardet blieb stehen. Es war also alles aus. Er hatte keine Hoffnung mehr. Er kehrte um und rannte wie ein gehetztes Wild seinem Hause zu.
Da blieb auch Médéric stehen und sah bestürzt seiner Flucht nach. Er sah den Bürgermeister in sein Haus treten, als müsse noch etwas Überraschendes kommen. Und bald erschien auch wirklich die hohe Gestalt Renardets auf dem Fuchsturm. Er rannte wie ein Wahnsinniger um die Plattform herum; dann packte er die Fahnenstange, schüttelte sie wütend, aber sie widerstand, und plötzlich warf er sich wie ein Schwimmer, der einen Kopfsprung machen will, mit ausgebreiteten Armen ins Leere.
Médéric stürzte fort, um ihm aufzuhelfen. Als er durch den Park lief, sah er die Holzfäller zur Arbeit gehen. Er rief sie an und schrie ihnen den Unglücksfall zu; sie fanden am Fuße der Mauer einen blutenden Körper, dessen Kopf an einem Felsen zerschmetterte war. Die Brindille spielte um diesen Felsen, und auf ihrem hier breiter werdenden Wasser, das klar und ruhig floß, sah man einen langen rosaroten Faden schwimmen: Hirn und Blut.

DAS WESPENNEST

Agatha Christie

John Harrison kam aus dem Haus, blieb einen Augenblick auf der Terrasse stehen und blickte hinaus auf den Garten. Er war ein großer Mann mit einem hageren leichenblassen Gesicht. Es wirkte gewöhnlich irgendwie grimmig. Wenn aber, wie jetzt, ein Lächeln seinen mürrischen Ausdruck milderte, hatte er etwas sehr Attraktives an sich.

John Harrison liebte seinen Garten, und der hatte nie schöner ausgesehen als an diesem Augustabend; sommerlich, wenngleich auch schon an den Herbst mahnend. Die Kletterrosen waren noch immer schön, und der süße Duft der Wicken würzte die Luft.

Ein wohlbekannter quietschender Ton veranlaßte Harrison, seinen Kopf abrupt zu wenden. Wer kam denn da durch das Gartentor? Im nächsten Augenblick huschte ein Ausdruck höchsten Erstaunens über sein Gesicht. Diese auffällige Gestalt, die den Weg heraufkam, hätte er in diesem Teil der Welt niemals erwartet.

»Das ist ja wundervoll!« rief Harrison. »Monsieur Poirot!« Es war tatsächlich der berühmte Hercule Poirot, dessen Ruf als Detektiv schon weltweit verbreitet war.

»Ja«, sagte er, »ich bin's. Sie sagten einmal zu mir: ›Wenn Sie je in diese Gegend kommen, besuchen Sie mich.‹ Ich habe Sie beim Wort genommen, und hier bin ich.«

»Und ich bin hocherfreut«, entgegnete Harrison herzlich. »Kommen Sie herein und setzen Sie sich. Darf ich Ihnen etwas zu trinken anbieten?«

Mit einer einladenden Geste deutete er auf einen Tisch auf der Veranda, auf dem eine Anzahl Flaschen standen.

»Ich danke Ihnen«, sagte Poirot und sank in einen Korbstuhl. »Sie haben wohl keinen Fruchtsaft? Nein, nein, ich dachte es mir schon. Ein wenig klares Sodawasser dann – keinen Whisky.«

Als Harrison das Glas vor ihn hinstellte, fügte er mit gefühlvoller Stimme hinzu: »Mein Gott, ist das eine Hitze!«

»Was führt Sie in diesen stillen Ort?« fragte Harrison, als er sich ebenfalls niedersetzte. »Vergnügen?«

»Nein, *mon ami*, Geschäfte.«

»Geschäfte? In diesem abgelegenen Flecken?«

Poirot nickte feierlich.

»Aber ja, mein Freund. Verbrechen werden überall verübt, nicht wahr?«

Harrison lachte und meinte:

»Ich glaube, das war eine ziemlich dumme Bemerkung von mir. Aber was für ein Verbrechen untersuchen Sie hier? Oder sollte ich danach lieber nicht fragen?«

»Sie dürfen fragen«, erwiderte Poirot. »Ich freue mich sogar, daß Sie sich dafür interessieren.«

Harrison betrachtete ihn neugierig. Er bemerkte etwas Ungewöhnliches im Verhalten des anderen.

»Sie untersuchen also ein Verbrechen, sagen Sie. Einen ernsten Fall?« fügte er zögernd hinzu.

»So ernst, wie es ihn nur gibt.«

»Sie meinen ...«

»Mord.«

Hercule Poirot sprach dieses Wort so ernsthaft aus, daß Harrison zurückfuhr. Der Detektiv blickte ihn an, und wieder lag ein sonderbarer Ausdruck in seinem Gesicht, so daß Harrison kaum wußte, wie er weiterreden sollte. Schließlich meinte er:

»Aber ich habe von keinem Mord gehört.«
»Nein«, antwortete Poirot. »Sie werden nichts davon gehört haben.«
»Wer ist ermordet worden?«
»Bisher«, sagte Poirot bedeutungsvoll, »noch niemand.«
»Wie bitte?«
»Deshalb können Sie auch noch nichts davon gehört haben. Ich untersuche ein Verbrechen, das noch nicht verübt wurde.«
»Aber ich bitte Sie, das ist doch Unsinn.«
»Keinesfalls. Wenn jemand einen Mord untersuchen kann, bevor er verübt wurde, ist das gewiß viel zweckmäßiger als hinterher. Man könnte ihn sogar – das ist eine Idee von mir – verhindern.«
Harrison starrte ihn an.
»Sie scherzen, Monsieur Poirot.«
»Aber nein, ich meine es ernst.«
»Sie glauben tatsächlich, daß ein Mord verübt werden wird? Aber das ist ja absurd!«
Hercule Poirot beendete den ersten Teil des Satzes, ohne von dem Ausruf Notiz zu nehmen. »Es sei denn, wir können ihn verhindern. Ja, *mon ami.*«
»Wir?«
»Ich sagte wir, denn ich werde Ihre Unterstützung brauchen.«
»Und deshalb sind Sie hierhergekommen?«
Wieder blickte Poirot ihn an, und erneut machte dieses undefinierbare Etwas Harrison unsicher.
»Ich bin hergekommen, Monsieur Harrison, weil ich – nun, weil ich Sie mag.« Und mit völlig veränderter Stimme fügte er hinzu: »Ich sehe, Sie haben dort an dem Baumstumpf ein Wespennest. Das sollten Sie vernichten, Monsieur Harrison.«

Erstaunt über diesen plötzlichen Wechsel des Gesprächsthemas, zog Harrison die Stirn in Falten. Er folgte Poirots Blick und meinte etwas verwirrt:
»Tatsächlich, das habe ich auch vor, oder vielmehr, der junge Langton wird es für mich tun. Erinnern Sie sich an Claude Langton? Er war bei der gleichen Abendgesellschaft, bei der wir beide, Sie und ich, uns kennengelernt haben. Er kommt heute abend herüber, um das Nest auszuheben. Diese Arbeit macht ihm Spaß.«
»Aha«, meinte Poirot. »Und wie wird er es machen?«
»Mit Petroleum und der Gartenspritze. Er bringt seine eigene mit, sie ist größer als meine.«
»Es gibt noch eine andere Möglichkeit, nicht wahr«, fragte Poirot, »mit Zyankali?«
Harrison sah ihn überrascht an.
»Ja, aber das ist ein ziemlich gefährliches Zeug, immer ein bißchen riskant, es im Hause zu haben.«
»Ja. Es ist ein tödliches Gift.« Poirot wartete einen Augenblick, dann wiederholte er feierlich: »Tödlich.«
»Nützlich, wenn man seine Schwiegermutter beseitigen will, was?« sagte Harrison und lachte.
Aber Hercule Poirot blieb ernst.
»Und Sie sind ganz sicher, daß es Petroleum ist, mit dem Monsieur Langton Ihr Wespennest vernichten will?«
»Ganz sicher. Warum?«
»Ich habe mich im stillen gewundert. Heute nachmittag war ich in der Apotheke in Barchester. Für eines der Mittel, die ich zu besorgen hatte, mußte ich im Giftbuch unterschreiben. Dabei sah ich die letzte Eintragung. Sie betraf einen Posten Zyankali, und sie war von Claude Langton unterzeichnet.«
»Das ist komisch«, sagte Harrison langsam. »Langton erzählte mir neulich, daß er nicht im Traum daran den-

ke, dieses Zeug zu benutzen. Im Gegenteil, er sagte sogar, es dürfte für diesen Zweck überhaupt nicht verkauft werden.«

Poirot schaute zu den Rosen hinüber. Seine Stimme klang sehr leise, als er fragte:

»Mögen Sie Langton?«

Harrison stutzte. Auf diese Frage war er offensichtlich nicht vorbereitet.

»Ich – ich, nun, ich meine, natürlich mag ich ihn. Weshalb sollte ich ihn nicht mögen?«

»Ich habe es mir nur so überlegt«, bemerkte Poirot gelassen, »ob Sie ihn wohl sympathisch finden.« Und als der andere nicht antwortete, fuhr er fort: »Ich frage mich auch, ob er Sie leiden kann.«

»Worauf wollen Sie hinaus, Monsieur Poirot?«

»Ich werde ganz offen sein. Sie sind verlobt und wollen heiraten, Monsieur Harrison. Ich kenne Miss Molly Deane. Sie ist ein sehr charmantes und schönes Mädchen. Bevor sie mit Ihnen verlobt war, war sie Claude Langtons Braut. Aber sie entschied sich für Sie.«

Harrison nickte.

»Es ist müßig zu fragen, welche Gründe sie dafür gehabt hat. Sie mögen gerechtfertigt sein. Aber ich sage Ihnen eines: Langton hat es nicht vergessen oder vergeben.«

»Sie irren sich, Monsieur Poirot. Er hat die Dinge wie ein Mann aufgenommen. Er war mir gegenüber erstaunlich anständig und hat sich besonders bemüht, freundlich zu mir zu sein.«

»Und das finden Sie nicht ungewöhnlich? Sie benutzen das Wort erstaunlich, aber Sie scheinen nicht erstaunt zu sein.«

»Was meinen Sie, Monsieur Poirot?«

»Ich meine«, entgegnete Poirot, »daß ein Mann seinen Haß verbergen kann, bis die richtige Zeit gekommen ist.«

»Haß?« Harrison schüttelte den Kopf und lachte.
»Die Engländer sind sehr einfältig«, schimpfte Poirot. »Sie glauben, sie könnten jedermann hintergehen, aber niemand könne sich dafür revanchieren wollen.« Und bedeutungsvoll setzte er hinzu: »Und weil sie mutig, aber dumm sind, müssen sie manchmal sterben, obwohl kein Grund dazu vorhanden ist.«
»Sie warnen mich«, sagte Harrison mit leiser Stimme. »Ich verstehe jetzt, was mir die ganze Zeit unklar war. Sie wollen mich vor Claude Langton warnen. Und zu diesem Zweck sind Sie hergekommen?«
Poirot nickte.
Plötzlich sprang Harrison auf.
»Aber Sie sind ja verrückt! Wir leben in England. Solche Sachen passieren hier nicht. Hier laufen die enttäuschten Liebhaber nicht herum und rennen Leuten ein Messer in den Rücken oder vergiften sie. Sie irren sich bei Langton. Dieser Junge würde keiner Fliege etwas zuleide tun.«
»Das Leben der Fliegen ist nicht meine Sorge«, meinte Poirot gelassen. »Und obgleich Sie behaupten, Monsieur Langton würde keiner einzigen das Leben nehmen, vergessen Sie anscheinend doch, daß er sich gerade darauf vorbereitet, das Leben von einigen hundert Wespen zu zerstören.«
Harrison antwortete nicht sofort. Der kleine Detektiv sprang nun auch auf. Er trat zu seinem Freund hin und legte ihm die Hand auf die Schulter. So beunruhigt schien er zu sein, daß er den großen Mann fast schüttelte. Dabei redete er eindringlich auf ihn ein.
»Wachen Sie auf, mein Freund! Wachen Sie auf. Und sehen Sie, sehen Sie dahin, wo ich hindeute. Dort auf die Bank, dicht bei dem Baumstumpf. Die Wespen kommen nach Hause. Ermüdet, am Ende des Tages. In einer Stunde wer-

den sie sterben. Und sie wissen es noch nicht. Niemand kann es ihnen sagen. Sie scheinen keinen Hercule Poirot zu haben. Ich sage Ihnen, Monsieur Harrison, ich kam geschäftlich her. Mord ist mein Geschäft. Und es ist mein Geschäft, bevor es passiert ist genauso gut wie hinterher. Um welche Zeit kommt Langton, um das Wespennest auszuheben?«

»Um neun Uhr. Aber ich sage Ihnen, Sie irren sich gewaltig. Langton würde nie – «

»Ihr Engländer!« rief Poirot leidenschaftlich. Er nahm seinen Hut und Stock und ging den Weg hinunter. Einen Augenblick blieb er stehen und sagte über seine Schulter hinweg: »Ich bleibe nicht, um mit Ihnen zu streiten. Ich würde mich nur aufregen. Aber Sie werden verstehen – ich komme um neun Uhr zurück.«

Harrison öffnete den Mund, um zu sprechen, aber Poirot ließ ihm keine Gelegenheit dazu.

»Ich weiß, was Sie sagen wollen. Langton würde nie und so weiter. Trotz allem werde ich um neun Uhr wiederkommen. Nehmen Sie an, es würde mich amüsieren, beim Ausheben des Nestes dabeizusein. Auch so eine von euren Sportarten!«

Er wartete keine Antwort ab, sondern schritt eilig den Weg hinunter und schlug die quietschende Tür hinter sich zu. Draußen auf der Straße verlangsamte er seine Schritte. Mit seinem betont munteren Wesen war es mit einem Schlag vorbei. Sein Gesicht wurde ernst und besorgt. Er nahm seine Uhr aus der Tasche und sah nach, wie spät es war. Die Zeiger deuteten auf zehn Minuten nach acht.

»Mehr als eine dreiviertel Stunde«, murmelte er, »ich weiß nicht, ob ich nicht doch hätte warten sollen!«

Seine Schritte wurden noch langsamer. Um ein Haar wäre er wieder umgekehrt. Eine vage Vorahnung hatte ihn über-

fallen. Resolut schob er sie beiseite und setzte seinen Weg ins Dorf fort.
Es war ein paar Minuten vor neun, als er sich dem Gartentor wieder näherte. Der Abend war still und klar, und kein Lüftchen bewegte die Blätter. Etwas Unheilvolles lag in dieser Stille. Wie die Ruhe vor dem Sturm.
Poirot beschleunigte seine Schritte. Er war plötzlich von einer Nervosität gepackt, die er nicht zu deuten vermochte.
In diesem Augenblick öffnete sich die Gartentür, und Claude Langton trat mit raschem Schritt auf die Straße. Als er Poirot sah, blieb er stehen.
»Oh – äh – guten Abend!«
»Guten Abend, Monsieur Langton. Sie sind aber zeitig hier!«
Langton starrte ihn an.
»Ich weiß nicht, was Sie meinen.«
»Haben Sie das Wespennest ausgehoben?«
»Nein.«
»So«, meinte Poirot sanft, »Sie haben das Wespennest nicht vernichtet. Was haben Sie dann gemacht?«
»Ach, nur so gesessen und mit dem guten Harrison ein bißchen geplaudert. Ich muß mich jetzt wirklich beeilen, Monsieur Poirot. Ich hatte keine Ahnung, daß Sie so lange hierbleiben würden.«
»Ich bin beruflich hier, wissen Sie.«
»Aha. Also, Sie werden Harrison auf der Terrasse vorfinden. Es tut mir leid, daß ich nicht bleiben kann.«
Er eilte fort. Poirot blickte ihm nach. Ein nervöser junger Mann. Gutaussehend, aber ein bißchen verweichlicht.
»Also ich werde Harrison auf der Terrasse finden«, murmelte Poirot. »Ich bin gespannt.«
Er ging durch die Gartentür und marschierte den Weg hinauf. Harrison saß bewegungslos am Tisch und wandte nicht einmal den Kopf, als Poirot auf ihn zukam.

»Hallo, *mon ami*«, rief Poirot. »Geht es Ihnen gut, ja?«
Es entstand eine lange Pause, dann sagte Harrison mit belegter Stimme:
»Was sagten Sie?«
»Ich fragte, ob es Ihnen gutgeht.«
»Gut, ja. Es geht mir gut. Warum denn nicht?«
»Sie fühlen sich also nicht krank. Das ist schön.«
»Krank? Warum?«
»Vom Waschpulver.«
Harrison stand auf. »Waschpulver? Wovon reden Sie?«
Poirot machte eine entschuldigende Geste und sagte:
»Ich bedaure die Notwendigkeit unendlich, aber ich schüttete etwas in Ihre Tasche.«
»Sie schütteten Waschpulver in meine Tasche? Wozu, um Himmels willen?« Harrison starrte ihn verständnislos an.
Poirot sprach leise und unpersönlich wie ein Märchenerzähler, der sich dem Niveau eines kleinen Kindes anpaßt.
»Sehen Sie, einer der Vor- oder Nachteile, ein Detektiv zu sein, ist, daß man mit kriminellen Elementen in Kontakt kommt. Sie können uns eine Reihe ziemlich interessanter und eigenartiger Dinge lehren. Da war einmal ein Taschendieb. Ich war an ihm interessiert, weil man ihm etwas vorwarf, das er nicht getan hatte. Ich erreichte, daß man ihn freiließ. Und weil er dankbar war, belohnte er mich auf seine Art. Er zeigte mir ein paar Tricks seines Gewerbes. Und so kommt es, daß ich jemandem in die Tasche greifen kann, ohne daß derjenige auch nur den kleinsten Verdacht schöpft. Ich lege eine Hand auf seine Schulter und lenke ihn ab. So gelingt es mir, das, was in seiner Tasche ist, in meine zu transferieren.
Sehen Sie«, fuhr Poirot träumerisch fort, »wenn ein Mann rasch an das Gift heran will, um es in ein Glas zu schüt-

ten, ohne beobachtet zu werden, muß er es unbedingt in seiner rechten Rocktasche haben. Es gibt keinen anderen Platz. Ich wußte, es würde dort sein.«

Er schob seine Hand in die Tasche und brachte ein paar weiße Kristalle hervor. »Außerordentlich gefährlich«, murmelte er, »es so herumzutragen wie ich.«

Langsam und behutsam zog er aus der anderen Tasche eine kleine Flasche mit weiter Öffnung. Er öffnete sie, warf die Kristalle hinein, ging zum Tisch und füllte sie mit einfachem Wasser. Nachdem er sie sorgfältig verkorkt hatte, schüttelte er sie, bis sich alle Kristalle aufgelöst hatten.

Harrison beobachtete ihn fasziniert.

Mit seiner Arbeit zufrieden, ging Poirot auf das Wespennest zu. Er entkorkte die Flasche, wandte den Kopf ab und goß die Lösung mitten hinein. Dann trat er ein paar Schritte zurück.

Einige Wespen, die von ihrem Flug zurückkamen und sich gerade niederließen, zitterten ein wenig, dann lagen sie still. Andere krochen aus dem Nest heraus – nur um zu sterben. Poirot beobachtete das eine kurze Zeit, nickte mit dem Kopf und ging wieder zur Veranda zurück.

»Ein schneller Tod«, sagte er, »ein sehr schneller Tod.«

Harrison fand seine Sprache wieder. »Wieviel wissen Sie?« fragte er.

Poirot sah ihn nicht an.

»Wie ich Ihnen schon erzählte, sah ich Claude Langtons Namen in dem Giftbuch. Was ich Ihnen nicht sagte, war, daß ich ihn fast sofort danach zufällig traf. Er erzählte mir, daß er in Ihrem Auftrag Zyankali gekauft habe, um das Wespennest auszuheben. Das kam mir etwas seltsam vor, mein Freund, denn ich erinnerte mich, daß Sie bei diesem Abendessen, von dem Sie sprachen, den außerordentlichen Vorteil von Petroleum hervorhoben und die

Beschaffung von Zyankali als gefährlich und überflüssig bezeichneten.«

»Fahren Sie fort.«

»Ich wußte noch etwas. Ich sah Claude Langton mit Molly Deane zusammen, als sie sich unbeobachtet glaubten. Ich weiß nicht, was die beiden damals auseinandergebracht hat und Molly in Ihre Arme trieb, aber ich erkannte, daß die Mißverständnisse vorbei waren und daß Miss Deane zu ihrer alten Liebe zurückgefunden hatte.«

»Weiter!«

»Noch etwas wußte ich, *mon ami.* Ich war neulich in der Harley Street und sah Sie aus dem Hause eines ganz bestimmten Arztes kommen. Ich kenne ihn und weiß, wegen welcher Leiden man ihn konsultiert. Und ich sah den Ausdruck in Ihrem Gesicht. Ich habe ihn nur ein- oder zweimal in meinem Leben gesehen. Er ist unschwer zu deuten. Es war das Gesicht eines zum Tode verurteilten Mannes. Habe ich recht?«

»Sehr recht. Er gab mir noch zwei Monate.«

»Sie bemerkten mich nicht, mein Freund, denn Sie hatten anderes im Kopf. Ich konnte noch etwas erkennen, etwas, das Männer zu verbergen suchen, wie ich Ihnen heute nachmittag schon erklärte. Ich sah Haß in Ihren Augen, mein Freund. Sie machten sich nicht die Mühe, ihn zu verbergen, denn Sie fühlten sich unbeobachtet.«

»Und«, fragte Harrison, »was sonst noch?«

»Es gibt nicht mehr viel zu erklären. Ich kam hierher, sah Langtons Namen zufällig im Giftbuch, wie ich Ihnen sagte, traf ihn und kam dann zu Ihnen. Ich stellte Ihnen Fallen, Sie bestritten, Langton beauftragt zu haben, Zyankali zu besorgen, oder besser gesagt, Sie spielten den Überraschten. Sie waren im Zweifel, als Sie mich sahen. Aber dann erkannten Sie, wie gut alles zusammenpassen würde, und Sie unterstützten meinen Verdacht noch. Ich erfuhr von Langton selbst, daß er um halb neun kommen wollte. Sie sagten, neun Uhr, und dachten, bis ich käme, würde alles bereits vorbei sein. Und da war für mich alles klar.«

»Weshalb kamen Sie?« stöhnte Harrison. »Wenn Sie nur nicht gekommen wären!«

Poirot stand auf.

»Wie ich schon andeutete«, sagte er, »Mord ist mein Geschäft.«

»Mord? Sie meinen Selbstmord.«

»Nein.« Poirots Stimme klang scharf und klar. »Ich meine Mord. Ihr Tod sollte schnell und leicht sein, aber der Tod, den Sie für Langton geplant hatten, war der schlimmste Tod, den ein Mann sterben kann. Er kauft das Gift, er kommt zu Ihnen, und er ist allein mit Ihnen. Sie sterben ganz plötzlich, und das Zyankali wird in Ihrem Glas gefunden. Claude Langton hätte dafür hängen müssen.«

Wieder stöhnte Harrison.

»Weshalb sind Sie gekommen? Wenn Sie nur nicht gekommen wären.«

»Das habe ich Ihnen schon gesagt. Aber ich kam noch aus einem anderen Grund. Ich schätze Sie. Hören Sie, *mon ami*. Sie sind ein todkranker Mann. Sie haben das Mädchen, das Sie lieben, verloren. Aber das *eine* sind Sie nicht: Sie sind kein Mörder. Sagen Sie mir nun: Sind Sie froh oder unglücklich darüber, daß ich kam?«

Es entstand eine Pause. Dann erhob sich Harrison. Er trug den würdevollen Ausdruck eines Mannes, der sein eigenes Ich besiegt hatte. Er streckte Poirot die Hand entgegen und rief:

»Dem Himmel sei Dank, daß Sie kamen! O Gott, ja, ich bin froh.«

DER MANN MIT DER NARBE

Arthur Conan Doyle

Isa Whitney, ein Bruder des jüngst verstorbenen Dekans der Theologischen Fakultät am St. George College, Elias Whitney, war schwer opiumsüchtig, seit er durch einen dummen Einfall während seiner Collegezeit dem Rauschgift verfallen war. Er hatte De Quinceys Beschreibung seiner Träume und Empfindungen gelesen und seinen Tabak mit Laudanum getränkt, um dieselben Effekte zu erzielen. Doch wie so viele vor ihm entdeckte auch er, daß man diese Gewohnheit leichter annimmt als los wird; viele Jahre hindurch war er der Sklave dieser Droge, Anlaß für Entsetzen und Mitleid bei seinen Freunden und Verwandten. Ich sehe ihn noch vor mir: zusammengekauert in einem Stuhl, mit gelbem, teigigem Gesicht, stecknadelgroßen Pupillen und schlaff darüber hängenden Lidern, das Wrack eines einst vornehmen Mannes.

Eines Abends zu vorgerückter Stunde – es war im Juni 1889 – klingelte es an der Haustür. Es war zu einem Zeitpunkt, an dem man anfängt zu gähnen und auf die Uhr zu schauen. Meine Frau legte ihre Handarbeit zur Seite und verzog ein wenig enttäuscht ihr Gesicht.

»Ein Patient!« sagte sie. »Du wirst wegmüssen.«

Ich stöhnte, denn ich war gerade von einem arbeitsreichen Tag nach Hause gekommen.

Wir hörten, wie die Tür geöffnet wurde, ein paar hastige Worte gewechselt wurden, darauf eilige Schritte auf dem Linoleum. Unsere Zimmertür flog auf, und eine dunkel gekleidete, schwarz verschleierte Dame betrat das Zimmer.

»Entschuldigt bitte die späte Störung«, begann sie, verlor dann plötzlich die Selbstbeherrschung, stürmte auf meine Frau zu, fiel ihr um den Hals und schluchzte an ihrer Schulter. »Oh, ich habe fürchterliche Sorgen. Ich brauche Hilfe«, rief sie.

Meine Frau hob ihren Schleier hoch und sagte erstaunt: »So etwas! Das ist Kate Whitney! Kate, du hast mich erschreckt! Ich hatte nicht die leiseste Ahnung, daß du es sein könntest, als du hereinkamst.«

»Ich weiß nicht mehr, was ich tun soll. Deshalb kam ich direkt zu dir.« Das war immer so. Menschen, die Kummer hatten, kamen zu meiner Frau wie Mücken zum Licht.

»Es ist ganz richtig, daß du gekommen bist. Komm, setz dich gemütlich hierhin, trink ein Glas Wein und erzähl uns alles. Oder ist es dir lieber, wenn ich James ins Bett schicke?«

»Nein, nein! Ich möchte auch den Rat und die Hilfe des Doktors. Es handelt sich um Isa. Seit zwei Tagen ist er nicht mehr zu Hause gewesen. Ich habe Angst um ihn.«

Es war nicht das erste Mal, daß sie zu uns über die Schwierigkeiten ihres Gatten sprach, zu mir als Arzt, zu meiner Frau als alte Schulfreundin. Wir beruhigten und trösteten sie, so gut wir konnten. Wußte sie, wo ihr Mann steckte? Konnten wir ihn vielleicht zu ihr zurückbringen?

Es war möglich, ihr zu helfen. Sie wußte mit Sicherheit, daß er in letzter Zeit, wenn er wieder Opium benötigte, in eine Opiumhöhle im tiefsten East End ging. Bisher beschränkten sich diese Orgien immer auf einen Tag, an dem er dann abends zitternd und völlig zerschlagen zurückkehrte. Aber diesmal stand er schon seit 48 Stunden unter der Einwirkung des Opiums und lag jetzt zweifelsohne zwischen dem Abschaum der Menschheit am Hafen herum, wo er entweder das Gift gerade inhalierte oder dessen Wirkung ausschlief. Sie war überzeugt davon, daß man ihn dort finden würde, nämlich in der *Bar of Gold* an der oberen Swandam Lane. Aber was sollte sie tun? Wie konnte sie, eine junge und scheue Frau, in solch ein Etablissement gelangen und ihren Mann aus dem sich dort herumtreibenden Gesindel herausholen?

So lag die Geschichte, und natürlich gab es nur einen Ausweg. Könnte ich sie nicht an diesen Ort begleiten oder, noch besser, ohne sie dort hingehen? Allein war es bestimmt einfacher, etwas auszurichten. Ich war Isa Whitneys Hausarzt und besaß somit ein wenig sein Vertrauen. So versprach ich Kate, ich würde ihn innerhalb der nächsten zwei Stunden mit der Droschke nach Hause schicken, falls er sich wirklich an der angegebenen Adresse aufhielt. Daraufhin erhob ich mich aus meinem Lehnstuhl, verließ das gemütliche Wohnzimmer und fuhr eilig mit einer Droschke und einem eigenartigen Auftrag ins East End.

Im ersten Teil meines Abenteuers ergaben sich jedoch keine großen Schwierigkeiten. Die obere Swandam Lane ist eine kleine, düstere Gasse hinter den großen Piers, die an der Nordseite der Themse östlich der London Bridge liegen. Zwischen einem billigen Konfektionsgeschäft und einer Schnapsbude führte eine steile Treppe hinunter zu einer dunklen Öffnung, ähnlich einem Höhleneingang: die Tür zur *Bar of Gold.* Nachdem ich meine Droschke gebeten hatte zu warten, stieg ich die Stufen hinab, die von den Schritten unzähliger Süchtiger ganz ausgetreten waren. Mit Hilfe des flackernden Lichtes einer Öllampe über der Tür fand ich die Klinke und betrat ein langes, niedriges Zimmer, in dem eine dicke Opiumwolke stand. Der Raum erinnerte durch die terrassenartig angelegten hölzernen Liegestätten an das Logis eines Emigrantenschiffes.

Durch den Dunst konnte man kaum die in sich zusammengekauerten und herumliegenden Körper erkennen, die die merkwürdigsten Haltungen angenommen hatten: Schultern verkrümmt, Knie verbogen, Kopf zurückgeworfen, Kinn nach oben gedrückt. Hier und dort wurde ein dunkler glanzloser Blick auf den Neuankömmling geworfen. Aus den schwarzen Schatten glommen kleine rote Lichtkreise auf, einmal intensiv, einmal schwach, je nachdem, ob die Glut des brennenden Giftes in den Köpfen der Metallpfeifen zu- oder abnahm. Die meisten lagen schweigend da, aber manche murmelten vor sich hin, und wieder andere redeten miteinander in einer merkwürdigen tiefen, monotonen Stimme. Ihre Unterhaltungen erfolgten stoßweise und verloren sich dann und wann plötzlich in Schweigen; jeder lallte leise seine eigenen Gedanken vor sich hin und achtete wenig auf die Worte seines Nachbarn. Am hinteren Ende des Raumes stand ein kleines Kohlenbecken mit brennender Holzkohle, neben dem auf einem dreibeinigen Hocker ein großer, magerer alter Mann saß, der sein Kinn auf seine beiden Fäuste und seine Ellbogen auf seine Knie aufstützte und ins Feuer starrte.

Als ich hereinkam, eilte ein bleicher Malaie mit einer Pfeife und Opium auf mich zu und wies mir eine leere Liegestatt zu.

»Danke, aber ich möchte nicht bleiben«, sagte ich. »Ein Freund von mir ist hier, Mr. Isa Whitney, und ich wünsche ihn zu sprechen.«

Da bewegte sich etwas rechts von mir, und ich vernahm einen leisen Aufschrei. Als ich durch den Dunst spähte, sah ich Whitney, eine blaße, abgehärmte, zerzauste Erscheinung, die mich anstarrte.

»Mein Gott! Es ist Watson!« bemerkte er. Er befand sich in

einem beklagenswerten Zustand und zitterte am ganzen Körper. »Sag, Watson, wieviel Uhr ist es?«
»Es ist fast elf Uhr abends.«
»Und was für ein Tag?«
»Freitag, der 19. Juni.«
»Um Gottes willen! Ich dachte, es sei Mittwoch. Es *ist* Mittwoch. Warum mußt du einen Kerl wie mich so in Schrecken versetzen?« Er ließ den Kopf auf seine Arme sinken und begann, in einem hohen, schrillen Ton zu schluchzen.
»Wirklich, heute ist Freitag. Deine Frau wartet seit zwei Tagen auf dich. Du solltest dich schämen!«
»Das tue ich auch. Aber Watson, du verwechselst etwas, ich bin hier erst seit ein paar Stunden, so für drei oder auch vier Pfeifen – ich weiß nicht mehr wie viele. Aber ich werde mit dir nach Hause gehen. Ich wollte Kate nicht ängstigen – arme, kleine Kate! Gib mir deine Hand! Hast du eine Droschke draußen stehen?«
»Ja, es wartet eine auf uns.«
»Dann werde ich sie nehmen. Aber ich muß noch Schulden haben. Watson, bitte stelle die Höhe meiner Schulden fest. Ich fühle mich nicht wohl. Ich bin zu nichts mehr imstande.«
Ich bahnte mir einen Weg durch die Reihen der Schlafenden und hielt den Atem an, um nicht den ekelhaften, betäubenden Rauch der Drogen einzuatmen. Ich suchte den Direktor. Als ich an dem großen Mann, der am Kohlenbecken saß, vorbeikam, fühlte ich, wie mich jemand plötzlich am Rockschoß zog, und eine leise Stimme flüsterte mir zu: »Gehen Sie vorbei und wenden Sie sich erst dann nach mir um.« Die Worte waren sehr deutlich gesprochen worden. Ich blickte mich flüchtig um. Sie konnten nur von dem alten Mann, der an meiner Seite saß, gekommen sein. Trotzdem saß er so versunken da wie vorher,

sehr dünn, sehr faltig, durch das Alter gebeugt, eine Opiumpfeife lose zwischen seinen Knien, als ob seine Finger sie aus lauter Mattigkeit hätten fallen lassen. Ich ging zwei Schritte weiter und schaute mich dann um. Es erforderte meine ganze Selbstbeherrschung, um nicht einen Schrei des Erstaunens auszustoßen. Der alte Mann hatte sich so gedreht, daß ihn niemand außer mir sehen konnte. Nun hatte er seine Gestalt gestreckt, seine Falten waren verschwunden, seine erloschenen Augen hatten wieder an Leben gewonnen, und zu meiner Überraschung grinste mir niemand anders als Sherlock Holmes entgegen. Mit einer kleinen Bewegung deutete er mir an, sich ihm ein wenig zu nähern, und in dem Moment, da er sein Gesicht wieder der Menschenmenge zuwendete, fiel er zurück in eine tatterige, brabbelnde Greisenhaftigkeit.

»Holmes«, flüstere ich, »was um Himmels willen tun Sie in dieser Opiumhöhle?«

»Sprechen Sie so leise wie Sie können«, antwortete er. »Ich habe ausgezeichnete Ohren. Bitte haben Sie die Freundlichkeit zuzusehen, daß Sie Ihren tölpelhaften Freund loswerden, denn ich würde mich außerordentlich über ein kleines Gespräch mit Ihnen freuen.«

»Ich habe draußen eine Mietdroschke stehen.«

»Dann schicken Sie ihn bitte damit nach Hause. Und Sie können beruhigt sein, er ist viel zu schwach, um noch Unheil anzurichten. Lassen Sie Ihrer Frau durch den Kutscher die Nachricht zukommen, daß Sie mich getroffen haben. Wenn Sie draußen warten, bin ich in fünf Minuten bei Ihnen.«

Es ist schwierig, Sherlock Holmes Bitten abzuschlagen, sie werden immer so bestimmt und präzise vorgebracht. Allerdings, wenn Whitney einmal in der Droschke saß, hatte ich meine Mission erfüllt, und schließlich konnte ich mir nichts Schöneres vorstellen, als gemeinsam mit meinem Freund eines seiner einzigartigen Abenteuer, die für ihn alltäglich waren, zu erleben. Ich schrieb also eine Notiz an meine Frau, bezahlte Whitneys Rechnung, führte ihn zur Droschke und sah ihn in die Dunkelheit davonfahren. Kurz darauf trat ein gebrechlicher Mann aus der Opiumhöhle. Mit gekrümmtem Rücken und unsicherem Schritt schlurfte Sherlock Holmes zwei Straßen lang neben mir her. Dann, nachdem er sich schnell umgeschaut hatte, richtete er sich auf und brach in schallendes Gelächter aus.

»Ich glaube, Watson«, sagte er, »Sie befürchten, daß ich zum Kokainspritzen und all den anderen kleinen Schwächen, die Sie als Arzt so beunruhigen, auch noch das Opiumrauchen hinzugefügt habe.«

»Ich war wirklich überrascht, Sie hier zu treffen.«

»Ich war auch höchst erstaunt, Sie hier zu sehen.«

»Ich suchte einen Freund.«

»Und ich einen Feind.«

»Einen Feind?«

»Ja, einen meiner natürlichen Feinde oder besser gesagt meine natürliche Beute. Kurz, Watson, ich befinde mich mitten in einer äußerst bemerkenswerten Ermittlung und hoffte, wie schon so oft, im zusammenhanglosen Gefasel der Süchtigen einen Anhaltspunkt zu finden. Hätte man mich in dieser Höhle erkannt, mein Leben wäre keinen Pfennig mehr wert gewesen, denn ich habe sie schon früher für meine eigenen Zwecke benutzt, und der schurkische Laskar, dem die Spelunke gehört, hat mir Rache geschworen. An der Rückseite des Hauses befindet sich eine Falltür, die Ihnen schauerliche Geschichten erzählen könnte, von mondlosen Nächten, in denen manches durch sie verschwand.«

»Was! Meinen Sie Leichen?«
»Ja, Watson, Leichen. Wir wären reiche Leute, wenn wir für jeden armen Teufel, der in dieser Höhle ums Leben kam, 1000 Pfund erhalten würden. Dies ist die finsterste Mördergrube im ganzen Hafengebiet, und ich fürchte, Neville St. Clair hat sie zwar betreten, wird sie aber nie mehr verlassen. Aber unsere Kutsche sollte jetzt hier sein.«
Er steckte beide Zeigefinger in den Mund und ließ einen durchdringenden Pfiff ertönen, worauf aus einer gewissen Entfernung mit einem ähnlichen Signal geantwortet wurde. Dann hörte man das Gepolter rollender Räder und das Geklapper von Pferdehufen. Ein hoher Dogcart tauchte aus der Dunkelheit auf, dessen Seitenlaternen zwei Lichttunnel durch die Finsternis bahnten.
»Nun, Watson«, fragte mich Holmes, »Sie kommen doch mit mir, nicht wahr?«
»Wenn ich Ihnen behilflich sein kann.«
»Oh, ein Kamerad, dem man vertrauen kann, wird immer benötigt, und ein Chronist noch mehr. In meinem Zimmer in *The Cedars* stehen zwei Betten.«
»The Cedars?«
»Ja, das ist das Haus von Mr. St. Clair. Während meiner Ermittlungen wohne ich dort.«
»Wo liegt es denn?«
»In Kent, nahe der Ortschaft Lee. Etwa sieben Meilen von hier.«
»Ich tappe völlig im dunkeln.«
»Natürlich! In Kürze werden Sie alles erfahren! Steigen Sie ein! Vielen Dank, John, wir brauchen Sie nicht mehr. Hier eine halbe Krone, und kommen Sie morgen früh gegen elf zu mir. Auf Wiedersehen!«
Er knallte mit der Peitsche, und wir rasten durch endlos scheinende, düstere und verlassene Straßen davon. Nach-

dem wir eine breite Brücke, unter der der dunkle Fluß träge durchfloß, überquert hatten, weiteten sich die Straßenzüge. Die Stille dieser steinernen Wildnis wurde nur durch den schweren regelmäßigen Schritt eines Polizisten und das Gegröhle von späten Heimkehrern unterbrochen. Ein oder zwei Sterne blinkten hier und dort zwischen den treibenden Wolken schwach auf. Holmes kutschierte schweigend, in Gedanken vertieft; sein Kopf war auf den Brustkorb gefallen. Ich saß neben ihm, darum bemüht, ihn in seinem Gedankenfluß nicht zu stören, obwohl ich gespannt war zu erfahren, welcher neue Auftrag ihn so sehr beanspruchte. Wir hatten bereits einige Meilen hinter uns und erreichten die Peripherie der Stadt, als Holmes sich plötzlich schüttelte, seine Schultern hochzog und sich eine Pfeife ansteckte, wobei er ganz den Eindruck eines Mannes vermittelte, der sich selbst von der Richtigkeit seines Handelns überzeugt hat.

»Watson, Sie besitzen die große Gabe zu schweigen«, sagte er. »Das macht Sie zu einem unersetzlichen Gefährten. Ich schwöre Ihnen, es ist großartig, daß ich jemanden habe, mit dem ich sprechen kann, denn meine eigenen Gedanken sind nicht sehr erhebend. Was soll ich bloß heute abend dieser lieben kleinen Frau sagen, wenn sie mir die Haustür öffnet.«

»Vergessen Sie nicht, ich weiß überhaupt nichts.«

»Dann lege ich Ihnen schnell die wichtigsten Punkte dieses Falles dar, ehe wir nach Lee kommen. Die Sache scheint lächerlich einfach zu sein, und doch komme ich nicht weiter. Eine Reihe von Indizien sind vorhanden, aber ich komme zu keiner Schlußfolgerung. Ich will Ihnen den Fall klar und deutlich darlegen, und vielleicht sehen Sie einen Lichtblick in diesem Dunkel.«

»Fahren Sie fort.«

»Vor einigen Jahren – um genau zu sein, im Mai 1884 – tauchte in der Ortschaft Lee ein Gentleman namens Neville St. Clair auf, der sehr wohlhabend zu sein schien. Er kaufte sich eine große Villa, legte einen wunderschönen Park an und führte das Leben eines wohlsituierten Bürgers. Langsam schloß er auch Freundschaften in der Nachbarschaft, und 1887 heiratete er die Tochter eines ortsansässigen Brauereibesitzers. Mit dieser Frau hat er jetzt zwei Kinder. Er ging keinem festen Beruf nach, war aber an verschiedenen Gesellschaften beteiligt. Er fuhr regelmäßig jeden Morgen in die Stadt und kehrte mit dem 5.14-Uhr-Zug am Nachmittag ab Cannon Street zurück. Der 37 Jahre alte Mr. St. Clair hat keine ausschweifenden Angewohnheiten, ist ein guter Ehemann, ein äußerst liebevoller Vater, kurz ein Mann, der bei allen, die ihn kennen, beliebt ist. Ich sollte hinzufügen, daß sich seine Schulden, soweit wir wissen, momentan auf 88 Pfund 10 Schilling belaufen, während sein Konto bei der Capital and Counties Bank ein Guthaben von 220 Pfund aufweist. Es liegt also kein Grund zur Annahme vor, daß ihn Geldsorgen bedrückten. Letzten Montag fuhr Mr. Neville St. Clair früher als gewohnt in die Stadt, weil er zwei wichtige geschäftliche Dinge regeln wollte. Er versprach seinem kleinen Sohn, einen Baukasten mit nach Hause zu bringen. Durch einen Zufall erhielt seine Frau an demselben Morgen, kurz nachdem er das Haus verlassen hatte, ein Telegramm, das sie informierte, daß das von ihr erwartete Wertpaket eingetroffen sei und von ihr in der Aberdeen Shipping Company abgeholt werden könnte. Wenn Sie sich in London auskennen, wissen Sie, daß der Sitz dieser Company in der Fresno Street liegt, die in die obere Swandam Lane mündet, in der Sie mich heute nacht getroffen haben. Mrs. St. Clair fuhr nach dem Lunch in die Stadt, erledigte ein paar Einkäufe, begab sich zur besagten Company und holte ihr Paket ab. Genau um 16.35 Uhr trat sie ihren Rückweg zum Bahnhof durch die Swandam Lane an. Ist Ihnen soweit alles klar?«

»Durchaus.«

»Falls Sie sich erinnern, der Montag war ein außergewöhnlich heißer Tag. Mrs. St. Clair schlenderte langsam die Swandam Lane entlang und hielt nach einer Droschke Ausschau, weil ihr die Umgebung mißbehagte. Plötzlich hörte sie einen Ausruf oder einen Schrei und war aufs höchste erstaunt, ihren Mann in einem Fenster im zweiten Stock eines Hauses zu sehen. Er blickte auf sie herab und schien ihr Zeichen zu geben. Das Fenster war geöffnet, und sie konnte deutlich das erregte Gesicht ihres Mannes erkennen. Er gestikulierte wild mit seinen Händen, verschwand dann aber plötzlich vom Fenster, so als habe ihn jemand aus dem Hintergrund mit Gewalt zurückgerissen. Außerdem entging ihrem weiblichen Scharfblick nicht, daß er zwar seinen dunklen Rock trug, nicht aber Kragen und Krawatte.

In der festen Annahme, daß etwas nicht in Ordnung sei, stürzte sie die Treppe zu der uns wohlbekannten Opiumhöhle hinab, rannte durch die Haustür und wollte die Stufen, die zum ersten Stock führten, hinaufgehen, als sie am Fuß der Treppe auf den Laskar, diesen Schuft, stieß, der sie mit Hilfe eines bei ihm arbeitenden Dänen gewaltsam auf die Straße zurückdrängte. In größter Verzweiflung und Furcht eilte sie die Gasse hinab und traf durch ungeheuren Zufall in der Fresno Street auf einige Polizisten und einen Inspektor auf dem Weg zu ihrem Revier. Der Inspektor und zwei Polizisten gingen mit ihr zurück, und trotz heftigen Widerstandes seitens des Besitzers verschafften sie sich Zugang zu dem Zimmer, in dem Mr. St. Clair zuletzt

gesehen worden war. Doch war kein Lebenszeichen von ihm zu entdecken.
Sie durchsuchten das ganze Stockwerk und stießen nur auf einen gräßlich aussehenden Krüppel, der dort wohl hauste. Beide, der Laskar und der Krüppel, schworen, niemand hätte sich während des Nachmittags in dem Raum aufgehalten. Sie bestritten es so entschieden, daß der Inspektor schwankte und fast zu der Überzeugung gelangte, Mrs. St. Clair habe sich wohl getäuscht. Doch sie sprang plötzlich mit einem Schrei auf, griff nach dem Kasten, der auf dem Tisch lag, und entfernte hastig den Deckel. Eine Kaskade Bauklötze fiel auf den Tisch. Es war das Spielzeug, das er versprochen hatte mitzubringen.
Diese Entdeckung und die offensichtliche Verwirrung des Krüppels veranlaßten den Inspektor, die Räume noch einmal aufs gründlichste zu durchsuchen. Die Indizien deuteten auf ein schreckliches Verbrechen hin. Das Zimmer war einfach als Wohnzimmer möbliert und führte in ein kleines Schlafzimmer, durch dessen breites Fenster man auf die Kais blickt. Zwischen dem Fenster und dem Kai befindet sich ein schmaler Streifen, der bei Ebbe im Trockenen liegt und bei Flut mindestens viereinhalb Fuß unter Wasser steht. Nach einer erneuten Durchsuchung wurden Blutspuren auf dem Fensterbrett und einzelne Blutstropfen auf dem Holzfußboden im Schlafzimmer festgestellt. Hinter den Wohnzimmervorhängen versteckt fand man alle Kleidungsstücke von Mr. Neville St. Clair mit Ausnahme des Rockes. Seine Schuhe, Strümpfe, Uhr und Hut – alles war vorhanden. An diesen Kleidungsstücken waren keine Anzeichen von Gewaltanwendung ausfindig zu machen. Von Mr. Neville St. Clair fehlte jegliche Spur. Er mußte durch das Fenster verschwunden sein, denn ein anderer Ausgang konnte nicht entdeckt werden. Die

ominösen Blutflecken auf dem Fensterbrett gaben wenig Hoffnung, daß er sich schwimmend gerettet haben könnte, denn zum Zeitpunkt der Tragödie stand die Flut am höchsten.

Nun zu den Schurken, die direkt in die Sache verwickelt schienen. Der Laskar war zwar bekannt für seine üble Vergangenheit, aber da er nach Mrs. St. Clairs Aussage wenige Sekunden nach dem Erscheinen ihres Mannes am Fenster unten an der Treppe stand, konnte er höchstens ein Mitschuldiger des Verbrechens sein. Er verteidigte sich, daß er von nichts wüßte, keine Kenntnisse vom Treiben seines Untermieters, Hugh Boone, habe und sich nicht erklären könnte, wie die Kleidungsstücke des Vermißten hierherkämen.

So weit der Spelunkenwirt. Jetzt zum finsteren Krüppel, der im zweiten Stock der Opiumhöhle haust und mit Sicherheit der letzte war, der Neville St. Clair lebend gesehen hat. Sein Name ist Hugh Boone. Sein scheußliches Gesicht ist jedem vertraut, der oft in der Stadt ist. Er ist von Beruf Bettler, aber um das Bettelverbot zu umgehen, handelt er pro forma mit Streichhölzern. Am oberen Ende der Threadneedle Street, auf der linken Straßenseite, nimmt diese Kreatur täglich in einer Mauernische ihren Platz ein, kreuzt die Beine übereinander und legt ihren geringen Bestand an Streichhölzern in den Schoß. Auf Grund seines erbärmlichen Aussehens fließen genügend Almosen in die speckige Ledermütze, die vor ihm auf dem Bürgersteig liegt. Ich habe ihn mehrmals beobachtet, bevor ich jemals daran dachte, beruflich seine Bekanntschaft zu machen, und war erstaunt über die Beträge, die er in kurzer Zeit einnahm. Seine Erscheinung ist so auffallend, daß man nicht an ihm vorbeigehen kann, ohne hinzusehen. Er hat flammend rotes Haar, ein blasses Gesicht, entstellt durch eine entsetzliche Narbe, die den äußeren Rand seiner Oberlippe nach oben zieht, ein Boxerkinn und ein Paar durchdringender, dunkler Augen, die einen seltsamen Kontrast zu seiner Haarfarbe bilden. Dieses Aussehen hebt ihn aus der Masse der Bettler heraus. Zudem hat er Verstand: Läßt ein Passant eine dumme Bemerkung fallen, ist er nie um eine Antwort verlegen. Nun, dieser Mann, Untermieter in der Opiumhöhle, hat wohl als letzter den Gentleman gesehen, nach dem wir suchen.«

»Aber was könnte ein Krüppel allein gegen einen Mann in seinen besten Jahren ausrichten?« fragte ich.

»In einer Hinsicht ist er ein Krüppel, weil er hinkt, aber ansonsten scheint er mir ein kräftiger und wohlgenährter Mann zu sein. Als erfahrener Arzt werden Sie sicherlich wissen, daß die Schwäche eines Gliedes oft durch ungewöhnliche Kraft in den anderen Gliedern ausgeglichen wird.«

»Bitte fahren Sie mit Ihrem Bericht fort.«

»Mrs. St. Clair wurde beim Anblick des Blutes auf der Fensterbank ohnmächtig. Sie wurde von der Polizei in einer Droschke nach Hause gebracht, weil man sie bei dem gegenwärtigen Stand der Untersuchung nicht mehr benötigte. Inspektor Barton, dem der Fall übergeben war, ließ die Räume noch einmal sehr sorgfältig durchsuchen, aber ohne Erfolg. Man machte einen Fehler, indem man Boone nicht sofort festnahm und ihm gestattete, einige Worte mit dem Laskar zu wechseln, aber das wurde schnell nachgeholt. Man verhaftete ihn und unterzog ihn einer Leibesvisitation, die aber keinerlei Belastungsmaterial erbrachte. Zwar fanden sich einige Blutflecken auf seinem rechten Hemdsärmel, aber er wies auf seinen Ringfinger, wo er sich nahe am Nagel geschnitten hatte. Er behauptete, das Blut rühre von dieser Verletzung her, und da er sich kurz vorher am Fenster aufgehalten hätte, wären damit auch die dort befindlichen Blutflecken zu erklären. Er bestritt hartnäckig, Mr. Neville St. Clair jemals gesehen zu haben, und schwor, die Kleider seien für ihn ein genauso großes Mysterium wie für die Polizei. Die Aussage von Mrs. St. Clair, ihren Mann im Fenster gesehen zu haben, konnte er sich nur damit erklären, daß sie verrückt sei oder aber geträumt habe. Laut protestierend wurde Hugh Boone zur Polizeistation gebracht, während der Inspektor in der Hoffnung zurückblieb, die bald einsetzende Ebbe werde neue Indizien an den Tag bringen. Was sie auch tat. Nachdem die Ebbe eingesetzt hatte, fanden sie zwar auf der Sandbank nicht das, was sie befürchtet hatten, nämlich die Leiche von Neville St. Clair, aber dafür seinen Rock. Und was meinen Sie, haben sie in den Taschen gefunden?«

»Ich kann es mir nicht vorstellen.«

»Nein, das können Sie wirklich nicht. Jede Tasche war vollgestopft mit Pennies und Halfpennies – 421 Pennies und 270 Halfpennies. Kein Wunder, daß der Rock nicht von der Flut weggespült wurde. Aber mit einem Körper verhält es sich anders. Zwischen dem Haus und dem Kai bildet sich ein starker Strudel. Vermutlich verhält es sich so, daß der beschwerte Rock auf den Grund sank, während der Körper mit in den Fluß gerissen wurde.«

»Aber soweit ich es verstanden habe, wurden alle anderen Kleidungsstücke in dem Zimmer aufgefunden. War der Körper nur mit einem Rock bekleidet?«

»Nein, aber für all dies könnte es trotzdem eine plausible Erklärung geben. Angenommen, dieser Hugh Boone hat Neville St. Clair aus dem Fenster gestoßen, und niemand hat die Missetat gesehen. Was würde er daraufhin tun? Natürlich fiel ihm sofort ein, daß er die verräterischen Kleider loswerden mußte. Er schnappte sich den Rock. Während er im Begriff stand, diesen aus dem Fenster zu werfen, durchfuhr ihn der Gedanke, daß der Rock obenauf schwimmen und nicht sinken würde. Er hatte wenig Zeit, denn er hatte das Handgemenge unten gehört, als die Frau versuchte, sich den Zugang zu erzwingen, und vielleicht hatte er schon von seinem Verbündeten, dem Laskar, erfahren, daß die Polizei die Straße hinaufeilte. Es war keine Sekunde zu verlieren. Er eilte zu einem Versteck, in dem er die Früchte seiner Bettelei hortete, und stopfte soviel Münzen, wie er greifen konnte, in die Taschen, um sicherzugehen, daß der Rock versinken würde. Er warf ihn hinaus und hätte dasselbe mit den anderen Kleidungsstücken getan, hätte er nicht die eilig heraufkommenden Schritte gehört. Somit fand er nur noch die Zeit, das Fenster zu schließen, als auch schon die Polizei im Raum stand.«

»Das klingt logisch.«

»Gut, wir werden diese These als Arbeitsgrundlage nehmen, bis wir eine bessere gefunden haben. Wie schon erwähnt, Boone wurde festgenommen und zur Polizeistation gebracht. Dort zeigte sich, daß bisher nichts gegen ihn vorgelegen hatte. Seit Jahren ist er als professioneller Bettler bekannt, scheint aber ein ruhiges Leben geführt zu haben, ohne sich jemals etwas zuschulden kommen zu lassen. So liegen die Dinge im Moment. Noch stehen aber einige Fragen offen: Was tat Neville St. Clair in der Opiumhöhle, was geschah dort mit ihm, wo steckt er jetzt, und was hat Hugh Boone mit seinem Verschwinden zu tun. Wir sind weiter denn je von des Rätsels Lösung entfernt. Ich gestehe, ich kann mich an keinen meiner Fälle erinnern, der auf den ersten Blick so einfach erschien und dann derartige Schwierigkeiten verursachte.«

Während Sherlock Holmes den eigenartigen Fall genau

geschildert hatte, waren wir durch die Außenbezirke der Stadt gerast, bis wir die letzten vereinzelten Häuser hinter uns ließen und eine mit Hecken gesäumte Landstraße entlangfuhren. Just in dem Moment, da Sherlock Holmes seinen Bericht beendet hatte, kamen wir durch zwei Dörfer, in denen in einigen Häusern noch Licht brannte.

»Wir befinden uns am Rand von Lee«, sagte mein Gefährte. »Wir haben auf unserer kurzen Fahrt drei Grafschaften berührt, zuerst Middlesex, dann eine Ecke von Surrey und schließlich Kent. Sehen Sie das Licht zwischen den Bäumen? Es gehört zu *The Cedars*, und neben der Lampe sitzt eine besorgte Frau. Ich bezweifle nicht, daß ihre empfindlichen Ohren das Geklapper der Pferdehufe bereits gehört haben.«

»Aber warum führen Sie die Untersuchung nicht von der Baker Street aus?« fragte ich.

»Weil viele Unklarheiten nur hier draußen aufgedeckt werden können. Mrs. St. Clair hat mir freundlicherweise zwei Räume zur Verfügung gestellt, und Sie können versichert sein, daß sie sich freuen wird, einen Freund und Kollegen von mir aufnehmen zu können. Ich trete ihr nur sehr ungern gegenüber, ohne Nachricht von ihrem Mann zu haben.«

Vor einer großen Villa, die von einem Park umgeben war, hielten wir an. Ein Stalljunge eilte auf das Pferd zu. Ich sprang aus der Kutsche und folgte Holmes den schmalen Kiesweg zum Haus hinauf. Als wir uns der Haustür näherten, wurde diese aufgerissen, und eine kleine blonde Frau stand im Rahmen. Sie trug ein helles Kleid aus einer Art Seidenmusselin, das am Hals und an den Handgelenken mit duftigem, pinkfarbenem Chiffon eingefaßt war. Sie stand im Licht, die eine Hand an der Tür, die andere vor Spannung halb erhoben, den Körper leicht nach vorn geneigt, den Kopf vorgestreckt, die Augen erwartungsvoll, den Mund leicht geöffnet: das ganze Wesen eine einzige Frage.

»Nun!« rief sie, »nun?« Als sie sah, daß wir zu zweit gekommen waren, ließ sie einen Hoffnungsschrei ertönen, der aber in einem Stöhnen endete, als sie sah, wie mein Freund den Kopf schüttelte und die Schultern zuckte.

»Keine guten Nachrichten?«

»Nein.«

»Keine schlechten?«

»Nein.«

»Gott sei Dank, wenigstens das. Aber kommen Sie doch herein. Sie müssen müde sein nach dem langen Tag.«

»Darf ich meinen Freund, Dr. Watson, vorstellen? Er ist mir in einigen Fällen eine entscheidende Hilfe gewesen, und durch einen glücklichen Zufall war es mir möglich, ihn hierher mitzubringen und ihn in die Ermittlung mit einzubeziehen.«

»Ich freue mich, Sie begrüßen zu dürfen«, erwiderte sie und drückte mir herzlich die Hand. »Ich bin sicher, Sie werden mir verzeihen, wenn manches im Haus Ihren Wünschen nicht entspricht. Das Unglück brach so plötzlich über uns herein.«

»Ich bitte Sie, Madam«, antwortete ich, »ich bin ein alter Soldat, und auch wenn ich es nicht wäre, sähe ich keinen Grund für Entschuldigungen. Ich würde mich glücklich schätzen, Ihnen oder meinem Freund behilflich sein zu können.«

Als wir das Eßzimmer betraten, wo wir einen gedeckten Abendbrottisch vorfanden, sagte sie: »Nun, Mr. Holmes, ich möchte Ihnen ein, zwei offene Fragen stellen, und ich bitte Sie, sie mir offen zu beantworten.«

»Selbstverständlich, Madam.«

»Achten Sie nicht auf meine Gefühle. Ich bin weder hysterisch noch neige ich dazu, ohnmächtig zu werden. Ich möchte einfach Ihre ehrliche Meinung hören.«

»Betreffend welchen Punkt?«

»Glauben Sie, im Innern Ihres Herzens, daß Neville noch lebt?«

Holmes schien etwas verlegen zu werden. »Seien Sie aufrichtig«, wiederholte sie. Sie stand vor ihm und richtete einen durchdringenden Blick auf Holmes, der sich in einen Korbstuhl zurückgelehnt hatte.

»Offen gesagt, Madam, ich glaube nicht.«

»Sie glauben, daß er tot ist?«

»Ja.«

»Ermordet?«

»Das habe ich nicht gesagt. Vielleicht!«

»An welchem Tag ist er gestorben?«

»Am Montag!«

»Mr. Holmes, wie können Sie sich dann den Umstand erklären, daß ich heute diesen Brief von meinem Mann erhalten habe?«

Sherlock Holmes sprang wie von einer Tarantel gestochen auf.

»Was!« schrie er.

»Ja, heute.« Lächelnd hob sie ein kleines Blatt Papier in die Höhe.

»Darf ich den Brief einmal sehen?«

»Selbstverständlich.«

Er griff aufgeregt nach dem Brief, strich ihn auf dem Tisch glatt und zog die Lampe näher heran, um ihn aufmerksam zu prüfen. Ich erhob mich von meinem Stuhl und blickte ihm über die Schulter. Der Briefumschlag war sehr rauh und trug den Poststempel von Gravesend mit dem Datum desselben, oder besser gesagt, des vorherigen Tages, denn es war schon weit nach Mitternacht.

»Eine plumpe Handschrift!« murmelte Holmes. »Madam, das ist doch sicherlich nicht die Handschrift Ihres Mannes.«
»Nein, aber die Schrift des Briefes ist die meines Mannes.«
»Ich vermute, daß derjenige, der den Briefumschlag adressierte, sich erst einmal nach der Anschrift erkundigen mußte.«
»Wie kommen Sie zu dieser Schlußfolgerung?«
»Sehen Sie, der Name steht in schwarzer Tinte da, die an der Luft getrocknet ist. Die übrigen Worte weisen aber eine gräuliche Farbe auf: ein Indiz dafür, daß Löschpapier benutzt wurde. Wäre alles in einem Zug geschrieben und dann abgelöscht worden, hätte kein Buchstabe eine tiefschwarze Farbe. Der Mann hat den Namen geschrieben, und dann gab es einen Unterbruch, bevor er die Adresse schrieb. Das kann nur bedeuten, daß er sie nicht wußte. Natürlich ist das eine Belanglosigkeit, aber nichts ist so wichtig wie Belanglosigkeiten. Schauen wir uns jetzt den Brief an! Ha, es muß dem Brief noch etwas beigefügt worden sein!«
»Ja, ein Ring, sein Siegelring.«
»Und Sie sind sich sicher, daß dies die Handschrift Ihres Mannes ist?«
»Eine seiner Handschriften.«
»Eine?«
»Ja, so schrieb er, wenn er in Eile war. Sie unterscheidet sich stark von seiner üblichen Handschrift, aber ich erkenne sie genau.« Holmes las vor:
»›Liebste, erschrick nicht. Es wird sich alles zum Guten wenden. Ein ungeheurer Irrtum ist passiert. Es braucht seine Zeit, um ihn zu berichtigen. Hab Geduld! – Neville‹
Diese Notiz wurde mit Bleistift auf das Vorsatzblatt eines Buches in Oktavformat ohne Wasserzeichen geschrieben.

Sie ist heute in Gravesend von einem Mann mit einem schmutzigen Daumen aufgegeben worden. Ha! Und ich müßte mich irren, wenn der Briefumschlag nicht von einem Mann, der Kautabak kaut, zugeklebt wurde. Und Sie haben keinerlei Zweifel, daß dies die Handschrift Ihres Mannes ist, Madam?«

»Nein. Neville hat diese Worte geschrieben.«

»Der Brief wurde heute in Gravesend aufgegeben. Gut, Mrs. St. Clair, ein Lichtblick, obwohl ich nicht wagen möchte zu behaupten, daß die Gefahr gebannt ist.«

»Aber er muß noch am Leben sein, Mr. Holmes.«

»Wenn das hier nicht eine ausgezeichnete Fälschung ist, um uns auf die falsche Fährte zu locken. Der Ring beweist gar nichts. Man kann ihn Ihrem Mann auch abgenommen haben.«

»Nein, nein! Das ist eindeutig seine Handschrift.«

»Nun gut. Es kann aber möglich sein, daß der Brief zwar am Montag geschrieben, aber erst heute aufgegeben wurde.«

»Das ist denkbar.«

»Wenn dem so ist, kann in der Zwischenzeit noch viel passiert sein.«

»Oh, Sie dürfen mich nicht entmutigen, Mr. Holmes. Ich weiß, es geht ihm gut. Wir stehen uns so nahe, daß ich es spüren würde, wenn ihm etwas zugestoßen wäre. Genau an dem Tag, als ich ihn das letzte Mal sah, schnitt er sich im Schlafzimmer in den Finger, und obwohl ich mich im Eßzimmer aufhielt, rannte ich sofort die Treppe hinauf, mit der absoluten Gewißheit, daß etwas passiert war. Glauben Sie, ich würde auf so eine Kleinigkeit reagieren und auf seinen Tod nicht?«

»Ich habe zuviel erlebt, um nicht zu wissen, daß die Intuition einer Frau wertvoller sein kann als die Schlußfolgerung eines Analytikers. Und mit diesem Brief haben Sie ohne Zweifel ein schwerwiegendes Beweisstück in der Hand, das Ihre These bekräftigt. Aber wenn Ihr Mann lebt und imstande ist, Briefe zu schreiben, warum kehrt er nicht zu Ihnen zurück?«

»Ich weiß es nicht. Es ist nicht zu verstehen.«

»Und am Montag machte er keinerlei Andeutungen, bevor er wegging?«

»Nein.«

»Sie waren sehr überrascht, ihn in der Swandam Lane wiederzusehen?«

»Sehr.«

»War das Fenster geöffnet?«

»Ja.«

»Dann hätte er Ihnen etwas zurufen können?«

»Ja, er hätte mir etwas zurufen können.«

»So wie ich es verstanden habe, gab er aber nur einen unartikulierten Schrei von sich.«

»Ja.«

»Sie glauben, es war ein Hilferuf?«

»Ja, denn er gestikulierte wild mit seinen Händen.«

»Aber es könnte auch ein Schrei aus Überraschung gewesen sein. Vielleicht war er über Ihren unerwarteten Anblick so verblüfft, daß er seine Hände hochriß?«

»Möglicherweise.«

»Und Sie glauben, daß er vom Fenster weggezerrt wurde?«

»Er verschwand so plötzlich.«

»Er kann auch zur Seite gesprungen sein. Sie sahen keine weiteren Personen in dem Zimmer?«

»Nein, aber dieser schreckliche Mensch gestand, dort gewesen zu sein, und der Laskar stand am Fuß der Treppe.«

»Richtig. Soweit Sie es erkennen konnten, trug Ihr Mann seine gewohnte Kleidung?«

»Ja, aber ohne Kragen und Krawatte. Ich sah deutlich seinen entblößten Hals.«

»Hat er jemals von der Swandam Lane gesprochen?«

»Nie!«

»Waren jemals Anzeichen, die auf die Einnahme von Opium hinwiesen, zu entdecken?«

»Nie!«

»Ich danke Ihnen, Mrs. St. Clair. Ich wollte mir über die wesentlichsten Punkte absolute Klarheit verschaffen. Wir sollten nun zu Abend essen und dann ins Bette gehen, denn morgen werden wir vermutlich einen sehr anstrengenden Tag haben.«

Man hatte uns ein großes, gemütliches Schlafzimmer zur Verfügung gestellt. Ich schlüpfte schnell unter die Bettdecke, denn nach meinem nächtlichen Abenteuer war ich recht müde. Aber Sherlock Holmes konnte, wenn er ein ungelöstes Problem im Kopf hatte, Tage, ja sogar eine Woche verstreichen lassen, ohne sich auch nur einmal Ruhe zu gönnen. Er betrachtet dann das Problem im Geist von allen Seiten, kombiniert die Tatsachen neu und berücksichtigt jeden Standpunkt, bis er entweder das Problem gelöst oder sich überzeugt hat, daß das Beweismaterial unzureichend ist. Mir war bald klar, daß er sich jetzt auf eine solche Nacht der Denkarbeit vorbereitete. Er zog seinen Rock und seine Weste aus, legte einen weiten, blauen Schlafrock an und streifte dann durchs Zimmer, um die Kissen von Bett, Sofa und Sesseln einzusammeln. Mit diesen baute er sich eine Art orientalischen Diwan, auf den er sich mit gekreuzten Beinen setzte, vor sich eine Unze Shag-Tabak und Streichhölzer. Im schwachen Licht der Lampe sah ich ihn dort sitzen, eine alte Bruyèrepfeife zwischen den Lippen, aus der sich blauer Rauch zur Decke hochringelte, die Augen starr auf einen Punkt an der Decke fixiert, schweigend, unbeweglich, mit dem Lichtschein der Lampe auf seinen ausgeprägten adlerhaften Zügen. So saß er da, als ich einschlief, und so saß er immer noch da, als ich durch einen plötzlichen Ausruf geweckt wurde und die Sommersonne ins Zimmer scheinen sah. Die Pfeife steckte immer noch zwischen seinen Lippen, der Rauch ringelte sich immer noch hoch, und der Raum war von dichtem Tabakdunst erfüllt, aber vom Tabakhaufen der vergangenen Nacht war nichts übriggeblieben.

»Watson, sind Sie wach?« fragte er.

»Ja.«

»Sind Sie bereit für eine Morgenfahrt?«

»Gewiß.«

»Dann kleiden Sie sich bitte an. Zwar ist noch niemand wach, aber ich weiß, wo der Stalljunge schläft. Wir sollten den Einspänner bald draußen haben.« Er lachte in sich hinein, seine Augen blitzten; er war wie ausgewechselt im Vergleich zu dem ernsten, nachdenklichen Mann der vergangenen Nacht.

Als ich mich angezogen hatte, schaute ich auf die Uhr. Kein Wunder, daß sich kein Mensch rührte, denn es war 4.25 Uhr. Kaum hatte ich meine Morgentoilette beendet, als Holmes auch schon mit der Nachricht zurückkehrte, daß der Stalljunge das Pferd angespannt hatte.

»Ich möchte meine kleine Theorie überprüfen«, sagte er, und zog seine Stiefel an. »Watson, vor Ihnen steht einer der größten Dummköpfe Europas. Man sollte mich durchprügeln. Aber ich glaube, jetzt habe ich den Schlüssel zu dem Geheimnis.«

»Und wo befindet sich der?« fragte ich lächelnd.

»Im Badezimmer«, antwortete er. »O nein, ich scherze nicht«, fuhr er fort, als er meinen ungläubigen Gesichtsausdruck sah. »Ich war gerade dort, habe ihn mir genom-

men und in die Reisetasche gesteckt. Kommen Sie, schauen wir, ob er in das Schloß paßt oder nicht.«
So leise wie möglich gingen wir die Treppe hinunter, der hellen Morgensonne entgegen. Draußen standen schon Pferd und Wagen bereit, daneben der halbangezogene Stalljunge. Wir sprangen in den Einspänner und rasten auf der London Road davon. Zwar waren ein paar Bauernkarren unterwegs, die Gemüse in die Stadt brachten, aber die Villen links und rechts der Straße lagen noch in tiefem Schlaf.
»In mancher Hinsicht ist der Fall einzigartig«, sagte Holmes und ließ das Pferd in Galopp fallen. »Zuerst war ich mit Blindheit geschlagen, aber immerhin ist es noch besser, spät zu einer Erkenntnis zu gelangen, als gar nicht.«
Als wir die Stadt erreichten, sahen wir an den Fenstern die ersten, noch verschlafenen Frühaufsteher. Wir überquerten den Fluß, und ehe wir uns versahen, befanden wir uns vor der Polizeiwache in der Bow Street. Sherlock Holmes war dort wohlbekannt. Die beiden Polizisten vor der Tür grüßten ihn; der eine hielt das Pferd, während der andere uns in die Wache führte.
»Wer hat Dienst?« fragte Holmes.
»Inspektor Bradstreet, Sir.«
»Oh, Bradstreet, wie geht es Ihnen?« Ein großer untersetzter Polizist in Uniform kam uns in dem mit Steinfliesen ausgelegten Korridor entgegen. »Ich würde Sie gerne sprechen, Bradstreet.«
»Selbstverständlich, Mr. Holmes. Kommen Sie in mein Büro.«
Es war ein kleiner Raum, mit einem dicken Eintragungsbuch auf dem Tisch und einem Telefon an der Wand. Der Inspektor setzte sich hinter seinen Schreibtisch und fragte: »Was kann ich für Sie tun, Mr. Holmes?«

»Es handelt sich um den Bettler Boone, den Mann, der in die Sache mit dem verschwundenen Mr. Neville St. Clair verwickelt ist.«
»Ja, er wurde hierher gebracht und für weitere Fragen in Untersuchungshaft genommen.«
»Das habe ich gehört. Haben Sie ihn hier?«
»Ja, in einer der Zellen.«
»Verhält er sich ruhig?«
»Oh, er macht keinerlei Schwierigkeiten, aber er ist ein dreckiger Schurke.«
»Dreckig?«
»Ja, wir konnten ihn nur dazu bewegen, sich die Hände zu waschen. Sein Gesicht ist so schwarz wie das eines Kesselflickers. Nun, wenn er ins Gericht zur Verhandlung muß, dann wird er vorher in den Genuß eines ordentlichen Gefängnisbades kommen. Ich denke, wenn Sie ihn gesehen haben, werden Sie mir zustimmen, daß er eins nötig hat.«
»Ich würde ihn sehr gerne sehen.«
»Das ist kein Problem. Kommen Sie mit. Ihre Tasche können Sie hier stehenlassen.«
»Nein, ich glaube, ich nehme sie mit.«
»Das ist mir auch recht. Bitte folgen Sie mir.« Er führte uns durch einen Flur, öffnete eine verriegelte Tür, stieg eine Wendeltreppe hinab und brachte uns in einen weißgekalkten Korridor, von dem zu beiden Seiten lauter Türen abgingen.
»Die dritte rechts ist seine«, sagte der Inspektor. »Hier!« Er schob leise eine Klappe zurück, die sich im oberen Teil der Tür befand, und blickte hindurch.
»Er schläft«, bemerkte er. »Sie können ihn gut sehen.«
Wir schauten beide durch das Gitter. Der Gefangene, dessen Gesicht uns zugewandt war, schlief fest. Er atmete

langsam und schwer. Hugh Boone war ein Mann mittlerer Größe, seinem Beruf entsprechend gekleidet; sein buntes Hemd schaute durch einen Riß in seinem schäbigen Rock heraus. Er war, wie der Inspektor gesagt hatte, außerordentlich dreckig. Doch selbst der Schmutz, der sein Gesicht bedeckte, konnte seine abstoßende Häßlichkeit nicht verbergen. Eine breite Narbe verlief vom Auge bis zum Kinn und zog die eine Hälfte seiner Oberlippe hoch, so daß es aussah, als würde er ständig die Zähne fletschen. Flammend rotes Haar hing tief in Stirn und Augen.

»Er ist wirklich eine Schönheit, nicht?« meinte der Inspektor.

»Mit Sicherheit braucht er ein Bad«, bemerkte Holmes. »Ich dachte es mir schon und habe mir deshalb die Freiheit genommen, das entsprechende Instrument gleich mitzubringen.« Er öffnete seine Tasche und zog zu meinem Erstaunen einen großen Badeschwamm hervor.

»Ha, ha! Sie sind ein Witzbold«, gluckste der Inspektor.

»Wenn Sie jetzt die Güte hätten, die Tür leise zu öffnen. Wir werden ihn bald in eine ansehnliche Erscheinung verwandelt haben.«

»Nun, ich habe nichts dagegen einzuwenden«, erwiderte der Inspektor. »Er trägt wirklich nicht zum Ansehen der Bow-Street-Zellen bei.« Er schloß die Tür auf, und sehr leise betraten wir drei die Zelle. Der Schlafende drehte sich halb zur Seite und fiel erneut in tiefen Schlaf. Holmes beugte sich über den Wasserkrug, benetzte den Schwamm und fuhr dem Gefangenen damit zweimal energisch über das Gesicht.

»Darf ich Ihnen hiermit Mr. Neville St. Clair aus Lee in der Grafschaft Kent vorstellen«, rief er.

Niemals zuvor in meinem Leben hatte ich so etwas gesehen. Das Gesicht des Mannes schälte sich unter dem

Schwamm ab wie die Rinde eines Baumes. Verschwunden war die widerliche braune Gesichtsfarbe! Verschwunden auch die grauenhafte Narbe und die nach oben gezogene Lippe, die dem Gesicht den abstoßend höhnischen Ausdruck gegeben hatte! Mit einem Griff ließ sich das zerzauste rote Haar entfernen, und nun saß auf dem Bett ein blasser, traurig dreinblickender, kultiviert wirkender Mann mit schwarzem Haar und weicher Haut, der seine Augen rieb und uns verwirrt und verschlafen anstarrte. Plötzlich realisierte er die Enthüllung, stieß einen Schrei aus und warf sich mit dem Gesicht auf das Kissen.

»Um Gottes willen!« rief der Inspektor, »das ist tatsächlich der Vermißte. Ich erkenne ihn von der Photographie.«

Der Gefangene bewegte sich so gleichmütig wie jemand, der sich in sein Schicksal ergeben hat. »So sei es«, sagte er, »aber bitte, wessen werde ich beschuldigt?«

»Der Ermordung von Mr. Neville St. Clair – oh, dafür können Sie ja gar nicht belangt werden, außer man macht daraus einen Prozeß wegen versuchten Selbstmords«, erwiderte der Inspektor mit einem Grinsen. »Ich bin schon seit 27 Jahren bei der Polizei, aber das schießt den Vogel ab.«

»Wenn ich wirklich Mr. Neville St. Clair bin, dann ist es doch offensichtlich, daß kein Verbrechen begangen worden ist und ich somit unrechtmäßig festgehalten werde.«

»Es ist kein Verbrechen, aber ein großer Irrtum geschehen. Sie hätten sich besser Ihrer Frau anvertraut«, meinte Holmes.

»Ich tat es nicht wegen meiner Frau, sondern wegen meiner Kinder«, stöhnte der Gefangene. »Gott steh mir bei, ich wollte nicht, daß sie sich ihres Vaters schämten. Mein Gott! Was für eine Schande! Was kann ich nur tun?«

Sherlock Holmes setzte sich neben ihn auf das Bett und klopfte ihm freundlich auf die Schulter.

»Wenn Sie es zu einer Gerichtsverhandlung kommen lassen, werden Sie es natürlich kaum vermeiden können, daß der Fall in die Öffentlichkeit getragen wird. Andererseits, wenn Sie die Polizei überzeugen, daß keine Klage gegen Sie erhoben werden kann, liegt kein Grund vor, die Öffentlichkeit davon erfahren zu lassen. Ich bin sicher, daß Inspektor Bradstreet Ihr Geständnis aufnehmen und an die zuständige Stelle weiterleiten wird. Es würde dann gar nicht erst zu einem Prozeß kommen.«

»Gott segne Sie!« schluchzte der Gefangene. »Ich hätte eher eine Gefängnisstrafe, ja sogar ein Todesurteil auf mich genommen, als meinen Kindern mein elendes Geheimnis als Familienschande zu hinterlassen.

Sie sind der erste, der meine Geschichte hört. Mein Vater war Lehrer in Chesterfield. Ich erhielt eine ausgezeichnete Erziehung und Ausbildung. In meiner Jugend reiste ich viel, arbeitete zeitweise als Schauspieler und wurde schließlich Reporter bei einer Londoner Abendzeitung. Eines Tages wünschte mein Verleger eine Artikelserie über das Bettelwesen in der Stadt. Ich bot ihm an, diese zu schreiben. Das war der Beginn meines Abenteuers. Ich versuchte mich als Amateurbettler, um Material für meine Artikel zu sammeln. Als Schauspieler hatte ich natürlich das Schminken gelernt, und ich war in den Umkleideräumen für meine Kunstfertigkeit berühmt. Diese Fähigkeit wirkte sich jetzt für mich vorteilhaft aus. Ich schminkte mir mein Gesicht, und um mich so bemitleidenswert wie möglich zu machen, verpaßte ich mir eine große Narbe. Sie verlief vom Auge bis zum Mund, dessen Oberlippe ich verzerrte, indem ich sie hochzog und mit einem fleischfarbenen Pflaster befestigte. Mit roter Perücke und zweckentsprechender Kleidung versehen suchte ich mir einen Platz im geschäftigsten Teil der City, pro forma als Streichholzverkäufer, in Wirklichkeit aber mimte ich den Bettler. Sieben Stunden saß ich dort. Als ich abends nach Hause kam, stellte ich zu meinem Erstaunen fest, daß ich nicht weniger als 26 Shilling und vier Pence eingenommen hatte.

Ich schrieb meine Artikel. Ich dachte kaum noch an dieses Ereignis, bis ich einige Zeit darauf einen Zahlungsbefehl über 25 Pfund erhielt. Ich hatte nämlich die Bürgschaft für einen Freund übernommen. Ich besaß damals keinen Penny mehr und wußte nicht, woher ich das Geld nehmen sollte. Plötzlich schoß mir eine Idee durch den Kopf. Ich bat den Gläubiger um einen vierzehntägigen Aufschub, nahm Urlaub und begab mich in meiner Verkleidung zum Betteln in die City. Innerhalb von zehn Tagen hatte ich die fragliche Summe beisammen und bezahlte die Schuld.

Sie können sich sicher vorstellen, wie hart es ist, für zwei Pfund die Woche mühsam zu arbeiten in dem Bewußtsein, daß ich mindestens so viel an einem Tag verdienen könnte, indem ich mein Gesicht mit ein bißchen Farbe beschmiere, meine Mütze auf den Bürgersteig lege und still dasitze. Ich focht einen langen Kampf zwischen Stolz und Geld aus, aber das Geld siegte. Ich gab meinen Beruf als Reporter auf und saß Tag für Tag in der damals von mir gewählten Ecke, erregte Mitleid durch mein grausiges Gesicht und füllte meine Taschen mit Kupfermünzen. Nur ein einziger Mensch kannte mein Geheimnis. Dieser besaß eine finstere Opiumhöhle in der Swandam Lane, in der ich mich eingemietet hatte. Dort konnte ich mich jeden Morgen in einen erbärmlichen Bettler und am Abend in einen gutgekleideten Geschäftsmann verwandeln. Dieser Mann, ein Laskar, erhielt von mir eine fürstliche Miete für die beiden Räume, so daß ich sicher sein konnte, daß mein Geheimnis gut bei ihm aufgehoben war.

Bald darauf hatte ich eine beachtliche Summe zusammen. Ich glaube zwar nicht, daß jeder Bettler in London 700 Pfund im Jahr einnehmen kann – diese Summe liegt sogar noch unter meinem durchschnittlichen Einkommen –, aber ich hatte den ungeheuren Vorteil, mich gekonnt zu schminken und schlagfertig zu sein. Durch diese Schlagfertigkeit gelang es mir mit der Zeit, ein recht bekanntes Original in der City zu werden. Ein tagtäglicher Strom Pennies, manchmal auch Silberstücke, ergoß sich über mich, und ich hatte wirklich einen schlechten Tag erwischt, wenn ich nur zwei Pfund eingenommen hatte.

Als ich reicher wurde, wuchsen auch meine Ansprüche. Ich kaufte mir ein Haus auf dem Land und heiratete schließlich, ohne daß jemand Verdacht bezüglich meiner wahren Beschäftigung schöpfte. Meine liebe Frau wußte, daß ich in der City tätig war, aber nicht als was.

Als ich mich letzten Montag nach dem Betteln in dem Zimmer über der Opiumhöhle umzog und aus dem Fenster schaute, sah ich zu meinem Entsetzen und Erstaunen, daß meine Frau auf der Straße stand und mich direkt ansah. Ich stieß einen Schrei der Überraschung aus, warf meine Hände hoch, um mein Gesicht zu bedecken, und eilte zu meinem Vertrauten, dem Laskar, flehte ihn an, zu verhindern, daß jemand zu mir heraufkam. Ich hörte ihre Stimme unten, aber ich wußte, sie konnte nicht herauf. Rasch entledigte ich mich meiner Kleider, zog die des Bettlers an, schminkte mich und setzte die Perücke auf. Selbst das Auge einer Ehefrau konnte diese Verkleidung nicht durchschauen. Doch dann kam mir in den Sinn, daß der Raum durchsucht werden könnte und mich meine Kleider verraten würden. Ich öffnete eilig das Fenster und in der Hast verletzte ich mich erneut an dem kleinen Schnitt, den ich mir am Morgen im Schlafzimmer zugefügt hatte. Daraufhin ergriff ich meinen Rock, in den ich schon die Tageseinnahmen aus meiner Ledertasche gesteckt hatte, und schleuderte den mit Münzen beschwerten Rock aus dem Fenster. Er versank in der Themse. Die anderen Kleidungsstücke sollten ihm folgen, aber in dem Moment stürmte ein Trupp Polizisten die Treppe herauf, und wenige Minuten später wurde ich zu meiner Erleichterung nicht als Mr. Neville St. Clair entlarvt, sondern als sein Mörder verhaftet.

Ich weiß nicht, ob irgend etwas von meiner Seite aus noch zu erklären wäre. Ich war entschlossen, meine Maske so lange wie möglich zu behalten; daher meine Vorliebe für Schmutz im Gesicht. Weil ich aber wußte, daß meine Frau sich sehr ängstigen würde, zog ich schnell meinen Siegelring ab und vertraute ihn in einem unbeobachteten Moment dem Laskar an, zusammen mit einer hastig geschriebenen Nachricht an meine Frau, in der ich ihr versicherte, daß kein Grund zur Sorge bestände.«

»Nur daß die Nachricht sie erst gestern erreichte«, sagte Holmes.

»Mein Gott! Was für eine Woche hat sie durchstehen müssen.«

»Die Polizei hat diesen Laskar überwacht«, bemerkte der Inspektor, »und ich kann mir vorstellen, daß es für ihn mit Schwierigkeiten verbunden war, den Brief unbemerkt aufzugeben. Höchstwahrscheinlich hat er ihn irgendeinem Matrosen, der bei ihm Kunde war, gegeben, und der vergaß ihn für einige Tage.«

»Das war es«, nickte Holmes zustimmend. »Ich bezweifle es nicht. Sind Sie nie für die Bettelei belangt worden?«

»Viele Male, aber eine Geldbuße spielte für mich keine Rolle.«

»Das muß aufhören«, sagte Bradstreet. »Wenn die Polizei diese Sache vertuschen soll, darf es keinen Hugh Boone mehr geben.«

»Ich schwöre bei allem, was mir heilig ist, nie wieder!«

»Ich denke, in diesem Fall brauchen keine weiteren Schritte unternommen zu werden. Aber wenn Sie noch einmal dabei erwischt werden, kommt alles ans Tageslicht. Mr. Holmes, wir sind Ihnen sehr zu Dank verpflichtet, daß Sie diesen Fall aufgeklärt haben. Ich möchte nur wissen, wie Sie auf Ihre Lösungen kommen.«

»Auf diese Lösung bin ich gekommen, indem ich auf fünf Kissen saß und ein Päckchen Tabak rauchte. Watson, ich glaube, wenn wir jetzt zur Baker Street zurückfahren, kommen wir gerade noch rechtzeitig zum Frühstück.«

DER FIEBERBAUM

Ruth Rendell

Wo es Malaria gibt, dort wächst der Fieberbaum. Er hat fedrige, farnähnliche Blätter, frischgrün und zart, wie sie bei vielen Bäumen in tropischen Regionen vorkommen. Sein Erscheinungsbild ist anmutig und hat ein Flair von Jugendlichkeit, so als warte jeder Fieberbaum erst noch darauf, erwachsen zu werden. Das Hervorstechendste an ihm jedoch ist die Farbe seiner Rinde. Es ist das Gelb unreifer Zitronen. Fieberbäume unterscheiden sich von allen anderen durch ihre schlanken, gelben Stämme.

Ford wußte, wie der Baum genannt wurde, und er erkannte ihn auch, aber seinen botanischen Namen wußte er nicht. Auch hatte er nie gehört, weshalb man ihn Fieberbaum nannte – ob die Eingeborenen seine Blätter oder Rinde oder Früchte als Arznei gegen die Malaria verwandten oder ob der Name einfach nur von seiner warnenden Gegenwart herrührte, überall dort nämlich, wo es die Malaria übertragenden Moskitos gab. Bei seinem Anblick hier in Ntsukunyane spürte er denn auch förmlich ein Fieber in seinem Blut aufsteigen.

Ein Afrikaner in Khakishorts und -hemd öffnete ihnen den Schlagbaum, so daß sie das Tor in der Umfriedung passieren konnten. Drinnen sah es nicht anders aus als draußen, derselbe Busch, still, reglos, von keinem Windhauch bewegt, erstreckte sich nach beiden Richtungen. Während er auf der Teerbetonstraße die zweieinhalb Kilometer zur Rezeptionsbaracke dahinfuhr, dachte Ford, wie es wohl wäre, wenn er jetzt den Kopf wandte und er sähe Marguerite neben sich auf dem Beifahrersitz. Eine Illusion, der nachzuhängen er gar nicht erst wagte, und sie währte auch ohnehin kaum eine Minute. Tricia zerstörte sie. Sie begann ihn mit ihren Schulmädchenfragen zu traktieren, vorgebracht mit hoher, unnatürlicher Stimme.

Es war wieder ein Schwarzer, aber in schmuckerer Uniform, mit weit mehr Verzierungen, der ihren Buchungsbeleg entgegennahm und ihn mit der Gästeliste verglich. Man mußte Wochen im voraus zahlen für das Privileg, sich hier aufzuhalten. Ford hatte einen Tag, nachdem er Marguerite Lebewohl gesagt hatte und, für immer, zu Tricia zurückgekehrt war, seine Buchung vorgenommen.

»Meine Frau wüßte gern die Gebietsgröße von Ntsukunyane«, sagte er.

»Vier Millionen Morgen.«

Ford ließ ein angemessenes Pfeifen ertönen. »Haben wir die Chance, einen Leoparden zu sehen?«

Der Mann zuckte die Achseln und lächelte. »Wer weiß? Sie können Glück haben. Sie sind ja eine ganze Woche hier, da werden Sie sicherlich Löwen, Elefanten und Flußpferde sehen, vielleicht auch einen Geparden. Der Leopard aber ist ein Nachttier, und Sie müssen ja immer bis sechs Uhr abends im Camp zurück sein.« Er sah auf die Uhr. »Ich rate Ihnen auch, fahren sie jetzt weiter, Sir, wenn Sie es noch bis Thaba schaffen wollen, bevor die dort die Pforten schließen.«

Ford stieg wieder in den Wagen. Es war beinahe vier. Die Sonne Afrikas, eine lebende Allgegenwart, eine eigene Gottheit, brannte durch einen Dunstschleier. Es ging kein Windhauch. Tricia, in blaßgelbem Sonnenkleid mit Rüschen, hatte ihren Arm aus dem offenen Fenster gehängt, und die blondbehaarte Haut war glutrot. Er teilte ihr mit, was der Mann gesagt hatte, und auch, daß drinnen in der Baracke ein Anschlag gehangen hatte: ›Es ist streng verboten, Schußwaffen ins Wildreservat mitzunehmen, Tiere zu füttern, die Geschwindigkeitsgrenze zu überschreiten und Abfälle zurückzulassen.‹

»Und vor allem darf man nicht aus dem Wagen steigen«, ergänzte Ford.

»Was? Überhaupt nicht?« Tricia machte ihre blaßblauen Augen rund und – wie Murmeln.

»So steht es da.«

Sie zog ein Gesicht. »Dämliche olle Vorschriften!«

»Man braucht sie halt«, erwiderte er.

Ja, man brauchte sie – hier drinnen genauso wie draußen in der Welt. Es ist streng verboten, sich zu verlieben, seine Frau zu verlassen und zu versuchen, ganz von vorn anzufangen. Er warf einen Blick zu Tricia hinüber, um zu sehen, ob ihr wohl die gleichen Gedanken durch den Kopf gingen. Sie hatte ihren neckischen Gesichtsausdruck, lieb, niedlich.

»Eine Belohnung«, rief sie eifrig, »für den, der zuerst ein Tier sieht!«

»Na schön.« Er hatte sich auf diese Versöhnung eingelassen, auf diese Ferienreise mit ihr, diese zweiten Flitterwochen, und jetzt mußte er es eben versuchen. Er mußte sich Mühe geben. Es würde nicht so einfach geschehen, wie die Liebe zwischen ihm und Marguerite dagewesen war, unvermutet und unbeabsichtigt.

»Und wer gibt die Belohnung?« fragte er.

»Wenn ich gewinne, du, und wenn du gewinnst, dann ich. Und wenn ich es bin, dann möchte ich ein Geschenkchen aus dem Camp Shop; ein sehr hübsches, teures Sächelchen.«

Der Gewinner war Ford. Er sah ein einzelnes Zebra aus

dem Dornengestrüpp auf der rechten Seite heraustreten, und dann eine kleine Herde. »Krieg *ich* nun ein Geschenk aus dem Shop?«

Er spürte es mehr, als daß er es sah, ihr affektiertes Kopfschütteln. »Nein«, sagte sie, »du kriegst einen Kuß.« Und sie preßte warme, trockene Lippen auf seine Wange.

Es machte ihn unmerklich schaudern. Ford verlangsamte das Tempo, damit das Zebra die Straße überqueren konnte. Das Dornengebüsch hatte fünf Zentimeter lange Stacheln. Am Straßenrand wuchs eine Art wilder Zinnie mit winzigen Blüten, korallenrot, die rote Tupfer zwischen das trockene, bleiche Gras setzten. Im Busch gab es rostrote Ameisenhügel mit hohen Spitzen, wie Zinnen von Märchenburgen. Noch achtunddreißig Kilometer bis Thaba. Er beschleunigte wieder, hielt sich eben unter der Geschwindigkeitsgrenze und ignorierte, so gut er konnte, Tricia jedesmal, wenn die ihn bat, langsamer zu fahren. Sie würden jetzt ohnehin keins der großen Raubtiere mehr sehen, nicht an diesem Nachmittag, da war er ganz sicher, höchstens Impalas, Zebras und vielleicht eine Giraffe. Er hatte sich früher bei seinen Geschäftsreisen öfter Urlaub genommen, um nach Serengeti oder in den Krügerpark zu fahren, er kannte sich aus. Er holte das Fernglas für Tricia heraus, stellte es ein und hängte ihr den Lederriemen um den Hals, denn er hatte weder all die Ferngläser und Kameras vergessen, die sie bereits fallen gelassen und kaputtgemacht hatte, eben weil sie das unterlassen hatte, noch ihre Tränenströme hinterher. Der Wagen hatte keine Klimaanlage, und die Hitze lag schwer und stumm zwischen ihnen. Sie fuhren westwärts, vor ihnen versank die Sonne mit mattem gelbem Glanz. Der Schweiß rann Ford aus den Achselhöhlen und zwischen den Schulterblättern herunter, durchnäßte sein ohnehin schon feuchtes Hemd und überzog seine Haut mit einem kalten, klebrigen Film.

Auf der Mitte einer Straßenkreuzung stand eine Steinpyramide mit Pfeilen darauf und wies den Weg nach Thaba, dem größten Camp bei Waka-Suthu, und zur Hippo-Brücke über den Suthufluß. Oben auf der Spitze saß ein Pavian mit einem grauen, flauschigen Jungen auf den Knien. Tricia streckte schmachtend die Arme danach aus. Sie hatte nie ein Kind gehabt. Die Pavianmutter begann auf dem Kopf ihres Babys Flöhe zu fangen. Tricia stieß einen kleinen nervösen Schrei aus, halb entsetzt, halb belustigt. Ford fuhr die Straße nach Thaba hinunter und passierte die Einfahrt zum Camp, zehn Minuten bevor sie für die Nacht das Tor schlossen.

Die Dunkelheit setzt unvermittelt ein in Afrika. Die Dämmerung ist nur von kurzer Dauer; kaum hat man sie bemerkt, ist sie schon vorüber, und die Nacht fällt herein. In den kurzen Momenten der Dämmerung leuchten all die blassen Dinge förmlich auf, und die Vögel lassen ein sanftes Murmeln hören. Im Camp von Thaba gab es ein Restaurant und einen Laden, runde Hütten mit Strohdächern und hölzerne Chalets mit Veranden davor. Ford und Tricia war ein Chalet an der nördlichen Begrenzung zugewiesen worden, und von ihrer Veranda aus konnte man hinter dem hohen Drahtzaun den Suthufluß gemächlich und still zwischen dem hohen Röhricht an seinen Ufern dahinfließen sehen. Die Dämmerung hatte eben eingesetzt, als sie die hölzernen Stufen hinaufstiegen. Ford trug ihre Koffer. Und da sah er die Fieberbäume, zwei Stück, die fedrigen Blätter vom Zwielicht ins Graue verblichen, die Stämme jedoch von schärferem, stechenderem Gelb als am Tage.

»Ganz gut, daß wir unsere Malariatabletten genommen haben«, meinte Ford, als er die Tür aufstieß. Als das Licht brannte, sah er an der gegenüberliegenden Wand zwei Moskitos sitzen.«Anopheles sind die Überträger der Malaria, bloß unglücklicherweise verraten sie einem nicht, ob sie Anopheles sind oder nicht.«

Getrennt stehende Betten, Lampen, ein Ventilator, ein Kühlschrank, eine offenstehende Tür zu Toilette und Duschbad. Tricia setzte ihren Make-up-Koffer, ohne den sie nirgendwo hinging, auf dem Bett am Fenster ab. Das Licht war nicht besonders hell. Das war keine der Lampen im ganzen Camp, denn die Elektrizität kam von einem eigenen Generator. Dies hier war eine kleine Kolonie von Menschen in einer Welt, die den Tieren gehörte, eine Umkehrung der gewöhnlichen Ordnung der Dinge. Vom Fenster aus konnte man andere Chalets sehen, andere trübe Lichter, andere parkende Wagen. Tricia redete mit den beiden Moskitos.

»Ist dein Name Anna Phyllis? Nein? Liebling, du kannst ganz beruhigt sein. Sie sagt, sie heißt Mary Jane und ihr Mann John Henry.«

Ford brachte ein Lächeln zustande. Er hatte Tricias Scherzhaftigkeit hingenommen und sich daran gewöhnt, bis er Marguerites Witz entdeckt hatte. Er schob seinen Koffer in den Schrank, ohne ihn auszupacken, und ging unter die Dusche. Tricia stand auf der Veranda und lauschte den Zikaden, Tausenden von Zikaden. Es war stockdunkel geworden, während sie ihre Kleider aufgehängt hatte, und der Himmel war übersät mit hellen Sternen.

Sie hatte Ford zurückbekommen von dieser Frau, und jetzt mußte sie ihn festhalten. Sie hatte ein paar Pfund abgenommen, eine Menge neuer Kleider gekauft und sich Strähnen ins Haar färben lassen. Eigentlich hatten Männer ihr von jeher Angst eingeflößt, angefangen mit ihrem Vater, als sie ein Kind war. Und damals, als sie ein Kind war, hatte sie auch damit begonnen, Kind zu spielen mit all den kleinen Vorteilen, die sich daraus ergaben. Sie hatte herausgefunden, daß ihr Vater gegenüber kleinen Mädchen freundlicher und nachgiebiger war als gegenüber ihrer Mutter. Ford hatte ein kleines Mädchen geheiratet, anschmiegsam und niedlich, und es hatte ihm sehr wohl gefallen, bis er einer erwachsenen Frau begegnet war. Tricia wußte das alles, aber wie sie ihn halten sollte, das wußte sie jetzt nicht besser als früher. Die alten Methoden erschienen ihr genauso langweilig und abgestanden, wie auch er sie vermutlich empfand. Wie sie da so auf der Veranda stand, wünschte sie sich halb und halb, sie wäre allein, müßte nicht partout einen Ehemann haben, müßte sich nicht aus Gründen der Konvention und des Stolzes, wegen des Unterhaltes und wegen der Gesellschaft an ihm festklammern. Sehnsüchtig horchte sie hinaus, ob nicht ein Löwe brüllte da draußen im Busch hinter dem Zaun; aber es gab nirgends einen Laut, abgesehen von den Zikaden.

Ford kam in einem Frotteemantel heraus. »Wo hast du das Mückenzeug? Das Spray?«

Sofort verängstigt sagte sie: »Ich weiß nicht.«

»Was heißt das, du weißt nicht? Du mußt es doch wissen. Ich hab dir im Hotel die Sprühdose gegeben und gesagt, du sollst sie in dein Dingsda, diesen Make-up-Koffer tun.«

Sie machte den Koffer auf, obwohl sie wußte, daß die Mückenspraydose nicht darin war. Natürlich nicht. Sie sah sie ja im Geiste vor sich auf der Badezimmerablage im Hotel, zurückgelassen, weil sie so sperrig war. Sie biß sich auf die Lippen und sah Ford verstohlen von der Seite an. »Wir können ja im Laden was kaufen.«

»Tricia, der Laden schließt um sieben, und es ist jetzt zehn nach.«

»Dann kaufen wir eben morgen früh was.«
»Moskitos sind aber zufällig nachts höchst aktiv.« Er wühlte zwischen den Flaschen und Töpfchen in ihrem Koffer herum. »Nun sieh dir diesen ganzen nutzlosen Quatsch an: ›Reinigungsmilch‹, ›Perlglanz-Tönung‹, ›Feuchtigkeitscreme‹ – wie ein blutjunges Mannequin! Das Mückenspray mitzunehmen und dafür die ›Perlglanz-Foundation‹ zurückzulassen, darauf bist du wohl nicht gekommen, was?«
Ihre Lippen zitterten. Sie spürte, wie sie – fast unbewußt – ihre runden Augen machte und die Lippen zu einem Lispelmündchen vorschob. »Aber an die Tabletten haben wir gedacht.«
»Das wird die verdammten Viecher nicht am Stechen hindern!« Er ging ins Bad zurück und knallte die Tür hinter sich zu.
Marguerite hätte nicht vergessen, die Sprühdose mitzunehmen. Tricia wußte, er dachte wieder an Marguerite, sein Kopf war angefüllt von ihr, sie hatte sich schon während der ganzen langen Fahrt nach Thaba unabweisbar und mit Macht in seine Gedanken gedrängt.
Sie fing an zu weinen. Das Wasser floß ihr nur so aus den Augen und wollte nicht aufhören. Sie zog ein anderes Kleid an, und immerfort weinte sie weiter. Die Tränen durchweichten den Puder, den sie auf ihr Gesicht stäubte.
Sie aßen im Restaurant zu Abend. Tricia in ihrem rosa geblümten Crêpe war die einzige aufgemachte Frau dort. Früher hätte sie sich eingebildet, alle anderen Gäste blickten sie an, weil sie sie bewunderten, jetzt aber schien ihr eher Hohn und Spott dahinterzustecken. Sie aß ihr kleines, zu lange gekochtes Stück Seehecht und ihr großes, zu lange gebratenes, unter Semmelbröseln verborgenes Stück Kalbfleisch und betrachtete die roten

Flecken der Moskitostiche, die sich auf Fords Arm abzeichneten.
Es gab keine Beleuchtung im Camp außer dem Licht, das aus den Fenstern des Hauptgebäudes und aus den Chalets fiel. Nach und nach gingen die Lichter aus, und es wurde sehr dunkel. Trotz seiner Moskitostiche schlief Ford augenblicklich ein, Tricia aber wurde durch das Geräusch des Ventilators wachgehalten. Um elf Uhr schaltete sie ihn aus und öffnete das Fenster. Da endlich konnte sie einschlafen, aber um vier Uhr wachte sie schon wieder auf, lag eine halbe Stunde wach, stand dann auf, zog sich an und ging hinaus.
Es war noch dunkel, aber die Dunkelheit lichtete sich schon ein wenig, so als ob man ihren dichtesten Schleier bereits fortgezogen habe. Schwerer Tau lag auf dem Gras. Als sie unter einem Merulabaum, überladen mit kleinen, grünen, aprikosenförmigen Früchten, hindurchging, stob ein Schwarm Fledermäuse aus seinen Zweigen auf und umflatterte ihren Kopf. Wäre Ford bei ihr gewesen, sie hätte losgeschrien und sich an ihn geklammert, da sie aber allein war, verhielt sie sich still. Das Camp und der Busch jenseits des Zauns waren voller Geräusche. Laute, die Tricia an die Gemälde von Hieronymus Bosch gemahnten – Teufelchen, Dämonen und grauenhafte Homunkuli, die, wären ihnen Stimmen verliehen, wohl Laute ausstoßen würden, wie diese hier – Knurren, leises Pfeifen und Zirpen und winzige, dünne Schreie.
Sie spazierte umher, wartete auf den Tagesanbruch, glaubte, es würde ein grandioses Spektakel sein. Aber es war bloß eine graue Blässe am Himmel, bleiche Farblosigkeit zwischen sich teilenden schwarzen Wolken, und ein Gefühl der Enttäuschung erschreckte sie, so, als sei dies Symbol oder Omen für etwas viel Einschneidern-

ders in ihrem Leben als nur der Anbruch eines beliebigen Tages.
Ford wachte auf und brachte es zuerst nicht fertig, die Augen wegen der Schwellungen durch die Moskitostiche zu öffnen. Wie Flocken von Distelwolle saßen die Moskitos an den Wänden, dicht an dicht, von oben bis unten. Er stand auf, stolperte halbblind aus dem Schlafzimmer und ließ sich das Wasser aus der Dusche über das Gesicht laufen. Tricia trat ein, starrte auf sein Gesicht, kicherte nervös, biß sich aber sofort auf die Lippen.
Die Tore des Camps wurden um halb sechs geöffnet, und die Autos begannen hinauszuströmen. Tricia hatte nie den Führerschein gemacht, und Ford konnte nichts sehen, also gingen sie ins Restaurant zum Frühstücken. Als der Laden öffnete, kaufte Ford zwei Sorten Mückenschutzmittel und, innerlich seufzend, weil er ihre Entschuldigungen und ihre bettelnden Augen nicht länger ertragen konnte, für Tricia eine Halskette aus Elfenbeinperlen und einen Rock mit aufgedruckten Giraffen. Um neun Uhr, als die Schwellungen um Fords Augen ein wenig abgeklungen waren, fuhren sie mit dem Wagen los und nahmen die Straße zur Hippo-Brücke.
Der Tag war feucht und brütend heiß. Ford hatte die Mückenstiche gezählt, die er abbekommen hatte, und kam auf die stattliche Summe von vierundzwanzig. Schwer zu glauben, daß zwei kleine Chinintabletten ausreichen sollten gegen vierundzwanzig Stiche, von denen einige mit Sicherheit von der Anopheles herrühren mußten. Hatte er nicht sofort, als sie gestern abend gekommen waren, die beiden Fieberbäume gesehen? Jetzt steuerte er den Wagen langsam und verbissen, nahezu wortlos, die geschwollenen Augen hinter einer Sonnenbrille verborgen.
Am Suthufluß hielt er an, und später noch einmal an einem

Wasserloch, und sie suchten angestrengt die Wasseroberfläche ab. Aber nirgends tauchte etwas auf, wenn man den dicken, dunklen Ast nicht rechnete, der am Ende plötzlich verschwand und sich dadurch nachträglich als ein Krokodil auswies. Es war schon zu spät am Vormittag, um noch viel zu sehen außer Marabustörchen, die regungslos und in sich versunken auf einem Bein in einer Lichtung oder auf dem dürren Ast eines Baumes standen. Ford schwenkte sein Fernglas über den Busch hin, der sich in ungebrochener, scheinbar lebloser Eintönigkeit bis zu den blauen Gebirgszügen am fernen Horizont erstreckte.

Von den Moskitostichen allein konnte man doch kein regelrechtes Fieber bekommen. Wenn Malaria im Anzuge war, dann würde sie nicht jetzt ausbrechen. Dennoch empfand Ford, wie er so im Wagen neben Tricia saß, eine Art Fieberwahn. Vielleicht kam es nur durch die schwere Irritation seiner gesamten Körperoberfläche, durch das Brennen der Haut und die Unfähigkeit, sich zu bewegen, ohne neue Qualen heraufzubeschwören. Aber es zog auch seinen Geist in Mitleidenschaft, und jedesmal, wenn er Tricia ansah, stieg eine Art Panik in ihm auf. Warum war er zu ihr zurückgegangen? War er verrückt? Seine Augen, sein ganzer Kopf pulsierte, als ob seine Temperatur erhöht sei. Diese rosa Jeans waren zu eng für Tricia, und die Rüschen an ihrer weißen Bluse waren lächerlich. Mit Hilfe des Fernglases hatte sie in den Zweigen eines Peepulbaumes eine Familie kleiner, grauer Affen entdeckt, und sie hing aus dem Fenster, machte ständig girrende Lockrufe. Jetzt öffnete sie die Wagentür, hielt sie spaltbreit offen und wandte ihm einen Blick zu, wie ein Kind seinen Vater anblickt, wenn er etwas verboten hat, das es dennoch brennend gern tun möchte.

Sie hatten weder Großkatzen noch einen Elefanten zu

Gesicht bekommen, sie hatten nicht einmal einen Schakal gesehen. Ford hob die Schultern.
»Okay, aber wenn ein Aufseher vorbeikommt und dich erwischt, dann kriegen wir verdammten Ärger.«
Sie stieg aus dem Wagen und ließ die Tür offen. Das Gras, das am Straßenrand begann und die Wildnis bedeckte, so weit das Auge reichte, war hoch und spröde. Es reichte Tricia bis ans Knie. Eine Löwin oder ein Gepard, die etwa darin lagen, wären vollständig verborgen gewesen. Ford griff nach dem Fernglas und blickte in die andere Richtung, um nicht Tricia ansehen zu müssen, die wieder einmal vergessen hatte, sich den Riemen der Kamera um den Hals zu legen. Sie unternahm Annäherungsversuche bei den Affen, die vor ihr zurückwichen; dabei umarmten sie einander, verbargen Köpfe an Schultern, wie bedrohte Flüchtlinge auf einem kitschigen Gemälde. Langsam schwenkte er sein Glas. Und da sah er knappe hundert Meter von einer unruhig grasenden kleinen Ziegenherde entfernt die beiden Katzengesichter dicht beieinander, die aneinandergeschmiegten Leiber, die gefleckten Rücken ... Geparden! Ihm fiel ein, daß er einmal gehört hatte, sie seien die schnellsten Tiere der Welt.
Er mußte Tricia rufen und sie sofort in den Wagen zurückholen. Aber er rief nicht. Durch das Glas beobachtete er die großen Katzen, die dort so anmutig lagerten, gesättigt und in sich ruhend, wenn auch mit offenen Augen. Marguerite hätten sie gefallen, sie liebte Katzen, sie besaß eine Burmakatze, ebenso geschmeidig, schlank und gelassen wie diese wilden Kreaturen. Tricia kam in den Wagen zurück, voll lauten Entzückens, wie süß die Affen waren. Er ließ den Motor an und fuhr los, ohne ihr von den Geparden zu erzählen.
Später, so gegen fünf Uhr am Nachmittag, wollte sie wie-

der aus dem Wagen aussteigen, und er hielt sie nicht zurück. Sie spazierte die Straße auf und ab und redete auf Mungos ein. In kaum mehr als einer Stunde würde es dunkel sein. Wenn er nun den Wagen anließe und ohne sie ins Camp zurückfuhr, schoß es ihm durch den Kopf. Leoparden waren nächtliche Jäger, die bis zur Dunkelheit warteten. Die Schwellungen um seine Augen waren nahezu ganz abgeklungen, aber sein Hals, die Arme und Hände schmerzten noch wegen der Heftigkeit der Stiche. Die Mungos flüchteten ins Gras, als Tricia leise redend näherkam, die Hände beschwörend ausgestreckt. Ein Wagen mit vier Männern kam aus Richtung der Hippo-Brücke angefahren. Er verlangsamte das Tempo, und der Fahrer streckte den Kopf heraus. Sein Gesicht war ziegelrot, hatte grobe Züge, das Haar ein rostiges Blond, und seine Stimme verriet den Akzent des in Afrika geborenen weißen Mannes durch seine gequetschten Vokale.

»Die Dame sollte aber nicht so auf der Straße rumlaufen!«

»Ich weiß«, versetzte Ford, »ich hab's ihr gesagt.«

»Verzeihung, wissen Sie, daß Sie da etwas sehr Gefährliches tun, so aus dem Wagen zu steigen?« Die Stimme dröhnte einschüchternd. Tricia errötete. Sie tat geziert beleidigt, lächelte, biß sich auf die Lippen. Dabei hatte sie im Grunde große Angst vor diesem Mann, der sie ansah, als verachte er sie, als widere sie ihn an. Wenn er ins Camp zurückkam, würde er sie verpetzen?

»Versprechen Sie, daß Sie's nicht weitersagen?« stammelte sie, den Kopf zur Seite gelegt.

Er gab ein zorniges Grunzen von sich und zog den Kopf zurück. Der Wagen fuhr weiter. Mit einem Satz war Tricia wieder auf dem Beifahrersitz neben Ford. Sie hatten weniger als eine Stunde Zeit, nach Thaba zurückzufahren. Ford fuhr los und folgte dem Wagen mit den vier Männern.

Beim Abendessen saßen die vier am Nebentisch. Tricia fragte sich, wie vielen Leuten sie wohl von ihr erzählt hatten, denn sie bildete sich ein, daß etliche Gäste sie neugierig oder feindselig anblickten. Der Mann mit dem krausen, blonden Haar, den sie Eric nannten, prahlte laut damit, was er und seine Gefährten an diesem Tage alles gesehen hätten – wahre Prachtstücke von Löwen, zwei Flußpferde, Hyänen und die seltene Säbelantilope.

»Sie können nicht erwarten, daß Sie da unten an der Hippo-Brücke viel zu sehen kriegen, wissen Sie«, meinte er zu Ford. »Die große Show läuft bei Sotingwe. Nehmen Sie gleich morgen früh die Straße nach Sotingwe, und ich garantiere ihnen Löwen.«

Mit Tricia sprach er nicht, er sah sie nicht einmal an. Vor zehn Jahren hätten sich die Männer im Restaurant den Kopf verrenkt, um sie anzusehen, und obgleich sie sich insgeheim vor ihnen fürchtete, hatte sie sich doch zitternd in ihren Blicken gesonnt. Als sie durch das Gras zu ihrem Chalet zurückgingen, klammerte sie sich an Fords Arm.

»Um Gottes willen, denk an meine Mückenstiche!« sagte er.

Lange lag er wach in seinem Einzelbett, einen Fußbreit von Tricias entfernt, und dachte an die Leoparden dort jenseits der Einfriedung, die nachts jagten. Der Leopard glitt auf dem Ast eines Baumes entlang und ließ sich von dort auf seine Beute fallen. Löwinnen jagten am frühen Morgen und brachten, was sie erlegt hatten, ihren Gefährten und den Jungen. Ford hatte all diese Dinge auf dem Fernsehschirm gesehen. Wie Geparden jagten, wußte er nicht, nur, daß sie sehr schnell waren. Ein wütender Elefant konnte sich auf ein Auto werfen und es zerdrücken,

oder mit einem Schlag seines Fußes die Windschutzscheibe zertrümmern.
Es war zu dunkel, um Tricia zu sehen, aber er wußte, sie war wach; sie lag ganz still, und manchmal hielt sie den Atem an. Dann folgte ein tiefes Ausatmen, ein Seufzer, der durch das Rasseln des Ventilators hindurch hörbar war.
Vor Jahren hatte er versucht, ihr das Autofahren beizubringen. Man sagte ja, ein Mann solle nie versuchen, seiner Frau etwas beizubringen, er habe keine Geduld mit ihr und könne keine Zugeständnisse machen. Tricia hatte denn auch nie recht Fortschritte gemacht. Dauernd mußte man gewärtig sein, daß sie die unmöglichsten, lächerlichsten Sachen machte, und dann hatte er sie angebrüllt. Sie machte eine Fahrprüfung und fiel durch, und sie behauptete, das sei bloß passiert, weil der Prüfer sie angeschnauzt habe. Tricia schien zu glauben, kein Mensch dürfe ihr gegenüber auch nur die Stimme erheben, und ein Blick von ihr genüge, um alle Männer als Sklaven zu ihren Füßen niedersinken zu lassen.
Er hätte es gern gesehen, wenn sie imstande gewesen wäre, ihn beim Fahren abzulösen. Schließlich gab es keinen Zweifel, daß man eine Menge versäumte, wenn man sich auf die Straße konzentrieren mußte. Aber es hatte gar keinen Sinn, es auch nur vorzuschlagen. Fords Wagen war einer der ersten in der Schlange, die um halb sechs Uhr früh durch das Gatter hinausfuhr in die graue Dämmerung, die stumme Buschlandschaft. An der Steinpyramide, auf der zusammengekauert eine Pavianfamilie saß, bog er in die Straße nach Sotingwe ein.
Ein paar Kilometer weiter stießen sie auf die Löwen. Eric und seine Freunde waren bereits da, lehnten sich mit ihren Kameras aus den Fenstern. Die Löwenfamilie, zwei ausgewachsene Muttertiere, zwei Junglöwinnen und ein halb-

wüchsiger Löwe mit zaghaft sprießender Mähne, lag mitten auf dem Fahrweg. Ford hielt an und parkte am Rand, Erics Wagen gegenüber.

»Hab ich Ihnen nicht gesagt, hier würden Sie Glück haben?« rief er Tricia zu. »Ich hoffe, Sie kommen nicht wieder auf die Idee, auszusteigen und auf Entdeckungen zu gehen!«

Tricia würdigte ihn keines Blickes und antwortete auch nicht. Sie sah nur die Löwen. Die Sonne ging auf, überstrahlte den Himmel mit rosa-orangenem Glanz, und eine kleine Brise bewegte zitternd all die blaßgrünen, farnähnlichen Blätter ringsum. Die größere der erwachsenen Löwinnen erhob sich gemächlich – eher gelangweilt als erschreckt durch Erics aufwendige Fotoausrüstung –, schlenderte ins Gestrüpp, quer durch das hohe, trockene Gras und die roten Zinnien. Die Jungen folgten ihr, die andere Löwin folgte ihr ... Ford beobachtete durch das Glas, wie sie mit stolz erhobenen Köpfen dahinschritten, selbst die Kleinen auf anmutig lässige, gemessene Art. Nirgends ringsumher waren Impalas, auch keine Giraffen, keine Gnus. Die Welt hier gehörte den Löwen.

Das meiste spielte sich bei Sotingwe ab, in der Nähe des Wasserloches. Ein Elefant mit Ohren wie indische Zimmerfächer überstäubte sich mit rotem Sand, den er aus seinem Rüssel blies. Tricia stieg aus dem Wagen, um den Elefanten zu fotografieren, und Ford versuchte nicht, sie daran zu hindern. Er kratzte seine Moskitostiche, die vom brennenden ins juckende Stadium übergegangen waren. Wieder einmal hatte Tricia nicht daran gedacht, sich den Kamerariemen um den Hals zu hängen. Sie bahnte sich einen Weg ans Ufer hinunter und betrachtete aus sicherer Entfernung – war überhaupt irgend eine Entfernung hier sicher? – ein Krokodil. Ohne sich recht darüber klar zu sein und ohne selbst ganz zu verstehen, was er damit meinte, dachte Ford, daß es die falsche Tageszeit war; es war zu früh. Sie fuhren zum Frühstück nach Thaba zurück. Beim Frühstück und auch später beim Lunch wieder sprudelte Eric förmlich über von dem, was er gesehen hatte. Er hatte den Sandweg genommen, der von Sotingwe zur Suthu-Brücke hinunterführte, und dort, hoch in einem Baum am Wasser, war ein Leopard gewesen. Malcolm hatte ihn zuerst gesichtet – schlafend ausgestreckt auf einem Ast, ein gutes Stück entfernt, aber durch den Feldstecher ganz deutlich zu sehen.

»Massiver, mächtiger Bursche, mit diesen typischen, mehr rechteckigen Flecken«, sagte Eric, eine Zigarre rauchend. Tricia wollte nun natürlich auch zur Suthu-Brücke, also nahm Ford ebenfalls den Sandweg, nachdem sie ihre Siesta gehalten hatten. Malcolm beschrieb ihnen haargenau, wo er den Leoparden gesehen hatte. Er hielt es für möglich, daß er dort immer noch auf seinem Ast schlief.

»Einen guten halben Kilometer hinter der Brücke. Schauen Sie auf die linke Seite. Da ist dann so eine Art Lichtung mit einem von diesen Bäumen mit dem gelben Stamm darauf. Und da lag der Bursche auf einem Ast zur rechten Seite der Lichtung.«

Der Sandweg war nur eine Fahrspur aus roter Erde zwischen grünen Wegrändern. Ford fand die Lichtung mit dem einzelnen Fieberbaum, aber der Leopard war verschwunden. Langsam fuhr er zur Brücke hinunter, die sich über den trägen, grünen Fluß spannte. Als er den Motor abstellte, war es totenstill, die Luft heiß und schwer. Nichts regte sich, außer den Mücken, die wie aufs Geratewohl torkelnd und dennoch zielstrebig über der Wasseroberfläche tanzten.

Tricia stieg jetzt schon mit größter Selbstverständlichkeit aus dem Wagen. Diesmal machte sie sich nicht einmal mehr die Mühe, ihm ihren scheuen, erlaubnisheischenden Blick zuzuwerfen. Sie trug ein rot und weiß gestreiftes Sonnentop mit Trägern, die zu schmal, und einen Rock, der zu eng war. Sie rannte zum Ufer hinunter, zog eine Sandale aus und tauchte kühn einen Fuß ins Wasser. Sie lachte, schüttelte den Fuß und sprenkelte Wassertropfen über die trockenen, runden Steine. Ford mußte daran denken, wie er all diese kleinen Dinge an ihr liebte, als er sie gerade kennengelernt hatte, und nun würde er all das für den Rest seines Lebens ertragen müssen. Der Schweiß brach ihm aus, als ob seine Körpertemperatur sprunghaft angestiegen sei.

Sie hüpfte auf den Steinen und im Wasser herum und raffte den Rock hoch. Es waren keine Tiere zu sehen. Den ganzen Nachmittag über hatten sie bloß Impalas gesehen. Die Sonne begann zu sinken und den dunstigen, blaßgetönten Himmel zu verfärben. Tricia, jetzt bereits drüben am anderen Ufer, brach ein weiteres Ntsukunyane-Verbot und pflückte Maßliebchen, steckte sich eins hinter jedes Ohr. Mit einer Blüte zwischen den Zähnen wie eine spanische Tänzerin schwenkte sie ihre Hüften und lächelte.

Ford drehte den Zündschlüssel und ließ den Motor an. In wenig mehr als einer Stunde wurde es dunkel, und lange vorher schon wurden die Tore in Thaba verschlossen. Er setzte den Wagen vorwärts, stieß zurück, machten ein Zickzack-Wendemanöver, wie Tricia es sicherlich genannt hätte. Und als er jetzt in Fahrtrichtung Thaba stand, den Schalthebel auf ›Drive‹ gelegt, den Fuß auf dem Gaspedal ... da sog er tief den Atem ein, während ihm der Schweiß zwischen den Schulterblättern hinunterrann.

Die Hitze ließ Luftspiegelungen über dem Weg flirren, aus denen heraus ein Wagen auf sie zukam. Ford stoppte und schaltete den Motor aus. Es war nicht Erics Wagen, sondern einer, der einem jungen amerikanischen Urlauberpaar gehörte. Der junge Mann hob die Hand und grüßte zu Ford hinüber.

Ford rief Tricia zu: »Beeil dich, sonst kommen wir zu spät.« Aber da war sie schon wieder im Wagen. Ihre Blumen hatte sie auf dem Weg fallengelassen.

Ford war also drauf und dran gewesen, sie einfach zurückzulassen, so sehr wünschte er sich, sie loszusein. Sie zitterte am ganzen Körper, und sie preßte die Hände fest zusammen, damit er es nicht sah. Er war wirklich drauf und dran gewesen, wegzufahren und sie hier der Dunkelheit und den Löwen zu überlassen oder den Leoparden, die bei Nacht jagten. Er wäre glatt davongefahren, aber dann war der Wagen der Amerikaner gekommen.

Stumm dachte sie darüber nach. Die Amerikaner kehrten bald nach ihnen um und fuhren auf dem Sandweg hinter ihnen her. Impalas standen um den einsamen Fieberbaum herum, horchten vielleicht auf unhörbare Laute, witterten vielleicht unsichtbare Gefahren. Der Sonnenuntergang überzog den Himmel mit rauchigem Gelb. Tricia grübelte darüber nach, was Ford vorgehabt haben mußte – nämlich, zum Camp zurückzufahren, knapp bevor sie die Einfahrt schlossen, die einsetzende Dunkelheit zu beobachten in dem Bewußtsein, daß sie hier draußen war, niemandem etwas über ihr Verschwinden zu erzählen ... wer würde sie denn auch vermissen? Eric? Malcolm? Und dann wäre Ford eben nicht ins Restaurant gegangen, und morgen früh, wenn sie die Tore öffneten, wäre er einfach weggefahren. Abmeldungen waren überflüssig in Ntsukunyane, wo man Wochen im voraus zahlte.

Der perfekte Mord. Wer sollte nach ihr suchen, wenn niemand wußte, daß es nötig war? Und wenn man ihre Knochen fand? Ein Satz Knochen – Mensch, Impala, Wasserbock –, das sah einander alles sehr ähnlich, nachdem sich Schakale und Geier darüber hergemacht hatten. Und wenn er wieder nach Hause kam, würde er sagen, er habe sie Marguerites wegen verlassen ...

An diesem Abend war er netter zu ihr, höflicher. Vielleicht, weil er Angst hatte, sie hätte begriffen oder ahnte zumindest, was sich in Wahrheit dort in Sotingwe abgespielt hatte?

»Wir haben doch gesagt, wir wollten eines Abends Champagner trinken. Wie wär's denn jetzt? Nichts geht über die Gegenwart.«

»Wenn du möchtest«, meinte Tricia. Ihr war schon die ganze Zeit übel, und sie hatte keinen Appetit.

Ford prostete ihr mit dem Champagnerglas zu: »Auf uns beide!« Er bestellte sämtliche Gänge des Menüs, Suppe, Fisch, Wiener Schnitzel, Crème brûlée. Sie stocherte in ihrem Essen herum und mußte immer nur daran denken, daß er vorgehabt hatte, sie umzubringen. Nie mehr konnte sie sich jetzt sicher fühlen, denn nachdem es ihm einmal mißglückt war, würde er es wieder versuchen. Vielleicht nicht auf die gleiche Weise, aber dann eben auf eine andere. Wie konnte sie wissen, ob er es nicht bereits getan hatte? Womöglich hatte er zum Beispiel diese Chinintabletten durch Aspirin ersetzt, oder vielleicht würde er versuchen, sie zu ertränken, wenn sie wieder in dem Hotel in Mombasa waren. Nie mehr würde sie vor ihm sicher sein, außer, sie verließe ihn.

Und genau das wünschte er sich ja, abgesehen von ihrem Tod wäre es das Beste, was ihm passieren konnte.

In der Nacht lag sie wach und malte sich aus, wie das wäre, wenn sie zurückginge, um bei ihrer Mutter zu leben, während er wieder zu Marguerite zurückkehrte. Er schlief ebenfalls nicht. Sie hörte seine unregelmäßigen, wachen Atemzüge. Sie hörte sein Bett knarren, wenn er sich ruhelos umherwarf, hörte das Mahlen des Ventilators, das Sirren einer Mücke. Wenn sie nicht schon getötet worden wäre, so liefe sie jetzt also womöglich voller Panik dort draußen im Busch umher, in der Dunkelheit, voller Angst, einen Schritt zu tun, voller Angst aber auch, sich still zu verhalten, voller Angst vor jeglichem Laut, ohne indessen zu wissen, welche Laute sie am meisten fürchten mußte. Es schien kein Mond. Das hatte sie gesehen, ehe sie zu Bett gegangen war, und in ihrem Kalender hatte sie festgestellt, daß morgen Neumond sein würde. Der Himmel war während der Dämmerung bezogen gewesen, und jetzt war es stockdunkel. Leoparden aber sahen – vielleicht durch das Licht der Sterne oder aber durch ein instinktgesteuertes inneres Auge – unfehlbarer, als es normaler Sehkraft möglich war. Lautlos würde er sich von seinem Ast fallen lassen und seine Zähne in die wehrlose Kehle schlagen.

Die sirrende Mücke hatte Ford an etlichen Stellen seines Gesichtes, seines Halses und an seinem linken Fuß gestochen. Er hatte am Abend vergessen, sich mit dem Mückenschutzmittel einzureiben. Früh am Morgen, bei Tagesanbruch, stand er auf, zog sich an und machte seinen Spaziergang rund um das Camp. Sonst war noch kein Mensch auf, bloß einer der afrikanischen Bediensteten, der den Wagen eines Gastes abspritzte. Aus dem Busch jenseits des Zaunes ertönte Rumoren und spitze Schreie. Hatte er allen Ernstes die Absicht gehabt, Tricia loszuwerden, indem er sie, wie man so schön sagte, den Löwen zum Fraß vorwarf? Ja, einen schlimmen Augenblick lang wohl, gestand er sich ein, weil Fieber sein Blut, Gift seine Venen überschwemmt hatte. Und sie wußte Bescheid, das war ihm klar. In gewisser Hinsicht vielleicht gar nicht so schlecht, daß sie es wußte. Es mußte ihr zeigen, wie hoffnungslos diese Ehe war, die sie krampfhaft aufrechtzuerhalten versuchte.

Die Schwellungen an seinem Fuß, obwohl verborgen unter der Socke, ließen den Spann durch die Sandale hevorquellen. Der Fuß fühlte sich steif an und brannte, und er wurde sich bewußt, daß er leicht humpelte. Er lehnte sich an den Stamm eines Fieberbaumes, die Haut gegen die kühle, feuchte, gelbe Rinde gepreßt, zog seine Sandale aus und betastete den geschwollenen Fuß vorsichtig mit den Fingerspitzen. Niemals kam eine Mücke Tricia zu nahe, sie schienen den Kontakt mit ihrem bleichen, trockenen Fleisch tunlichst zu meiden.

Sie war auf, als er hereingehumpelt kam, saß auf ihrem Bett und lackierte sich die Fingernägel. Wie konnte man mit einer Frau zusammenleben, die sich in einem Wildreservat die Fingernägel bemalte?

Sie fuhren nicht vor neun Uhr aus dem Camp. Auf der Straße nach Waka-Suthu begegnete ihnen Erics zurückkommender Wagen.

»Hier herunter ist kilometerweit nichts los, Sie verschwenden bloß Ihre Zeit.«

»Okay«, sagte Ford, »danke.«

»Sotingwe, das ist und bleibt der Platz. Haben Sie gestern den Leoparden gesehen?« Ford schüttelte den Kopf. »Na ja, wir können nicht alle Glück haben.«

An der Hippo-Brücke spielten Elefanten im Fluß, bespritzten sich gegenseitig mit Wasser und rempelten einander mit schweren Schultern an. Ford dachte schon, das wäre der Höhepunkt des Vormittags, aber dann erlebten sie den Tod eines Beutetieres. Sehen taten sie ihn genaugenommen nicht, es war schon vor ein paar Stunden zur

Strecke gebracht worden, aber die Löwin und ihre Jungen taten sich noch immer an dem Kadaver gütlich, einem von schwarzem Blut verkrusteten Rippenkorb. Sie saßen im Wagen und sahen zu. Nach einer Weile ließen die Löwen das Skelett im Stich und marschierten, einer hinter dem anderen durch das Gras davon. Aber schon hatten sich die kleinen Schakale gesammelt, ein ganzes Rudel, versteckt hinter Bäumen. Gegen vier kam Ford auf der Rückfahrt den gleichen Weg entlang, und da waren die Geier am Werk und pickten die Knochen ab.

Es war ein heißer Tag mit gnadenlosem Sonnenschein, der Himmel blau und vollkommen klar. Fords Fuß war auf das Doppelte seiner normalen Größe angeschwollen. Ihm fiel auf, daß Tricia heute nicht ein einziges Mal den Wagen verlassen hatte, und sie hatte weder kleinmädchenhaft auf ihn eingeredet, noch gekichert, noch ihm verschämte Küsse verpaßt. Sie glaubte also wohl, er habe versucht, sie umzubringen? Wirklich eine absurde Einbildung! In Wirklichkeit hatte er ihr doch bloß einen Schreck einjagen wollen, damit sie begriff, wie dumm es war, die Vorschriften zu übertreten und den Wagen zu verlassen. Warum sollte er sie denn auch umbringen? Er konnte sie ja einfach verlassen. Er würde sie auch verlassen, und sobald sie wieder in Mombasa waren, *würde* er es ihr sagen. In dem Gedanken daran wandte er sich zu ihr und lächelte.

Er hielt an der Lichtung, auf der der Fieberbaum stand; gelb die Rinde, zart und fedrig die Blätter, so stand er da im Sonnenschein wie ein junger Schößling im Frühling.

»Warum steigst du eigentlich nicht mehr aus?«

Sie zauderte. »Ach, es gibt ja nichts zu sehen.«

»Nein?«

Er hatte das Stachelschwein schon mit bloßem Auge ausgemacht, aber er reichte ihr den Feldstecher. Sie blickte

hindurch und lachte vor Entzücken. Genau so hatte sie immer gelacht, als sie jung war, nicht aus Belustigung, sondern aus hellem Entzücken. Er schloß die Augen. »Oh, das süße Stachelschwein!«
Sie griff auf den Rücksitz nach der Kamera. Und dann stockte sie. Er sah die Furcht, den Argwohn in ihren Augen. Schweigend zog er den Zündschlüssel ab und streckte ihn ihr auf der flachen Hand hin. Sie errötete. Er blickte sie unverwandt an, genoß ihre Verlegenheit, gekränkt, daß sie ihn solcher Gemeinheit für fähig hielt.
Sie zögerte, aber sie nahm den Schlüssel. Sie packte die Kamera und öffnete die Wagentür; dabei hielt sie den Schlüssel an seinem Etui in der linken, die Kamera in der rechten Hand. Er sah, daß sie schon wieder nicht den Riemen der Kamera, seiner kostbaren Pentax, um den Hals gelegt hatte, das tat sie ja nie. Er hätte es ihr zum tausendsten Male sagen können, aber er brachte einfach nicht die Energie auf. Sein geschwollener Fuß puckerte, und er dachte an die endlosen Tage in Ntsukunyane, die ihnen noch bevorstanden. Marguerite schien so unendlich weit entfernt, nicht bloß auf der entgegengesetzten Seite der Erde.
Gute fünfzehn Sekunden, ehe es wirklich passierte, wußte er schon, daß Tricia die Kamera fallen lassen würde. Es kam, weil sie den Schlüssel in der anderen Hand hatte. Wenn der Riemen um ihren Hals gelegen hätte, dann wäre das nicht weiter schlimm gewesen. Er wußte, wie es war, wenn man in jeder Hand etwas trug und den sicheren Halt unter Händen oder Füßen verlor. In so einem Augenblick hatte man kein Gefühl dafür, welches der Dinge wertvoll und wichtig war und welches nicht. Tricia hielt prompt den Schlüssel fest und ließ die Kamera fallen. Um das Stachelschwein besser fotografieren zu können, war sie auf

die verschlungenen Wurzeln eines Baumes geklettert, Wurzeln, die so hart aussahen wie Stufen einer Steintreppe. Sie schrie leise auf. Durch das Krachen und den Schrei erschreckt, stellte das Stachelschwein seine Stacheln auf. Ford sprang aus dem Wagen, zuckte zusammen, als er seinen Fuß auf den Boden stellte, und humpelte durch das Gras auf Tricia zu, die dastand wie angewurzelt, aus Angst vor ihm. Die Kamera, die Teile seiner Kamera waren zwischen die knorrigen, versteinerten Baumwurzeln gefallen. Er ließ sich auf die Knie fallen, brüllte sie an, verfluchte sie.

Da rannte Tricia. Sie rannte zum Wagen zurück und stieß den Schlüssel ins Zündschloß. Der Wagen stand in Richtung Thaba, und die Uhr im Armaturenbrett zeigte fünf Uhr fünfunddreißig. Ford kam angehumpelt, schwenkte die Arme, die Hände voll zerbrochener Teile der Kamera. Sie blickte von ihm fort und trat das Gaspedal hart durch. Der Sonnenuntergang überzog den Himmel mit klarem Orangerot, schwarze Balken der heraufkommenden Nacht lagen am Horizont. Sie stellte fest, sie konnte fahren, wenn sie mußte, auch wenn sie keine Prüfung bestehen konnte. Etwa einen Kilometer die Straße hinunter kam ihr das amerikanische Pärchen entgegen. Der Mann steckte den Kopf aus dem Fenster. »Gibt's da irgend etwas, um das es sich lohnt, runterzufahren?«

»Nicht das geringste«, sagte Tricia, »Sie verschwenden bloß Ihre Zeit.«

Der junge Mann wendete seinen Wagen und fuhr hinter ihr her. Es war zwei Minuten nach sechs, als sie nach Thaba hineinfuhren, die allerletzten Wagen. Hinter ihnen schlossen sich die Gatter.

KEIN MORD WIE JEDER ANDERE

DIE SÜNDEN DES PRINZEN SARADIN

Gilbert Keith Chesterton

Wenn Flambeau einmal im Jahr für vier Wochen von seinem Büro in Westminster Urlaub nahm, verbrachte er ihn in einem kleinen Segelboot, das so winzig war, daß es häufig als Ruderboot diente. Er verbrachte ihn auf kleinen Flüssen in den östlichen Grafschaften, auf Flüssen, die so schmal waren, daß das Boot einem Zauberschiff glich, das über Land durch Wiesen und Kornfelder dahinsegelte. Das Schiffchen war gerade groß genug für zwei Personen; der Platz reichte nur für den nötigsten Bedarf, und Flambeau hatte es mit den Dingen bestückt, die er seiner besonderen Lebensauffassung nach für unentbehrlich hielt. Sie beschränkten sich offenbar auf vier lebenswichtige Dinge: Lachskonserven für den Fall, daß er Hunger bekommen sollte; geladene Revolver für den Fall, daß es zum Kampf kommen sollte; eine Flasche Brandy, vermutlich für den Fall einer Ohnmacht; und einen Priester, wahrscheinlich für den Fall, daß er sterben sollte. Mit diesem leichten Gepäck segelte er im Schneckentempo die kleinen Flüsse in Norfolk entlang; zwar wollte er letztlich die Broads erreichen, bis dahin aber genoß er die überhängenden Gärten und Wiesen, die im Fluß gespiegelten Gutshäuser oder Dörfchen, verweilte gelegentlich, um in Teichen und abgelegenen Winkeln zu angeln, und hielt sich stets dicht am Ufer.

Wie jeder wahre Philosoph hatte Flambeau in seinem Urlaub kein bestimmtes Ziel; aber wie jeder wahre Philosoph hatte er einen Vorwand. Er verfolgte noch einen

Plan nebenbei, den er gerade so ernst nahm, daß ein Gelingen den Urlaub gekrönt hätte, und so leicht, daß ein Mißerfolg ihn nicht verderben würde. Als er vor Jahren noch der König der Diebe und die berühmteste Persönlichkeit von Paris gewesen war, hatte er oft stürmische Briefe bekommen, in denen ihm die Menschen ihre Anerkennung, Verurteilung oder sogar Liebe ausdrückten; einer davon war ihm besonders im Gedächtnis geblieben. Er bestand nur aus einer Visitenkarte in einem Umschlag mit englischem Poststempel. Auf der Rückseite der Karte stand auf französisch und mit grüner Tinte: »Sollten Sie sich je zur Ruhe setzen und ein ehrbarer Mensch werden, besuchen Sie mich. Ich würde Sie gern kennenlernen, denn ich kenne alle anderen großen Menschen meiner Zeit. Jener Trick von Ihnen, den einen Detektiv von einem anderen verhaften zu lassen, war das großartigste Ereignis der französischen Geschichte.« Auf der Vorderseite der Karte war auf übliche Art der Name eingeprägt: »Prinz Saradin, Riedhaus, Riedinsel, Norfolk«.

Er hatte sich seinerzeit nicht viele Gedanken über den Prinzen gemacht, lediglich in Erfahrung gebracht, daß er in Süditalien als glänzende, elegante Erscheinung galt. Man erzählte sich, er habe in seiner Jugend eine verheiratete Frau von vornehmem Rang entführt. Die Eskapade hatte in seinen Kreisen kein besonderes Aufsehen erregt, war den Leuten aber im Gedächtnis geblieben, weil sich im Zusammenhang damit eine weitere Tragödie ereignet hatte: der angebliche Selbstmord des beleidigten Ehemannes, der sich offenbar in Sizilien von einem Felsen gestürzt hatte. Der Prinz lebte daraufhin eine Zeitlang in Wien, hatte sich aber in den letzten Jahren anscheinend ständig und rastlos auf Reisen befunden. Als Flambeau jedoch, genau wie der Prinz, seinem europäischen Ruhm entsagt und sich in England niedergelassen hatte, kam ihm der Einfall, dem berühmten Prinzen in seinem Exil in den Norfolk Broads einen Überraschungsbesuch abzustatten. Er hatte keine Ahnung, ob er den Ort je finden würde, und tatsächlich war dieser klein und abgelegen genug. Aber, wie das Schicksal so spielt, fand er ihn viel früher als erwartet.

Eines Abends hatten sie ihr Boot unterhalb einer Uferböschung vertäut, die durch hohes Gras und kurz gestutzte Bäume verborgen war. Nach dem anstrengenden Rudern waren sie früh eingeschlafen und erwachten zufällig beide, noch ehe es hell war. Um es genauer zu sagen, sie erwachten, ehe es Tag war; denn eben versank ein großer, zitronengelber Mond in dem hohen Gräserwald über ihren Köpfen, und der Himmel war von einem intensiven Veilchenblau, nächtlich, aber leuchtend hell. Beide Männer fühlten sich gleichzeitig an ihre Kindheit erinnert, an die Zeit der Kobolde und Abenteuer, wo sich das hohe Gras wie ein Wald über uns schließt. Vor der Kulisse des großen, tiefstehenden Mondes sahen die Gänseblümchen wirklich wie Riesengänseblümchen, der Löwenzahn wie Riesenlöwenzahn aus. Irgendwie fühlten sie sich an das Muster einer Kinderzimmertapete erinnert. Das Flußbett war so niedrig, daß sie unter den Wurzeln der Büsche und Blumen zu liegen kamen und zum Gras hinaufblicken mußten.

»Fürwahr!« sagte Flambeau, »das ist ja wie im Feenland.«

Pater Brown setzte sich kerzengerade im Boot auf und bekreuzigte sich. Die Geste war so plötzlich, daß sein Freund ihn leicht erstaunt fragte, was denn los sei.

»Die Leute, welche die mittelalterlichen Balladen schrieben«, antwortete der Priester, »wußten mehr über Feen als Sie. Es geschehen nicht nur erfreuliche Dinge im Feenland.«

»Quatsch!« sagte Flambeau. »Unter einem so unschuldigen Mond können einfach nur erfreuliche Dinge passieren. Ich bin dafür, weiterzurudern und abzuwarten, was wirklich geschieht. Wer weiß, ob wir je wieder einen solchen Mond oder eine solche Stimmung erleben, ehe wir sterben und verwesen.«

»In Ordnung«, sagte Pater Brown. »Ich habe nie gesagt, daß es immer falsch ist, das Feenreich zu betreten. Ich habe nur gesagt, daß es immer gefährlich ist.«

Langsam ruderten sie den heller werdenden Fluß hinauf. Das glühende Violett des Himmels und das bleiche Gold des Mondes verblaßten immer mehr und tauchten schließlich in jenen unermeßlichen, farblosen Kosmos ein, der den Farben der Morgendämmerung vorausgeht. Als die ersten schwachen Streifen in Rot und Gold und Grau den Horizont in seiner Gänze teilten, brachen sie sich an dem schwarzen Umriß einer Stadt oder eines Dorfes, das unmittelbar vor ihnen am Fluß lag. Als sie unter den tiefgezogenen Dächern und Brücken dieses Weilers hindurchruderten, herrschte bereits ein leichtes Zwielicht, in dem man alles deutlich unterscheiden konnte. Die Häuser mit ihren langen, niedrigen, schräggeneigten Dächern schienen sich wie riesige graue und rote Kühe zum Fluß hinabzubeugen, um daraus zu trinken. Die Blässe der heraufziehenden Morgendämmerung hatte sich bereits in helles Tageslicht verwandelt, ehe sie ein menschliches Wesen auf den Uferwegen und Brücken dieser stillen Stadt erblickten. Schließlich entdeckten sie einen wohlgenährten Mann in Hemdsärmeln mit einem Gesicht so rund wie der soeben untergegangene Mond, dessen unterer Teil von einem rotglänzenden Backenbart umrahmt wurde; er lehnte gelassen an einem Pfahl oberhalb des trägen Flusses. In einem unerklärlichen Impuls richtete sich Flambeau

in dem schwankenden Boot zu voller Höhe auf und rief dem Mann die Frage zu, ob er die Riedinsel oder das Riedhaus kenne. Das Lächeln des rundlichen Mannes wurde sichtlich breiter, und er wies einfach mit dem Finger den Fluß hinauf bis zur nächsten Biegung. Ohne ein weiteres Wort zu verlieren, schlug Flambeau diese Richtung ein.
Das Boot bog noch um viele solcher grasbewachsenen Windungen und folgte noch manchem schilfbestandenen, stillen Flußabschnitt; doch ehe die Suche zu eintönig zu werden begann, ruderten sie um eine besonders scharfe Kurve und erreichten einen ruhigen Teich oder See, dessen Anblick sie instinktiv haltmachen ließ. Denn inmitten dieser breiten Wasserfläche lag, ringsum von Binsen umgeben, eine lange, flache Insel mit einem langen, flachen Haus oder Bungalow aus Bambus oder einem anderen kräftigen, tropischen Rohr. Die senkrechten Bambusstäbe, aus denen die Wände bestanden, waren blaßgelb, die schräggeneigten Stäbe, die das Dach bildeten, von einem dunklen Rot oder Braun; im übrigen bot das lange Haus ein Bild der Langeweile und Monotonie. Eine frische Morgenbrise raschelte im Schilf rings um die Insel und pfiff um das seltsame, gerippte Haus wie auf einer riesigen Panflöte.
»Donnerwetter!« rief Flambeau, »hier ist es endlich! Hier ist die Riedinsel, wenn es je eine gab. Hier, wenn überhaupt irgendwo, ist das Riedhaus. Ich glaube, dieser dicke Mann mit dem Bart war eine Fee.«
»Mag sein«, bemerkte Pater Brown unbeteiligt. »Dann aber eine böse.«
Doch noch während er sprach, hatte der ungestüme Flambeau sein Boot im raschelnden Schilf festgemacht, und sie standen auf der langen, seltsamen Insel vor dem alten, stillen Haus.

Das Haus stand sozusagen mit dem Rücken zum Fluß und dem einzigen Landungssteg; der Haupteingang befand sich auf der anderen Seite und ging auf den langen Inselgarten hinaus. Die Besucher näherten sich dem Haus über einen schmalen Pfad, der dicht unter der niedrigen Dachrinne auf fast drei Seiten um das Haus herumführte. Durch drei verschiedene Fenster auf drei verschiedenen Seiten blickten sie in denselben langen, gut beleuchteten Raum; er war mit hellem Holz vertäfelt, mit einer Vielzahl von Spiegeln versehen und wie für ein festliches Mittagsmahl hergerichtet. Zu beiden Seiten der Eingangstür, die sie schließlich erreichten, standen zwei türkisblaue Blumentöpfe. Ein Diener von der gelangweilten Sorte – lang, dünn, grau und gleichgültig – öffnete ihnen und murmelte, Prinz Saradin sei im Augenblick nicht zu Hause, man erwarte ihn aber stündlich und sei auf ihn und seine Gäste immer vorbereitet. Der Anblick der Visitenkarte mit dem Gekritzel in grüner Tinte brachte einen Funken Leben in das pergamentartige Gesicht des bedrückten Faktotums, und als er den Fremden vorschlug zu bleiben, geschah es mit geradezu bebender Ehrerbietung. »Seine Hoheit kann jede Minute hier sein«, sagte er, »und wäre gewiß betrübt, einen Gentleman, den er hierher eingeladen hat, verpaßt zu haben. Wir sind angewiesen, immer einen kleinen kalten Lunch für ihn und seine Freunde bereitzuhalten, und es entspräche sicher seinem Wunsch, daß er Ihnen serviert wird.«

Neugierig geworden auf dieses kleine Abenteuer, willigte Flambeau höflich ein und folgte dem alten Mann, der ihn feierlich in den langen, hell getäfelten Raum geleitete. Nichts an diesem Raum war besonders bemerkenswert, außer der ungewöhnlichen Zahl von langen, niedrigen Fenstern, die sich mit ebenso vielen langen, niedrigen, rechteckigen Spiegeln abwechselten, was dem Zimmer einen eigentümlichen Anstrich von Leichtigkeit und Wesenlosigkeit verlieh. Es war, als würde man im Freien speisen. An den Wänden hingen ein paar unauffällige Bilder: die große, graue Fotografie eines sehr jungen Mannes in Uniform zum Beispiel und eine rote Kreidezeichnung von zwei Jungen mit langen Haaren. Flambeaus Frage, ob der Soldat auf dem Bild den Prinzen darstelle, beantwortete der Diener knapp mit nein; es sei der jüngere Bruder des Prinzen, Hauptmann Stephen Saradin. Damit verstummte der alte Mann jäh, und jede Lust am Reden schien ihm vergangen zu sein.

Nachdem das Essen mit vorzüglichem Kaffee und Likören zu Ende gegangen war, lernten die Gäste den Garten, die Bibliothek und die Hausdame kennen – eine dunkelhaarige, hübsche Frau, die etwas Majestätisches hatte und wie eine plutonische Madonna wirkte. Offenbar waren sie und der Diener die einzigen, die von dem ursprünglichen ausländischen Haushalt des Prinzen übriggeblieben waren, denn alle anderen Angestellten waren neu und in Norfolk von der Hausdame ausgesucht worden. Besagte Dame wurde unter dem Namen Mrs. Anthony vorgestellt, doch sprach sie mit einem leichten italienischen Akzent, und Flambeau zweifelte keinen Augenblick daran, daß Anthony die englische Version eines romantischen Namens war. Auch Mr. Paul, der Butler, war von ausländischem Aussehen, doch was Sprache und Auftreten betraf, wirkte er so englisch wie viele der geschliffensten Diener des kosmopolitischen Adels.

So hübsch und einzigartig das Haus auch war, es strahlte doch eine merkwürdige Schwermut aus. Stunden verstrichen, als wären es Tage. Die langen Räume mit den zahlreichen Fenstern waren erfüllt vom Tageslicht, doch es schien ein totes Licht zu sein. Und über alle anderen Nebengeräusche hinweg, Stimmen, Gläserklirren, das Hin- und Herlaufen der Dienstboten, konnten sie auf allen Seiten des Hauses das melancholische Rauschen des Flusses hören.

»Wir haben eine falsche Abzweigung genommen und sind an einen falschen Ort gelangt«, sagte Pater Brown und sah aus dem Fenster auf die graugrünen Gräser und die silbrige Flut. »Aber das macht nichts; man kann manchmal auch etwas Gutes bewirken, wenn man die rechte Person am falschen Platz ist.«

Obwohl Pater Brown im allgemeinen sehr schweigsam war, war er ein ungewöhnlich einfühlsamer Mensch, und er drang in jenen kurzen, und doch endlos scheinenden Stunden unbewußt tiefer in die Geheimnisse des Riedhauses ein als sein Freund, der Detektiv. Er besaß jene Gabe des verständnisvollen Zuhörens, die unentbehrlich ist, will man andere zum Reden bringen; und während er selbst kaum ein Wort sagte, erfuhr er von seinen neuen Bekannten wahrscheinlich alles, was sie auf dem Herzen hatten. Der Butler war allerdings von Natur aus wenig mitteilsam. Er verriet eine dumpfe, fast hündische Zuneigung zu seinem Herrn, dem man, wie er sagte, übel mitgespielt habe. Der Hauptschuldige war anscheinend der Bruder Seiner Hoheit, dessen Name allein genügte, um die hohlen Wangen des alten Mannes in die Länge zu ziehen und seine Papageiennase höhnisch zu kräuseln. Hauptmann Stephen war offensichtlich ein Taugenichts, der seinen gutmütigen Bruder um Hunderte und Tausende gebracht und ihn gezwungen hatte, dem eleganten Leben zu entsagen und zurückgezogen an diesem stillen Platz zu leben. Mehr ließ sich Paul, der Butler, nicht entlocken, und Paul war eindeutig parteiisch.

Die italienische Hausdame war etwas gesprächiger, da sie, so schien es Brown, etwas unzufriedener war. Sie sprach in leicht säuerlichem Ton von ihrem Herrn, wenn auch nicht ohne einen gewissen Respekt. Flambeau und sein Freund standen in dem Zimmer mit den Spiegeln und studierten die Rötelzeichnung mit den beiden Jungen, als die Hausdame wegen einer häuslichen Angelegenheit eilig hereinkam. Es war eine Eigenart dieses glitzernden, spiegelgeschmückten Raumes, daß jeder Eintretende von vier bis fünf Spiegeln gleichzeitig reflektiert wurde; und ohne sich umzudrehen, hielt Pater Brown mitten in einer kritischen Äußerung über die Familie inne. Doch Flambeau, das Gesicht dicht vor dem Bild, sagte im gleichen Moment mit lauter Stimme: »Die Brüder Saradin vermutlich. Sie sehen beide ganz unschuldig aus. Schwer zu sagen, welcher der gute und welcher der böse Bruder ist.« Dann bemerkte er die Anwesenheit der Frau, sagte irgend etwas Belangloses, um dem Gespräch eine andere Wendung zu geben, und schlenderte in den Garten hinaus. Pater Brown aber starrte noch immer unverwandt die rote Kreidezeichnung an, und Mrs. Anthony starrte noch immer unverwandt Pater Brown an.

Sie hatte große, traurige braune Augen, und in ihrem olivfarbenen Gesicht brannte dunkel eine neugierige, schmerzliche Frage – als ob sie über die Identität eines Fremden und den Zweck seiner Anwesenheit im Zweifel sei. Ob Rock und Glaube des kleinen Priesters in ihr Erinnerungen an den Süden und die Beichte weckten oder ob sie annahm, er wisse mehr, als in Wirklichkeit der Fall war – jedenfalls sagte sie leise und verschwörerisch zu ihm: »Ihr Freund hat in gewisser Hinsicht recht. Er sagt, es wäre schwer, den guten von dem bösen Bruder zu unterscheiden. Ja, es wäre schwer, sehr schwer sogar, zu erkennen, welcher der gute ist.«

»Ich verstehe Sie nicht«, sagte Pater Brown und machte Anstalten zu gehen.

Die Frau kam einen Schritt näher, mit zusammengezogenen Brauen und einer schroffen Neigung des Kopfes, wie ein Stier, der die Hörner senkt.

»Es gibt keinen guten«, zischte sie. »Es war böse genug von dem Hauptmann, all das Geld zu verlangen, doch ich glaube, der Prinz hat es ihm nicht nur aus Güte gegeben. Der Hauptmann ist nicht der einzige, gegen den einiges spricht.«

Ein Licht stahl sich auf das abgewandte Gesicht des Geistlichen, und sein Mund formte lautlos das Wort »Erpressung«. Im gleichen Augenblick wandte sich die Frau mit schreckensbleichem Gesicht um und stürzte beinahe. Die Tür hatte sich geräuschlos geöffnet, und auf der Schwelle stand wie ein Geist der fahlgesichtige Paul. Die unheimliche Sinnestäuschung durch die Spiegelwände machte sie glauben, fünf Pauls seien durch fünf Türen gleichzeitig eingetreten.

»Seine Hoheit«, sagte er, »ist soeben eingetroffen.«

Im gleichen Moment ging die Gestalt eines Mannes draußen am ersten, sonnenbeschienenen Fenster vorbei, als überquere er eine beleuchtete Bühne. Einen Augenblick später passierte er das zweite Fenster, und die vielen Spiegel zeichneten nacheinander dasselbe Adlerprofil und dieselbe einherschreitende Gestalt. Der Mann ging aufrecht und federnd, doch sein Haar war weiß und seine Gesichtsfarbe von einem merkwürdigen Elfenbeingelb. Er hatte jene kurze, gebogene Römernase, die man gewöhnlich bei Menschen mit hageren, eingefallenen Wangen und vorspringendem Kinn findet, doch waren diese durch Schnurrbart und Knebelbart teilweise verborgen. Der Schnurrbart war wesentlich dunkler als der übrige Bart, was leicht theatralisch wirkte, und entsprechend verwegen war er auch gekleidet: mit weißem Zylinder, einer Orchidee im Knopfloch, gelber Weste und gelben Handschuhen, die er beim Gehen hin und her schwang. Als er an der Vordertür angelangt war, hörten sie, wie der steife Paul diese öffnete und der Neuankömmling in munterem Ton sagte: »Nun, du siehst, ich bin gekommen.« Der förmliche Mr. Paul verbeugte sich und antwortete auf seine fast lautlose Weise; ein paar Minuten lang war von dem Gespräch nichts zu verstehen, dann sagte der Butler: »Es ist alles für sie gerichtet«, und der handschuhschwingende Prinz Saradin trat fröhlich ein, um sie zu begrüßen. Wieder bot sich ihnen das Spiegelschauspiel: Fünf Prinzen betraten durch fünf Türen den Raum.

Der Prinz legte den weißen Hut und die gelben Handschuhe auf den Tisch und streckte ihnen herzlich die Hand entgegen.

»Freut mich, Sie hier zu sehen, Mr. Flambeau«, sagte er. »Ich kenne Sie sehr gut durch den Ruf, der Ihnen vorauseilt, falls das keine indiskrete Bemerkung ist.«

»Aber nein«, antwortete Flambeau lachend. »Ich bin nicht empfindlich. Nur selten wird ein Ruf durch makellose Tugend erworben.«

Der Prinz warf ihm einen scharfen Blick zu, um zu sehen, ob diese Antwort eine persönliche Spitze enthielt; dann stimmte er in das Lachen ein, bot ihnen Stühle an und ließ sich selbst nieder.

»Hübscher kleiner Ort hier, finde ich«, sagte er betont beiläufig. »Nicht viel los, fürchte ich; aber fischen kann man hier wirklich gut.«

Der Priester, der ihn mit dem ernsten Blick eines kleinen Kindes anstarrte, wurde von einem Bild verfolgt, das sich einer genaueren Deutung entzog. Er betrachtete das graue, gelockte Haar, das gelblichweiße Gesicht und die schlanke, irgendwie geckenhafte Gestalt. Nichts daran war eigentlich unnatürlich, aber alles vielleicht eine Spur zu betont, wie die Maskerade einer Bühnenfigur. Das eigentliche Rätsel verbarg sich in etwas anderem, in den Gesichtszügen selbst; Brown wurde von dem unbestimmten Verdacht gequält, sie schon einmal gesehen zu haben. Der Mann sah aus wie ein alter Bekannter von ihm, der sich verkleidet hatte. Dann dachte er an die Spiegel und schrieb seine Einbildung dem psychologischen Einfluß jener Vervielfältigung menschlicher Masken zu.

Mit großem Vergnügen und ebensoviel Takt teilte Prinz Saradin seine Gunst zwischen seinen beiden Gästen. Als er erfuhr, daß der Detektiv sportlich veranlagt war und Wert darauf legte, sich im Urlaub zu beschäftigen, zeigte er Flambeau und seinem Boot den Weg zu dem besten Angelplatz des Flusses und war in seinem eigenen Kanu binnen zwanzig Minuten zurück, um Pater Brown in die Bibliothek zu folgen und sich ebenso zuvorkommend mit den eher philosophischen Interessen des Priesters zu befassen. Vom Fischen verstand er offensichtlich genausoviel wie von Büchern – allerdings waren es nicht gerade die erbaulichsten Bücher, die er kannte; er sprach fünf oder sechs Sprachen, wenn auch von allen meist nur den Jargon. Offenbar hatte er in den verschiedensten Städten und in sehr gemischter Gesellschaft gelebt, denn einige seiner lustigsten Geschichten drehten sich um Spielhöllen und Opiumhöhlen, australische Ex-Sträflinge oder italienische Banditen. Pater Brown wußte, daß der einst gefeierte Saradin die letzten Jahre fast ständig auf Reisen verbracht hatte, aber er hatte nicht angenommen, daß es solch fragwürdige oder amüsante Reisen gewesen waren.

Tatsächlich verbreitete Prinz Saradin trotz all seiner weltmännischen Würde für einen so aufmerksamen Beobachter wie den Priester eine gewisse Atmosphäre von Unrast und Unzuverlässigkeit. Er hatte edle Züge, doch sein Blick war unstet; von Zeit zu Zeit befiel ihn ein nervöses Zucken, wie jemanden, der von Alkohol oder Drogen zerrüttet ist; und er kümmerte sich absolut nicht um häusliche Angelegenheiten, noch versuchte er, diesen Eindruck zu erwecken. Diese blieben ausschließlich den beiden alten Dienstboten überlassen, vor allem dem Butler, der eindeutig der Stützpfeiler des Hauses war. Mr. Paul war auch kein Butler im eigentlichen Sinne, sondern eher eine Art Haushofmeister oder Kämmerer; er speiste für sich, aber mit beinahe ebensoviel Pomp wie sein Herr; er war bei allen Dienstboten gefürchtet und zeigte dem Prinzen gegenüber eine ehrerbietige, jedoch unbeugsame Haltung – so als wäre er der Anwalt des Prinzen. Dagegen war die düstere Haushälterin nur ein Schatten, ja sie schien sich nur im Hintergrund zu halten und den Butler zu bedienen; Brown vernahm nichts mehr von dem zischenden Flüstern, das ihm angedeutet hatte, der jüngere Bruder habe den älteren erpreßt. Er wußte nicht mit Bestimmtheit, ob der Prinz wirklich so von dem abwesenden Hauptmann geschröpft wurde, aber Saradin hatte etwas Unsicheres, Heimlichtuerisches an sich, was die Geschichte durchaus glaubhaft machte.

Als sie den langen Raum mit den Fenstern und den Spiegeln wieder betraten, senkte sich bereits ein gelber Abend über das Wasser und die weidenbestandenen Ufer, und in der Ferne schlug eine Rohrdommel wie ein Elf, der auf seiner winzigen Trommel spielt. Wieder zog der eigenartige Gedanke an ein trauriges, böses Feenland wie eine graue Wolke durch das Gemüt des Priesters. »Ich wünschte, Flambeau wäre zurück«, murmelte er.

»Glauben Sie an das Schicksal?« fragte der rastlose Prinz plötzlich.

»Nein«, antwortete sein Gast. »Ich glaube an das Jüngste Gericht.«

Der Prinz wandte sich vom Fenster ab und starrte ihn, das Gesicht im Dunkel, mit einem merkwürdigen Blick an. »Was meinen Sie damit?« fragte er.

»Ich meine, daß wir hier auf der falschen Seite der Straße sind«, antwortete Pater Brown. »Die Dinge, die hier geschehen, haben anscheinend keine Bedeutung; aber an einem anderen Ort sind sie von Bedeutung. An einem anderen Ort wird die Vergeltung den wahren Übeltäter treffen. Hier trifft sie offenbar häufig den Falschen.«

Der Prinz gab einen unerklärlichen, fast animalischen Laut von sich; die Augen in seinem dunklen Gesicht brannten eigentümlich. Dem anderen kam blitzartig ein neuer einleuchtender Gedanke. Gab es eine andere Erklärung für das zugleich vernünftige und hektische Verhalten Saradins? War der Prinz – war er völlig bei Verstand? Er wiederholte die Worte »den Falschen – den Falschen« weitaus öfter, als in einer normalen Unterhaltung natürlich gewesen wäre.

Dann kam Pater Brown verspätet eine weitere Erkenntnis. In den Spiegeln vor sich sah er, daß die Tür sich lautlos geöffnet hatte und der stille Mr. Paul mit seiner üblichen ausdruckslosen Miene auf der Schwelle stand.

»Ich hielt es für besser, sofort mitzuteilen«, sagte er mit dem förmlichen Respekt eines alten Familienanwalts, »daß ein von sechs Männern gerudertes Boot am Landungs-

steg festgemacht hat und daß im Heck ein vornehmer Herr sitzt.«
»Ein Boot!« wiederholte der Prinz. »Ein vornehmer Herr?« und er erhob sich.
Es entstand ein betroffenes Schweigen, das nur von dem merkwürdigen Geräusch eines Vogels im Ried unterbrochen wurde; und dann, noch ehe jemand sprach, sah man das Profil eines anderen Mannes, eines anderen Gesichts, an den drei sonnenbeschienenen Fenstern vorbeigehen, wie der Prinz ein paar Stunden zuvor. Bis auf das Adlerprofil hatten sie jedoch wenig gemeinsam. Statt Saradins weißem Zylinder befand sich auf dem Kopf des Mannes ein schwarzer Hut von altertümlicher oder ausländischer Form; darunter erkannte man ein junges, sehr feierliches Gesicht, glatt rasiert, mit bläulichen Schatten um das energische Kinn und einer entfernten Ähnlichkeit mit dem jungen Napoleon. Dieser Eindruck wurde noch durch die altmodische, seltsame Aufmachung unterstrichen, als hätte ihr Träger sich nie die Mühe gemacht, sich vom Kleidungsstil seiner Vorfahren zu trennen. Er hatte einen abgetragenen blauen Gehrock an, eine rote, militärisch wirkende Weste und derbe weiße Hosen, die in frühviktorianischer Zeit gang und gäbe waren, heute aber merkwürdig unpassend aussahen. Aus diesem altmodischen Kleiderbündel stach sein olivfarbenes Gesicht seltsam jung und ungeheuer aufrichtig hervor.
»Zum Teufel!« sagte Prinz Saradin, setzte den weißen Zylinder auf, begab sich persönlich zur Eingangstür und stieß sie zu dem im Abendsonnenschein liegenden Garten auf. Inzwischen waren der Neuankömmling und seine Begleiter wie eine kleine Bühnenarmee auf dem Rasen aufmarschiert. Die sechs Ruderer hatten das Boot sorgsam an Land gezogen und bewachten es, die Ruder wie Speere

haltend, in geradezu drohender Manier. Es waren dunkelhäutige Männer, von denen einige Ohrringe trugen. Der eine von ihnen, der neben den olivgesichtigen jungen Mann mit der roten Weste trat, trug einen langen schwarzen Kasten von ungewöhnlicher Form.

»Ihr Name«, fragte der junge Mann, »ist Saradin?« Saradin bestätigte dies lässig.

Der Neuankömmling hatte arglose braune Hundeaugen, die zu den unruhigen, glitzernden grauen Augen des Prinzen in krassem Gegensatz standen. Doch wieder wurde Pater Brown von der Vorstellung gepeinigt, dieses Gesicht schon einmal gesehen zu haben, und wieder erinnerte er sich an die Spiegelungen des glasgetäfelten Raumes und führte seinen Eindruck darauf zurück. »Dieser gräßliche Kristallpalast!« murmelte er. »Man sieht alles viel zu viele Male. Es ist wie ein Traum.«

»Wenn Sie Prinz Saradin sind«, sagte der junge Mann, »möchte ich Ihnen mitteilen, daß mein Name Antonelli ist.«

»Antonelli«, wiederholte der Prinz desinteressiert. »Der Name kommt mir irgendwie bekannt vor.«

»Gestatten Sie, daß ich mich vorstelle«, sagte der junge Italiener.

Mit der linken Hand nahm er höflich seinen altmodischen Hut ab; mit der rechten schlug er Prinz Saradin so heftig ins Gesicht, daß der weiße Zylinder die Stufen hinunterrollte und einer der blauen Blumentöpfe auf seinem Podest ins Wanken geriet.

Was immer der Prinz auch war, ein Feigling war er nicht; er sprang seinem Gegner an die Kehle und riß ihn beinahe zu Boden. Doch dieser befreite sich mit einem seltsam unangemessenen Ausdruck hastiger Höflichkeit.

»Schon gut«, sagte er atemringend und in gebrochenem

Englisch. »Ich habe beleidigt. Ich werde Satisfaktion geben. Marco, öffne den Kasten.«
Der Mann mit den Ohrringen und dem großen schwarzen Kasten machte sich daran, diesen aufzuschließen, und entnahm ihm zwei lange italienische Rapiere mit blitzenden, stählernen Griffen und Klingen, die er mit den Spitzen in den Rasen pflanzte. Der seltsame junge Mann, der mit seinem gelben, rachsüchtigen Gesicht zum Eingang blickte, die beiden Degen, die im Rasen steckten wie zwei Kreuze auf einem Friedhof, und das Spalier der aufgereihten Ruderer verliehen der Szene den Anschein eines barbarischen Gerichtshofs. Doch sonst war alles unverändert, so plötzlich hatte sich der Zwischenfall ereignet. Das Abendgold glühte noch auf dem Rasen, und die Rohrdommel schrie noch immer, als wolle sie ein kleines, doch schreckliches Verhängnis ankündigen.
»Prinz Saradin«, sagte der Mann mit Namen Antonelli, »als ich noch als Kind in der Wiege lag, töteten Sie meinen Vater und raubten meine Mutter; mein Vater war der Glücklichere. Aber Sie töteten ihn nicht auf offene und ehrliche Art, so wie ich Sie töten werde. Sie und meine niederträchtige Mutter fuhren ihn zu einem einsamen Paß in Sizilien, stürzten ihn von den Klippen und machten sich davon. Ich könnte es Ihnen gleichtun, wenn ich wollte, doch Ihnen etwas gleichzutun, erschiene mir unverzeihlich. Ich habe Sie rund um den Erdball verfolgt, und Sie sind stets vor mir geflohen. Aber dies ist das Ende der Welt – und das Ihre. Jetzt habe ich Sie, und ich biete Ihnen die Chance, die Sie meinem Vater nicht gegeben haben. Wählen Sie einen dieser Degen.«
Mit gefurchter Stirn schien Prinz Saradin einen Augenblick zu zögern, doch seine Ohren dröhnten noch immer von dem Schlag, und so stürzte er vorwärts und griff nach

einem der Rapiere. Auch Pater Brown hatte einen Sprung nach vorn getan in dem Bemühen, den Streit zu schlichten, aber er merkte schnell, daß seine Gegenwart die Sache noch verschlimmerte. Saradin war französischer Freimaurer und überzeugter Atheist, und ein Priester erregte höchstens seinen Widerspruchsgeist. Und den anderen erregte weder die Anwesenheit eines Priesters noch die eines Laien auch nur im geringsten. Dieser junge Mann mit dem Gesicht eines Bonaparte und den braunen Augen war von strengerer Sinnesart als ein Puritaner – er war ein Heide. Er war ein einfacher Mörder aus der Frühzeit der Erde, ein Mann der Steinzeit – ein Mann aus Stein.

Die einzige Hoffnung, die noch blieb, war, das Personal zu alarmieren; und Pater Brown rannte zurück ins Haus. Er mußte jedoch feststellen, daß der selbstherrliche Paul allen anderen Dienstboten einen freien Tag auf dem Festland gegeben hatte, und nur die düstere Mrs. Anthony bewegte sich rastlos durch die langen Räume. Aber in dem Augenblick, als sie ihm ihr totenbleiches Gesicht zuwandte, löste er eines der Rätsel des Spiegelhauses. Die schwermütigen braunen Augen Antonellis glichen den schwermütigen braunen Augen von Mrs. Anthony, und blitzartig verstand er die Hälfte der Geschichte.

»Ihr Sohn ist draußen«, sagte er, ohne überflüssige Worte zu verlieren, »entweder wird er getötet oder der Prinz. Wo ist Mr. Paul?«

»Er ist am Landungssteg«, sagte die Frau matt. »Er will – er will – Zeichen geben, damit Hilfe kommt.«

»Mrs. Anthony«, sagte Pater Brown ernst, »wir haben keine Zeit zum Scherzen. Mein Freund ist mit seinem Boot auf dem Fluß beim Angeln. Das Boot Ihres Sohnes wird von seinen Begleitern bewacht. Es gibt nur dieses eine Kanu; was macht Mr. Paul damit?«

»Santa Maria! Ich weiß es nicht«, sagte sie und sank ohnmächtig zu Boden.

Pater Brown legte sie auf ein Sofa, schüttete ihr aus einem Krug Wasser ins Gesicht, rief um Hilfe und eilte zum Landungssteg der kleinen Insel. Doch das Kanu schwamm schon mitten auf dem Fluß, und der alle Paul ruderte es mit einer für sein Alter unglaublichen Kraft flußaufwärts.

»Ich werde meinen Herrn retten«, rief er, ein irrsinniges Glitzern in den Augen. »Ich werde ihn noch retten!«

Pater Brown blieb nichts anderes übrig, als hinter dem Boot herzustarren, wie es sich den Strom hinaufkämpfte, und zu beten, daß der alte Mann die kleine Stadt rechtzeitig aufwecken möge.

»Ein Duell ist schon schlimm genug«, murmelte er und raufte sich das struppige, staubfarbene Haar, »aber irgend etwas stimmt nicht mit diesem Duell, dem Duell an sich. Das spüre ich in den Knochen. Aber was könnte das sein?«

Als er so auf die Wasserfläche starrte, einen zitternden Spiegel des Sonnenuntergangs, vernahm er vom anderen Ende des Inselgartens ein leises, jedoch unverwechselbares Geräusch – das kalte Klirren von Stahl. Er wandte den Kopf.

An der äußersten Landspitze der langen Insel, auf einem Rasenstreifen jenseits der letzten Rosenreihe, kreuzten die Duellanten bereits die Klingen. Der Abendhimmel über ihnen war wie eine Kuppel aus reinstem Gold, und obwohl sie so fern waren, stach jede Einzelheit deutlich hervor. Sie hatten ihre Röcke abgeworfen, doch die gelbe Weste und das weiße Haar Saradins wie auch die rote Weste und die weißen Hosen Antonellis leuchteten in dem horizontalen Licht wie bunt angemalte Aufziehpuppen. Die beiden Degen funkelten von der Spitze bis zum Knauf wie zwei Diamantnadeln. Es war etwas Schreckliches an diesen beiden Gestalten, die so klein und so fröhlich erschienen. Sie glichen zwei Schmetterlingen, die sich gegenseitig aufzuspießen versuchten.

Pater Brown rannte, so schnell er konnte; seine kurzen Beine liefen wie am Schnürchen. Doch als er den Kampfplatz erreichte, stellte er fest, daß er sowohl zu spät als auch zu früh kam – zu spät, um den Kampf aufzuhalten, der unter den Augen der grimmig auf ihre Ruder gelehnten Sizilianer stattfand; zu früh, um voraussehen zu können, welch schreckliches Ende dieser Kampf nehmen würde. Denn die beiden Männer waren einander vollkommen ebenbürtig; der Prinz bediente sich seines Könnens mit einer Art zynischen Selbstvertrauens, während der Sizilianer das seine mit einer mörderischen Vorsicht nutzte. Selbst in den vollbesetzten Amphitheatern hat man wohl selten hervorragendere Gefechte gesehen als jenes, das auf dieser vergessenen Insel in dem schilfgesäumten Fluß klirrte und blitzte. Der schwindelerregende Kampf ging so lange hin und her, daß der protestierende Priester allmählich wieder Hoffnung schöpfte; aller Voraussicht nach mußte Paul bald mit der Polizei zurück sein. Auch wäre es eine Erleichterung, wenn Flambeau vom Fischen zurückkäme, denn er ersetzte, was seine Körperkraft anging, gut und gern vier Männer auf einmal. Aber von Flambeau war nichts zu sehen und, was viel merkwürdiger war, erst recht nichts von Paul oder der Polizei. Es gab kein Floß oder anderes Holz, um sich darauf treiben zu lassen; sie waren auf diesem verlorenen Eiland inmitten des riesigen, namenlosen Teiches genau so von der Welt abgeschnitten wie auf einem Felsen im Pazifik.

Als er bei diesem Gedanken angelangt war, steigerte sich das Klirren der Rapiere zu einem Rasseln, die Arme des

Prinzen flogen in die Höhe, und die Degenspitze seines Feindes durchbohrte ihn so, daß sie zwischen seinen Schulterblättern wieder austrat. In einem schnellen Wirbel, ähnlich einem radschlagenden Kind, drehte er sich um sich selbst. Der Degen entglitt seiner Hand wie eine Sternschnuppe und versank in dem fernen Fluß; er selbst fiel mit einer solchen Wucht zu Boden, daß er mit seinem Körper einen großen Rosenstrauch knickte und eine rote Erdfontäne gen Himmel schoß – wie der Rauch eines heidnischen Opfers. Der Sizilianer hatte dem Geist seines Vaters ein Blutopfer gebracht.
Der Priester kniete sofort neben dem Leichnam nieder, doch nur, um eindeutig festzustellen, daß es ein Leichnam war. Während er noch ein paar vergebliche Versuche unternahm, hörte er oben vom Fluß her zum erstenmal Stimmen und sah, wie sich ein Polizeiboot in voller Fahrt dem Landungssteg näherte; an Bord waren Polizeibeamte, andere Amtspersonen und der erregte Paul. Der kleine Priester erhob sich, und in seinem Gesicht spiegelten sich ernste Zweifel.
»Warum in aller Welt«, murmelte er, »warum in aller Welt konnte er nicht früher hier sein?«
Rund sieben Minuten später war die Insel von einer Invasion aus Stadtbewohnern und Polizei besetzt, und letztere hatte den siegreichen Duellanten verhaftet und, wie es das Gesetz befiehlt, darauf hingewiesen, daß alle seine Aussagen gegen ihn verwendet werden könnten.
»Ich werde nichts sagen«, sagte der Wahnsinnige mit einem verklärten, friedlichen Gesicht. »Ich werde nie mehr etwas sagen. Ich bin sehr glücklich und möchte nur noch gehängt werden.«
Damit schloß er den Mund und ließ sich wortlos abführen, und es ist die seltsame, doch zweifelsfreie Wahrheit, daß

er ihn in dieser Welt nur noch ein einziges Mal öffnete, um in seinem Prozeß das Wort »Schuldig« auszusprechen. Pater Brown hatte die plötzliche Überflutung des Gartens mit Menschen, die Verhaftung des Bluttäters und den Abtransport der Leiche nach der Untersuchung durch den Arzt mit angesehen, wie man das Schwinden eines häßlichen Traumes beobachtet; er stand reglos da, wie ein Mensch, der einen Alptraum hat. Er gab Namen und Adresse an, falls er als Zeuge gebraucht würde, lehnte jedoch das Angebot ab, sich mit einem Boot ans Ufer bringen zu lassen; er blieb allein in dem Inselgarten zurück und betrachtete den geknickten Rosenbusch und den ganzen grünen Schauplatz jener unerwarteten und unerklärlichen Tragödie. Entlang den Flußniederungen erstarb das Licht; aus den sumpfigen Ufern stieg Nebel auf, und ein paar verspätete Vögel flatterten nervös umher.

In seinem Unterbewußtsein – welches ein ungewöhnlich lebhaftes war – hielt sich hartnäckig die fatale Gewißheit, daß noch nicht alles geklärt war. Dieses Gefühl, das ihn den ganzen Tag über verfolgt hatte, war nicht einfach mit seinen Vorstellungen vom »Spiegelland« zu begründen. Irgendwie hatte er bisher nicht die richtige Geschichte, sondern ein Spiel, eine Maskerade gesehen. Und dennoch läßt sich kein Mensch um einer Scharade willen hängen oder erstechen.

Während er so vor sich hin grübelnd auf den Stufen des Landungsstegs saß, fiel ihm plötzlich die große, dunkle Fläche eines Segels auf, das geräuschlos den glitzernden Fluß herunterglitt, und er sprang mit einer solchen Gefühlsaufwallung auf, daß ihm fast die Tränen kamen.

»Flambeau!« rief er und schüttelte seinem Freund, als dieser mit seinem Angelgerät an Land kam, wieder und wieder die Hände, sehr zum Erstaunen dieses Sportsmanns. »Flambeau«, sagte er, »man hat Sie also nicht getötet?«

»Getötet!« wiederholte der Angler höchst erstaunt. »Und warum sollte man mich töten?«

»Oh, weil fast alle anderen tot sind«, sagte sein Gefährte ziemlich aufgeregt. »Saradin wurde ermordet, Antonelli will gehängt werden, seine Mutter ist bewußtlos und ich selbst weiß nicht, ob ich noch in dieser Welt oder schon in der nächsten bin.« Und er nahm den Arm des verblüfften Flambeau.

Als sie vom Landungssteg auf das Haus zu schritten, gingen sie wieder unter dem Dachsims des niedrigen Bambushauses entlang und schauten wie beim ersten Mal durch eines der Fenster. Sie gewahrten ein vom Lampenschein erhelltes Inneres, das ihren Blick magisch anzog und nicht mehr losließ. Der Tisch in dem langen Speisezimmer war zum Essen gedeckt worden, während Saradins Mörder wie ein Gewitter über die Insel hereingebrochen war. Und das Essen wurde nun in aller Gemütsruhe eingenommen, denn Mrs. Anthony saß leicht vergrämt am unteren Ende des Tisches, während am Kopfende Mr. Paul, der Majordomus, Platz genommen hatte: Er aß und trank nur vom Feinsten, seine trüben, bläulich fahlen Augen stachen merkwürdig aus dem Gesicht hervor, auf seinen ausgemergelten Zügen lag ein undurchdringlicher, jedoch keineswegs unzufriedener Ausdruck.

Mit einer Bewegung leidenschaftlicher Ungeduld rüttelte Flambeau am Fenster, riß es auf und steckte den Kopf empört in den gemütlich beleuchteten Raum.

»Wirklich« rief er. »Ich kann ja verstehen, daß Sie eine Stärkung brauchen, aber hinzugehen und das Essen Ihres Herrn zu stehlen, während er ermordet im Garten liegt – «

»Ich habe in meinem langen und angenehmen Leben eine ganze Menge gestohlen«, antwortete der seltsame alte Herr gelassen, »dieses Essen aber gehört zu den wenigen Dingen, die ich nicht gestohlen habe. Dieses Essen, dieses Haus und dieser Garten gehören zufällig mir.«
Blitzartig schoß Flambeau ein Gedanke durch den Kopf. »Wollen Sie damit sagen«, begann er, »daß das Testament des Prinzen Saradin besagt – «
»Ich bin Prinz Saradin«, sagte der alte Mann und kaute geräuschvoll auf einer Salzmandel.
Pater Brown, der draußen die Vögel beobachtete, tat einen Sprung, als hätte man ihn angeschossen, und steckte sein bleiches Gesicht einfältig durch das Fenster.
»Sie sind *was?*« wiederholte er mit schriller Stimme.
»Paul Prinz Saradin, zu Ihren Diensten«, sagte der ehrwürdige Gentleman höflich und prostete ihnen mit einem Glas Sherry zu. »Ich lebe hier ruhig und friedlich, da ich ein häuslich veranlagter Mensch bin; und aus Bescheidenheit lasse ich mich mit Mr. Paul anreden, um mich von meinem unglücklichen Bruder, Mr. Stephen, zu unterscheiden. Wie ich höre, starb er vor kurzem – im Garten. Selbstverständlich ist es nicht meine Schuld, wenn seine Feinde ihn bis hierher verfolgen. Das ist seinem bedauerlichen Lebenswandel zuzuschreiben. Er war kein häuslicher Charakter.«
Er verfiel wieder in Schweigen und starrte auf einen Punkt an der gegenüberliegenden Wand, genau über dem gesenkten, düsteren Kopf der Frau. Deutlich erkannten sie die Familienähnlichkeit mit dem Toten, die sie so verwirrt hatte. Dann hoben sich die Schultern des Alten und bebten leise, als würde er ersticken, aber er verzog keine Miene.
»Mein Gott!« rief Flambeau im nächsten Moment. »Er lacht!«

»Kommen Sie«, sagte Pater Brown mit bleichem Gesicht. »Kommen Sie fort aus diesem Haus der Hölle. Lassen Sie uns wieder in ein ehrliches Boot steigen.«

Die Nacht war über Ried und Fluß hereingebrochen, noch ehe sie vom Ufer der Insel abgelegt hatten; sie glitten in der Dunkelheit stromabwärts und wärmten sich an zwei dicken Zigarren, die wie feuerrote Bootslaternen glühten. Pater Brown nahm die Zigarre aus dem Mund und sagte:

»Ich nehme an, Sie können sich jetzt die ganze Geschichte zusammenreimen. Eigentlich ist es eine ganz primitive Geschichte. Ein Mann hatte zwei Feinde. Er war ein kluger Mann. Und so kam er darauf, daß zwei Feinde besser sind als einer.«

»Ich kann Ihnen nicht folgen«, sagte Flambeau.

»Oh, es ist wirklich einfach«, versetzte sein Freund. »Einfach, wenn auch alles andere als unschuldig. Beide Saradins waren Schurken; aber der Prinz, der ältere, war die Art Schurke, die nach oben gelangt, während der jüngere, der Hauptmann, zu der Kategorie gehörte, die in den Abgrund rutscht. Dieser heruntergekommene Offizier wurde vom Bettler zum Erpresser, und eines häßlichen Tages erfuhr er etwas, womit er seinen Bruder unter Druck setzen konnte. Es war offenbar keine harmlose Angelegenheit, denn Prinz Saradin war, ehrlich gesagt, recht ›leichtlebig‹ und hatte bei seinen ständigen Verstößen gegen die Gesellschaft keinen Ruf mehr zu verlieren. In der Tat ging es um eine Sache, die ihn an den Galgen gebracht hätte, und Stephen hatte buchstäblich seinem Bruder schon die Schlinge um den Hals gelegt. Er hatte irgendwie die Wahrheit dieser sizilianischen Affäre entdeckt und konnte beweisen, daß Paul den alten Antonelli in den Bergen ermordet hatte. Der Hauptmann strich für sein Schweigen zehn Jahre lang hohe Geldsummen ein, bis selbst das immense Vermögen des Prinzen allmählich etwas schrumpfte.

Doch Prinz Saradin drückte außer seinem blutsaugerischen Bruder noch eine andere Last. Er wußte, daß der Sohn Antonellis, zur Zeit des Mordes noch ein kleines Kind, im Geist der wilden Sitten und uralten Moralvorstellungen Siziliens erzogen worden war und nur dafür lebte, seinen Vater zu rächen; dies nicht mit Hilfe des Galgens – denn ihm fehlte Stephens gesetzlicher Beweis –, sondern mit den alten Waffen der Vendetta. Der Junge beherrschte diese Waffen mit tödlicher Perfektion, und ungefähr, als er alt genug war, sie auch einzusetzen, begann Prinz Saradin, wie es in den Gesellschaftsnachrichten der Zeitungen hieß, zu reisen. In Wahrheit floh er, um sein Leben zu retten, von einem Ort zum anderen wie ein gehetzter Verbrecher; doch sein erbarmungsloser Verfolger blieb ihm auf den Fersen. Dies war Prinz Pauls Situation, mitnichten eine sehr schöne. Je mehr Geld er darauf verwendete, Antonelli zu entkommen, desto weniger blieb ihm, um sich Stephens Schweigen zu erkaufen. Je mehr er für Stephens Stillschweigen zahlte, um so geringer war seine Chance, Antonelli endgültig abzuschütteln. In dieser Lage erwies er sich als großer Mensch – als ein Genie wie Napoleon.

Anstatt sich gegen seine beiden Peiniger zu wehren, kapitulierte er plötzlich vor beiden. Er wich zurück wie ein japanischer Ringkämpfer, und seine Widersacher lagen vor ihm im Staub. Er gab den Wettlauf rund um die Welt auf und gab dem jungen Antonelli seinen Aufenthaltsort bekannt; dann übergab er alles seinem Bruder. Er schickte Stephen eine genügend hohe Geldsumme für elegante Kleidung und eine angenehme Reise samt einem Brief mit

der schroffen Mitteilung: ›Das ist alles, was ich noch habe. Du hast mich um alles gebracht. Ich besitze nur noch ein kleines Haus in Norfolk mit Dienstboten und einem Weinkeller; wenn Du noch mehr von mir willst, mußt Du es Dir nehmen. Wenn Du willst, komm her und betrachte es als Dein Eigentum, und ich will dort bescheiden als Dein Freund oder Dein Verwalter oder was auch immer leben.‹
Er wußte, daß der Sizilianer die Saradin-Brüder nie gesehen hatte, außer auf Bildern; er wußte, daß sie einander ähnelten, da sie beide graue Spitzbärte hatten. Er rasierte seinen Bart ab und wartete. Der Plan glückte. Der unglückliche Hauptmann in seinen neuen Kleidern hielt triumphierend als Prinz Einzug und lief geradewegs in den Degen des Sizilianers.
Die Sache hatte einen Haken, und der spricht für die menschliche Natur. Schlechte Menschen wie Saradin scheitern oft, weil sie nicht an die menschliche Tugend glauben. Er ging fest davon aus, daß die Tat des Italieners ebenso dunkel, gewaltsam und abscheulich sein würde wie jene, welche gerächt werden sollte; das Opfer würde bei Nacht erdolcht oder aus dem Hinterhalt erschossen und ohne ein weiteres Wort sterben. Es war ein schlimmer Augenblick für Prinz Paul, als Antonellis ritterliche Tugend ein offizielles Duell vorschlug, was zwangsläufig viele Erklärungen nach sich ziehen würde. Das war der Moment, in dem er wilden Blickes mit seinem Boot ablegte. Er floh barhäuptig in einem offenen Boot, ehe Antonelli erfahren konnte, wer er war.
Doch so erregt er war, er gab die Hoffnung noch nicht auf. Er kannte den Abenteurer, und er kannte den Fanatiker. Es war ziemlich wahrscheinlich, daß Stephen, der Abenteurer, den Mund halten würde: aus purem Vergnügen an der Schauspielerei, dem Bestreben, in seinem neuen,

behaglichen Heim bleiben zu können, im Vertrauen auf das Glück des Schurken und seine ausgezeichnete Fechtkunst. Es war sicher, daß Antonelli, der Fanatiker, schweigen und sich hängen lassen würde, ohne etwas über seine Familie preiszugeben. Paul blieb so lange auf dem Fluß, bis er wußte, daß der Kampf vorüber war. Dann alarmierte er die Stadt, holte die Polizei, sah zu, wie seine beiden besiegten Feinde für immer weggeschafft wurden, und setzte sich lächelnd zum Abendessen nieder.«

»Lachend, Gott sei uns gnädig!« sagte Flambeau mit heftigem Schaudern. »Bringt der Teufel sie auf solche Gedanken?«

»Auf diesen Gedanken haben Sie ihn gebracht«, antwortete der Priester.

»Gott bewahre!« stieß Flambeau hervor. »Wieso ich? Was meinen Sie?«

Der Priester zog eine Visitenkarte aus der Tasche und hielt sie in den schwachen Schein der Zigarre; sie war mit grüner Tinte beschriftet.

»Erinnern Sie sich nicht mehr an seine damalige Einladung«, fragte er, »und die Bewunderung für Ihre kriminelle Großtat? ›Jener Trick von Ihnen‹, sagte er, ›den einen Detektiv von einem anderen verhaften zu lassen‹? Er hat einfach Ihren Trick nachgeahmt. Er hatte zwei Feinde gleichzeitig, entzog sich jedoch geschickt dieser heiklen Lage, indem er sie aufeinanderstoßen und sich gegenseitig umbringen ließ.«

Flambeau riß dem Priester die Karte aus der Hand und zerpflückte sie wütend in kleine Fetzen.

»Das ist der Rest des alten Totenkopfs und der gekreuzten Knochen«, sagte er, als er die Papierschnitzel in die dunklen, zurückgehenden Wellen des Stroms streute, »aber man muß Angst haben, daß sie noch die Fische vergiften.«

Ein letztes Aufblitzen von weißer Karte und grüner Tinte, und alles ging im Dunkel unter; ein zarter und doch lebhafter Strahl am Himmel kündigte den Morgen an, und der Mond hinter dem Ried wurde blasser. Schweigend trieben sie dahin.

»Pater«, sagte Flambeau plötzlich, »glauben Sie, daß alles nur ein Traum war?«

Der Priester schüttelte den Kopf, sei es aus Ablehnung oder weil er im Zweifel war, blieb jedoch stumm. Ein Duft von Weißdorn und von Obstbäumen wehte aus der Dunkelheit herüber und zeigte ihnen an, daß Wind aufkam; im nächsten Augenblick schaukelte er ihr kleines Boot, blähte das Segel und trug sie den gewundenen Fluß hinunter zu glücklicheren Stätten und den Behausungen unschuldiger Menschen.

DER SALAT DES OBERST CRAY

Gilbert Keith Chesterton

An einem weißen, verschleierten Morgen, als sich die Nebel langsam verzogen, war Pater Brown auf dem Heimweg von der Frühmesse – es war einer jener Morgen, an denen man das Element des Lichts als geheimnisvoll und neu empfindet. Die Konturen einzelner Bäume traten immer deutlicher aus dem Dunst hervor, als wären sie erst mit grauer Kreide skizziert und dann mit einem Kohlestift nachgezogen worden. In größeren Abständen tauchten die ersten Häuser am Rand des Vororts auf; ihre Umrisse wurden immer schärfer, bis der Priester einige Häuser erkannte, in denen flüchtige Bekannte von ihm wohnten, und etliche mehr, deren Besitzer er mit Namen kannte. Aber alle Fenster und Türen waren verschlossen; keiner der Bewohner pflegte um diese Tageszeit schon auf den Beinen zu sein, schon gar nicht zu einem solch frühen Kirchgang. Aber als er an einer hübschen Villa mit zahlreichen Veranden und großen Blumengärten vorbeiging, hörte er plötzlich ein Geräusch, das ihn unwillkürlich stehenbleiben ließ. Es war unverkennbar der Schuß aus einer Pistole, einem Karabiner oder einer anderen leichten Feuerwaffe; doch war es nicht der Schuß, der ihn am meisten irritierte. Dem ersten lauten Geräusch folgte unmittelbar eine Serie schwächerer Laute – er zählte etwa sechs hintereinander. Vermutlich war es das Echo; das Merkwürdige war nur, daß es dem Originalton nicht im geringsten glich. Es wollte ihm nicht einfallen, was es sein könnte; an drei Dinge erinnerte ihn das Geräusch noch am meisten: an das Zischen beim Öffnen einer Sodawasserflasche, an einen Tierlaut und an das Geräusch mühsam unterdrückten Gelächters. Nichts davon schien einen Sinn zu ergeben.

Pater Brown setzte sich aus zwei verschiedenen Menschen zusammen. Einmal war da der Mann der Tat, bescheiden wie eine Primel und pünktlich wie eine Uhr, der seine Pflichten peinlich genau erledigte und nicht im Traum daran dachte, etwas daran zu ändern. Und dann gab es den Mann der Überlegung, der noch unauffälliger, aber auch energischer war und den man nicht so leicht aufhalten konnte; dessen Gedanken immer – im einzig echten Sinn des Wortes – freie Gedanken waren. Er konnte einfach nicht umhin, selbst unbewußt, sich die Fragen zu stellen, die gestellt werden mußten, und so viele davon zu beantworten, wie er konnte. Das war bei ihm so selbstverständlich wie seine Atmung oder sein Kreislauf. Aber er überschritt bei seinen Handlungen nie bewußt die Grenzen seines Pflichtbereichs; im folgenden Fall aber wurden die beiden Seiten seines Wesens ernstlich auf die Probe gestellt. Er war schon entschlossen, seinen Marsch durch die Morgendämmerung fortzusetzen, weil ihn die Sache ja schließlich nichts anging, ersann und verwarf jedoch instinktiv zwanzig Theorien, worum es sich bei dem Geräusch handeln könnte. Da verwandelte sich die graue Silhouette der Stadt in ein klares Silber, und in der zunehmenden Helligkeit erkannte er, daß er vor dem Haus eines angloindischen Majors namens Putnam stand; und dieser Major hatte einen aus Malta stammenden Koch, der zu seiner Gemeinde gehörte. Dann erinnerte er sich auch, daß Pistolenschüsse manchmal eine ernste Angelegenheit sind mit Folgen, die durchaus in seinen Zuständigkeitsbereich fielen. Er

kehrte um und ging durch das Gartentor auf den Hauseingang zu.
Auf der einen Seite des Hauses war ein kleiner Vorbau, eine Art niedriger Schuppen; wie er später entdeckte, war es ein großer Müllbehälter. Dort bog, erst nur ein Schatten im Nebel, eine Gestalt um die Ecke, die sich offensichtlich bückte und nach etwas suchte. Beim Näherkommen verdichtete sich der Schatten zu einem ungewöhnlich massigen Menschen. Major Putnam war ein kahlköpfiger, stiernackiger Mann, kurz und breit, mit einem jener hochroten Gesichter, die man durch den ausgedehnten Versuch bekommt, das orientalische Klima mit abendländischen Genüssen zu verbinden. Aber das Gesicht war gutmütig, und obwohl es im Moment verwirrt und wißbegierig schien, lag noch ein unschuldiges Lächeln darauf. Auf dem Hinterkopf saß ihm ein breiter Hut aus Palmblättern – wie ein Heiligenschein, der jedoch absolut nicht zu seinem Gesicht paßte; ansonsten war er nur mit einem auffallend scharlachrot und gelb gestreiften Schlafanzug bekleidet, der zwar feurig anzusehen, für einen so frischen Morgen aber ziemlich dünn war. Offensichtlich war er in großer Eile aus dem Haus gerannt, und der Priester war keineswegs überrascht, als er ohne Umschweife ausrief: »Haben Sie dieses Geräusch gehört?«
»Ja«, antwortete Pater Brown, »ich wollte deshalb eben hereinschauen, falls irgend etwas passiert sein sollte.«
Der Major warf ihm mit seinen gutmütigen Stachelbeeraugen einen seltsamen Blick zu. »Was, glauben Sie, war das für ein Geräusch?« fragte er.
»Es hörte sich an wie ein Gewehr oder so etwas ähnliches«, antwortete der andere zögernd, »aber es hatte ein so eigenartiges Echo.«
Der Major stierte ihn noch immer mit seinen hervorquel-

lenden Augen an, als die Vordertür aufgestoßen wurde und sich ein breiter Lichtstrahl in den steigenden Nebel ergoß; und eine zweite Gestalt im Schlafanzug sprang oder taumelte in den Garten hinaus. Sie war größer, schlanker und athletischer; der Schlafanzug, zwar ebenfalls tropischer Herkunft, war verhältnismäßig geschmackvoll, denn er war weiß mit einem hellen, zitronengelben Streifen. Der Mann war hager, aber eine angenehme Erscheinung und sonnengebräunter als der andere; er hatte ein Adlerprofil und ziemlich tiefliegende Augen; der Kontrast zwischen dem kohlrabenschwarzen Haar und dem viel helleren Schnurrbart machte einen leicht befremdlichen Eindruck. All diese Einzelheiten nahm Pater Brown eher zufällig auf, denn im Augenblick zog nur eines an dem Mann seinen Blick magisch an: der Revolver in seiner Hand.

»Cray!« rief der Major und starrte ihn an, »hast du diesen Schuß abgegeben?«

»Ja, das habe ich«, antwortete der schwarzhaarige Herr hitzig, »und das hättest du an meiner Stelle auch getan. Wenn du überall von Teufeln gejagt würdest und beinahe ...«

Der Major fiel ihm ziemlich unsanft ins Wort. »Dies ist mein Freund Pater Brown«, sagte er. Und zu Pater Brown gewandt: »Ich weiß nicht, ob Sie Oberst Cray von der Königlichen Artillerie kennen.«

»Ich habe natürlich von ihm gehört«, sagte der Priester unschuldig. »Haben Sie – haben Sie etwas getroffen?«

»Ich hatte den Eindruck«, antwortete Cray würdevoll.

»Ist er gefallen?« fragte Major Putnam mit gedämpfter Stimme. »Oder hat er geschrien oder etwas dergleichen?«

Oberst Cray sah seinen Gastgeber mit einem seltsamen festen Blick an. »Ich will dir genau sagen, was er tat«, sagte er. »Er nieste.«

Pater Brown fuhr sich mit der Hand an den Kopf, wie

jemand, der sich an einen Namen erinnert, der ihm entfallen war. Das war die Erklärung für das Geräusch, das weder das Zischen einer Sodawasserflasche noch das Schnauben eines Hundes war.

»Oh«, stieß der Major mit starrem Blick hervor, »ich habe noch nie gehört, daß eine Armeepistole jemanden zum Niesen bringt.«

»Ich auch nicht«, sagte Pater Brown leise. »Welch ein Glück, daß Sie nicht gleich Ihre ganze Artillerie gegen ihn eingesetzt haben, sonst hätte er sich vielleicht ernstlich erkältet.« Dann sagte er nach einem Augenblick der Verblüffung: »War es ein Einbrecher?«

»Lassen Sie uns hineingehen«, sagte Major Putnam ziemlich scharf und ging ihnen ins Haus voran.

Im Innern bot sich ihnen ein irritierender Anblick, der jedoch in solch frühen Morgenstunden nicht selten ist: Die Räume wirkten heller als der Himmel draußen, auch nachdem der Major das einzige Gaslicht in der Halle gelöscht hatte. Pater Brown stellte überrascht fest, daß der Eßtisch wie für ein festliches Mahl gedeckt war; die Servietten steckten in Ringen, und neben jedem Teller standen Gläser in mindestens sechs unterschiedlichen Größen. Normalerweise wäre es üblich gewesen, zu so früher Stunde auf die Reste eines Banketts vom Vorabend zu treffen; einen frisch gedeckten Tisch vorzufinden war gewiß ungewöhnlich.

Als er nachdenklich in der Halle stand, stürzte Major Putnam herbei und warf einen prüfenden Blick über das lange Rechteck des gedeckten Tisches. Schließlich brachte er schweratmend die Worte heraus: »Das ganze Silber ist weg! Das Fischbesteck ist weg. Der alte Gewürzständer ist weg. Sogar das alte silberne Sahnekännchen ist weg. Und nun, Pater Brown, bin ich bereit, Ihre Frage, ob es ein Einbrecher war, zu beantworten.«

»Das ist nur eine Täuschung«, sagte Cray störrisch. »Ich weiß besser als du, warum man dieses Haus heimsucht. Ich weiß besser als du, warum – «

Der Major klopfte ihm begütigend auf die Schulter, so wie man ein krankes Kind beruhigt, und sagte: »Es war ein Einbrecher. Ganz offensichtlich war es ein Einbrecher.«

»Ein Einbrecher mit einer schlimmen Erkältung«, bemerkte Pater Brown, »das wird Ihnen helfen, seine Spur hier in der Nachbarschaft zu verfolgen.«

Der Major schüttelte düster den Kopf. »Ich fürchte, er ist mittlerweile über alle Berge«, sagte er.

Dann, als sich der nervöse Mann mit dem Revolver erneut der Tür zum Garten zuwandte, fügte er halblaut mit vertraulicher Stimme hinzu: »Ich glaube, ich sollte besser nicht die Polizei holen, den mein Freund war wohl ein wenig schnell bei der Hand mit seiner Pistole und hat sich dadurch strafbar gemacht. Er hat lange in der Wildnis gelebt, und offen gestanden, ich glaube, er bildet sich manchmal irgendwelche Dinge ein.«

»Sie haben mir einmal erzählt, er sei der Ansicht, von einem indischen Geheimbund verfolgt zu werden«, sagte Brown.

Major Putnam nickte und zuckte mit den Achseln. »Ich glaube, wir folgen ihm besser«, sagte er. »Ich möchte vermeiden, daß es noch mehr – sagen wir – Niesen gibt.«

Sie traten in den Morgen hinaus, der jetzt vom Schein der Sonne gefärbt wurde, und sahen Oberst Crays lange, gebeugte Gestalt, die den Zustand von Kiesweg und Rasen aus genaueste untersuchte. Während der Major unauffällig zu ihm hin schlenderte, schlug der Priester ebenso zufällig einen Haken um die nächste Hausecke und näherte sich dem großen Müllbehälter.

Ein, zwei Minuten stand er da und betrachtete dieses häßliche Objekt; dann ging er darauf zu, hob den Deckel und steckte seinen Kopf hinein. Staub und verrotteter Abfall wirbelten ihm entgegen; doch was auch immer Pater Brown untersuchte, auf sein Äußeres achtete er nie. So verharrte er beträchtliche Zeit, als wäre er in irgendwelche geheimnisvollen Gebete versunken. Dann tauchte er, Asche auf dem Haupt, wieder auf und ging unbeteiligt seines Weges.

Als er wieder beim Gartentor anlangte, traf er dort auf eine Gruppe, die ganz dazu angetan schien, alle düsteren Gedanken zu vertreiben, wie zuvor die Sonne den Nebel. Sie wirkte jedoch nicht beruhigend, sondern einfach ungeheuerlich komisch, wie ein Ensemble von Dickens-Figuren. Major Putnam hatte es geschafft, sich in ein ordentliches Hemd und eine Hose mit karmensinrotem Kummerbund zu zwängen und sich eine leichte, passende Jacke überzuziehen; aus dieser normalen Gewandung strahlte sein rotes, fröhliches Gesicht mit überströmender Herzlichkeit hervor. Er war wirklich überschwenglich, aber dann sprach er mit seinem Koch – dem dunklen Sohn Maltas, dessen schmales, gelbes, vergrämtes Gesicht in einem seltsamen Kontrast zu seiner schneeweißen Kochmütze und Arbeitskleidung stand. Der Koch mochte allen Grund haben, vergrämt zu sein, denn Kochen war das Steckenpferd des Majors. Er gehörte zu jenen Amateuren, die immer alles besser können als der Fachmann. Der einzige andere Mensch, dem er ein Urteil über die Güte eines Omelettes zugestand, war sein Freund Cray – und als sich Brown daran erinnerte, wandte er sich suchend nach dem anderen Soldaten um. Im hellen Tageslicht, unter all den anderen Leuten, die jetzt angekleidet und in normaler Verfassung waren, war sein Anblick geradezu ein Schock. Der große und weitaus vornehmere Mann kroch noch immer im Nachthemd und mit zerzaustem Haar auf Händen und Knien durch den Garten und suchte weiter nach Spuren des Einbrechers; von Zeit zu Zeit schlug er, offensichtlich darüber verärgert, daß er ihn nicht entdecken konnte, mit der Hand auf den Boden. Als er ihn so auf allen vieren im Gras sah, zog der Priester ziemlich betrübt die Augenbrauen hoch; und zum erstenmal dachte er, daß der Ausdruck »bildet sich Dinge ein« eine Beschönigung sein könnte.

Die dritte Person in der Gruppe neben Koch und Epikureer war Pater Brown ebenfalls bekannt: Es war Audrey Watson, Mündel und Haushälterin des Majors; ihrer Schürze, den aufgekrempelten Ärmeln und ihrem entschlossenen Auftreten nach zu urteilen, im Augenblick wohl eher die Haushälterin als das Mündel.

»Es geschieht dir recht«, sagte sie. »Ich habe dir immer gesagt, du sollst diesen altmodischen Gewürzständer nicht benutzen.«

»Er gefällt mir eben«, sagte Putnam versöhnlich. »Ich bin selber altmodisch, und altmodische Sachen passen zusammen.«

»Und verschwinden zusammen, wie man sieht«, gab sie zurück. »Nun, wenn du dich nicht über den Einbrecher aufregst, brauche ich mir auch keine Sorgen wegen des Mittagessens zu machen. Es ist Sonntag, und wir können keinen Essig oder anderes Notwendige aus der Stadt kommen lassen; und ihr indischen Herren könnt ja kein Essen ohne eine Menge scharfer Zutaten genießen. Ich wünschte bei Gott, du hättest meinen Vetter Oliver nicht gebeten, mich in den Gottesdienst mitzunehmen. Er ist erst um halb zwölf zu Ende, und so lange kann der Oberst nicht bleiben. Ich glaube kaum, daß ihr Männer allein zurechtkommt.«

»Aber natürlich, Liebe«, sagte der Major und sah sie mit zärtlichem Blick an. »Marco hat alle Saucen, und wir haben uns schon in viel unwirtlicheren Gegenden bestens selbst versorgt, wie du mittlerweile wissen solltest. Außerdem ist es Zeit, daß du mal wieder eine Abwechslung hast, Audrey, du mußt nicht von morgens bis abends die Haushälterin spielen, und ich weiß, daß du die Musik gern hören möchtest.«

»Ich möchte in die Kirche gehen«, sagte sie mit einigermaßen strengem Blick.

Sie war eine jener schönen Frauen, die immer schön bleiben, weil Schönheit keine Frage von modischem Stil oder Farbe ist, sondern in der Haltung des Kopfes und dem Schnitt der Gesichtszüge liegt. Aber obwohl sie noch nicht einmal im mittleren Alter war und Fülle und Farbe ihrer kastanienbraunen Haare an die Gemälde Tizians[1] erinnerten, ließ ein bestimmter Zug um Mund und Augen ahnen, daß ein geheimer Kummer an ihr zehrte, so wie die Winde mit der Zeit die Konturen eines griechischen Tempels zerstören. Denn das kleine häusliche Problem, von dem sie gerade mit solcher Bestimmtheit sprach, war doch eher komischer als tragischer Natur. Was Pater Brown von der Unterhaltung mitbekam, war, daß Cray, der andere Gourmet, vor der üblichen Essenszeit gehen mußte; damit Putnam, sein Gastgeber, aber nicht auf das abschließende Festessen mit seinem alten Kumpan verzichten mußte, hatte er ein besonderes *déjeuner* vorbereiten lassen, das im Laufe des Vormittags serviert und verspeist werden sollte, während Audrey und andere ernsthafte Menschen im Gottesdienst waren. Dorthin begleiten wollte sie ein Verwandter und langjähriger Freund, Dr. Oliver Oman, der zwar ein nüchterner Naturwissenschaftler war, sich aber so für Musik begeisterte, daß er sogar in die Kirche ging, um sie zu hören. Es war kaum vorstellbar,

[1] Tizian, eig. Tiziano Vecellio (um 1476/77 oder 1489/90–1576). Italienischer Maler.

daß irgend etwas davon mit der Trauer auf Miß Watsons Gesicht zu tun haben sollte; und einer unbewußten Eingebung folgend, wandte sich Pater Brown erneut dem scheinbar Wahnsinnigen zu, der draußen im Gras herumstöberte.

Als er zu ihm hinüberschlenderte, hob der Oberst jäh den schwarzen, ungekämmten Kopf, als wäre er überrascht, daß Pater Brown noch immer anwesend war. Und in der Tat hatte sich dieser aus Gründen, die nur ihm bekannt waren, viel länger aufgehalten, als es die Höflichkeit erforderte oder unter normalen Umständen eigentlich erlaubte.

»Ah!« rief Cray mit wildem Blick. »Sie halten mich wohl auch für verrückt wie alle anderen?«

»Ich habe diese Möglichkeit erwogen«, antwortete der kleine Mann gelassen. »Und ich neige zu der Ansicht, daß Sie es nicht sind.«

»Wie meinen Sie das?« schnauzte Cray wütend.

»Wirklich Verrückte«, erklärte Pater Brown, »betonen stets ihre Krankheit. Sie wehren sich niemals dagegen. Sie aber versuchen, Spuren eines Einbrechers zu finden, selbst wenn es gar keine gibt. Sie wehren sich. Sie wollen etwas, was ein Verrückter niemals will.«

»Und was wäre das?«

»Sie wollen widerlegt werden«, sagte Brown.

Bei den letzten Worten war Cray taumelnd aufgesprungen und sah den Geistlichen mit erregtem Blick an. »Zum Henker, das trifft den Nagel auf den Kopf!« rief er. »Alle wollen mir weismachen, daß der Kerl nur hinter dem Silber her war – als würde ich das nicht zu gern selbst annehmen! *Sie*«, sagte er und wies mit seinem zerzausten schwarzen Kopf in Audreys Richtung, aber der andere wußte auch so, wen er meinte, »sie hat mir heute Vorhaltungen gemacht, wie grausam es war, auf einen armen, harmlosen Einbrecher zu schießen, und daß wohl der Teufel in mich gefahren sei, die armen, harmlosen Anwohner zu verfolgen. Aber ich war früher ein gutmütiger Mensch – genau wie Putnam.«

Nach einer Pause sagte er: »Schauen Sie, ich bin Ihnen nie zuvor begegnet; aber Sie sollen sich ein Urteil über die ganze Geschichte bilden. Der alte Putnam und ich sind seit unserer militärischen Ausbildungszeit befreundet; doch aufgrund einiger Zwischenfälle an der afghanischen Grenze erhielt ich früher als die meisten anderen mein eigenes Regiment; bald darauf wurden wir beide auf Krankenurlaub nach Hause geschickt. Ich verlobte mich dort unten mit Audrey, und wir traten alle zusammen die Heimreise an. Aber auf der Rückreise gab es einige Vorfälle. Merkwürdige Vorfälle. Die Folge davon war, daß Putnam die Auflösung des Verlöbnisses forderte, und selbst Audrey zeigte überhaupt keine Eile mehr – und ich weiß auch, warum. Ich weiß, was sie von mir denken. Und Sie wissen es auch.

Nun, hier sind die Tatsachen. An unserem letzten Tag in einer indischen Stadt fragte ich Putnam, ob man dort wohl eine bestimmte Zigarrensorte bekäme; er schickte mich in einen kleinen Laden, der direkt gegenüber seiner Unterkunft lag. Ich habe später festgestellt, daß er recht hatte; aber ›gegenüber‹ ist ein gefährliches Wort, wenn ein anständiges Haus fünf oder sechs verwahrlosten gegenübersteht; jedenfalls muß ich mich in der Tür geirrt haben. Sie ließ sich nur mit Mühe öffnen und führte in völlige Finsternis; als ich mich jedoch umwandte, fiel die Tür hinter mir zu und wurde, dem Geräusch nach zu urteilen, mehrfach verriegelt. Es blieb mir nichts anderes übrig, als vorwärts zu gehen, und ich tastete mich durch einen stockdunklen Gang nach dem anderen vorwärts. Dann kam

ich über eine Treppe zu einer verborgenen Tür, die, wie ich durch bloßes Tasten feststellte, mit einem Schloß aus kunstvoll gearbeitetem orientalischen Schmiedeeisen gesichert war, das zu öffnen mir schließlich gelang. Wieder trat ich in die Dunkelheit, die jedoch durch eine Vielzahl kleiner, ruhig brennender Lampen in ein grünliches Zwielicht verwandelt wurde. Sie erhellten nichts als den Boden eines riesigen, leeren Raumes. Unmittelbar vor mir befand sich etwas, das einem Berg glich. Ich muß gestehen, ich stürzte beinahe vor dem großen steinernen Sockel, der vor mir aufragte, zu Boden, als ich merkte, daß es sich um eine Götzenstatue handelte. Und das Schlimmste war, daß sie mir den Rücken zukehrte.
Sie hatte kaum Ähnlichkeit mit einem Menschen, wie mir schien; das zeigte sich an dem kleinen, eingezogenen Kopf und noch deutlicher an dem schwanzähnlichen Anhängsel, das an seiner Rückseite in die Höhe stand und wie ein riesiger, abscheulicher Finger auf ein eingraviertes Symbol in der Mitte des gewaltigen Steinrückens zeigte. Ich hatte voller Entsetzen begonnen, in dem schwachen Licht die Hieroglyphen zu entziffern, als etwas noch Schrecklicheres geschah. Geräuschlos öffnete sich hinter mir eine Tür in der Wand des Tempels, und ein Mann mit einem braunen Gesicht und einem schwarzen Mantel trat herein. Ein starres Lächeln lag auf dem kupferbraunen Gesicht mit den elfenbeinfarbenen Zähnen; das Gräßlichste an ihm aber war, daß er europäische Kleidung trug. Ich war, so nehme ich an, auf verschleierte Priester und nackte Fakire gefaßt. Dies schien jedoch ein Anzeichen dafür, daß die Teufelskunst auf der ganzen Erde verbreitet war. Was sich später bewahrheiten sollte.
›Wenn du nur die Füße des Affen gesehen hättest‹, sagte der Mann mit starrem Lächeln und ohne Vorankündigung,

›wären wir ganz sanft mit dir umgegangen – du würdest nur gefoltert und sterben. Hättest du das Gesicht des Affen gesehen, hätten wir uns immer noch sehr gemäßigt und tolerant gezeigt – du würdest nur gefoltert und bliebst am Leben. Da du jedoch den Schwanz des Affen gesehen hast, müssen wir das härteste Urteil fällen. Es lautet: Du bist frei.‹
Während er diese Worte sprach, hörte ich, wie sich das schmiedeeiserne Schloß, mit dem ich so viel Mühe gehabt hatte, automatisch öffnete: Und dann vernahm ich, daß sich am fernen Ende der dunklen Gänge, durch die ich mich getastet hatte, die Riegel des schweren Eingangstores von selbst zurückschoben.
›Es ist vergebens, um Gnade zu flehen. Du bist frei‹, sagte der Mann mit maskenhaftem Lächeln. ›Von nun an soll dich ein Haar töten wie ein Schwert und ein Atemhauch dich beißen wie eine Natter; Waffen sollen sich aus dem Nichts gegen dich richten, und du sollst viele Tode sterben.‹ Und damit verschwand er wieder in der Wand, und ich ging auf die Straße hinaus.«
Cray hielt inne, und Pater Brown ließ sich unbekümmert auf dem Rasen nieder und begann, Gänseblümchen zu pflücken.
Darin setzte der Oberst seine Erzählung fort: »Putnam mit seinem stets fröhlichen Naturell machte sich natürlich über meine Ängste lustig, und aus dieser Zeit rühren seine Zweifel an meinem geistigen Gleichgewicht. Nun, ich will Ihnen in knappen Worten berichten, welche drei Vorfälle sich seitdem ereignet haben; und Sie sollen urteilen, wer von uns recht hat.
Der erste Vorfall geschah in einem indischen Dorf am Rande des Dschungels, meilenweit von dem Tempel, der Stadt oder jenen Stämmen und Gebräuchen entfernt, wo der Fluch über mich verhängt worden war. Ich erwachte mit-

ten in dunkler Nacht und dachte an nichts Konkretes, als ich plötzlich ein leichtes Kitzeln wie von einem Faden oder Haar an meiner Kehle spürte. Ich schrak entsetzt zurück und mußte an die Worte im Tempel denken. Als ich jedoch aufstand, Licht machte und in einen Spiegel blickte, erkannte ich, daß die Linie an meinem Hals eine Blutspur war.

Der zweite Vorfall ereignete sich in einer Unterkunft in Port Said, wenig später auf unserer Heimreise. Es war eine Mischung aus Schenke und Raritätenladen; und obwohl nichts auch nur im entferntesten an den Kult des Affen erinnerte, ist es natürlich möglich, daß sich an einem solchen Ort seine Bilder oder Talismane befanden. Sein Fluch jedenfalls war dort. Wieder erwachte ich in der Dunkelheit mit einem Gefühl, das sich mit nichts so nüchtern oder genau vergleichen läßt wie mit dem gehauchten Biß einer Natter. Ich fühlte mein Leben verlöschen; ich schlug mit dem Kopf gegen die Wand und schließlich gegen ein Fenster und fiel mehr, als ich sprang, in den darunterliegenden Garten. Putnam, der arme Kerl, der die andere Verwundung als harmlosen Kratzer abgetan hatte, mußte diesmal den Umstand ernst nehmen, daß er mich im Morgengrauen halb bewußtlos im Gras fand. Aber ich fürchte, er nahm nur meinen Geisteszustand ernst und nicht meine Geschichte.

Der dritte Zwischenfall begab sich in Malta. Wir befanden uns in einer Festung; unsere Schlafräume gingen zufällig aufs offene Meer hinaus, das fast bis zu den Fensterbänken hinaufbrandete, wäre es nicht von einer flachen, weißen Außenmauer, blank wie die See, aufgehalten worden. Wieder wachte ich nachts auf, doch es war nicht dunkel. Als ich zum Fenster ging, bemerkte ich, daß Vollmond war; man hätte einen Vogel auf den nackten Zinnen oder ein Segel am fernen Horizont erkennen können. Was ich jedoch sah, war eine Art Stock oder Zweig, der ohne fremde Hilfe am leeren Himmel einen Bogen beschrieb. Er flog geradewegs durch mein Fenster herein und zertrümmerte die Nachttischlampe an meinem Bett, das ich soeben verlassen hatte. Es war eines jener Wurfhölzer, die einige fernöstliche Stämme im Krieg verwenden. Doch keine menschliche Hand hatte es geschleudert.«

Pater Brown warf den Kranz aus Gänseblümchen weg, den er geflochten hatte, und erhob sich mit nachdenklichem Blick. »Besitzt Major Putnam«, fragte er, »irgendwelche asiatischen Raritäten, Götzenbilder, Waffen oder dergleichen, die einem einen Hinweis geben könnten?«

»Jede Menge, aber ich fürchte, sie sind keine große Hilfe«, antwortete Cray, »aber werfen Sie auf alle Fälle einen Blick in sein Arbeitszimmer.«

Als sie das Zimmer betraten, begegneten sie Miss Watson, die gerade ihre Handschuhe für den Kirchgang zuknöpfte, und hörten, wie Putnam unten dem Koch noch immer einen Vortrag über das Kochen hielt. Im Arbeitszimmer und Raritätenkabinett des Majors stießen sie auf eine dritte Person, einen Mann mit Zylinder und in Straßenkleidung, der in ein Buch vertieft war, das aufgeklappt auf dem Rauchtisch lag und das er schuldbewußt fallen ließ, als er sich zu ihnen umwandte.

Cray stellte ihn zwar höflich als Dr. Oman vor, aber in seinem Gesicht spiegelte sich ein solches Mißfallen, daß Brown vermutete, die beiden wären Rivalen – ob mit Wissen Audreys oder nicht. Auch teilte er ein wenig Crays Abneigung. Dr. Oman war in der Tat ein sehr elegant gekleideter Herr; er hatte ein gutgeschnittenes Gesicht, wenn es auch fast so dunkel war wie das eines Asiaten. Doch Pater Brown mußte sich strikt ermahnen, daß man Milde auch

jenen Menschen gegenüber walten lassen solle, die ihre Spitzbärte pomadisieren, die zierlichen Finger in Handschuhe stecken und in singendem Tonfall sprechen.
Cray schien sich besonders über das kleine Gebetbuch in Omans dunkel behandschuhter Hand zu ärgern. »Ich wußte gar nicht, daß Sie sich dafür interessieren«, sagte er ziemlich grob.
Oman lächelte, ohne beleidigt zu sein. »Dies liegt schon mehr auf meiner Linie, ich weiß«, sagte er und legte die Hand auf das dicke Buch, das er weggelegt hatte, »ein Nachschlagewerk über Drogen und dergleichen. Aber es ist etwas zu groß, um es mit in die Kirche zu nehmen.« Damit schloß er das größere Buch und zeigte erneut eine gewisse Eile und Verlegenheit.
»Ich nehme an«, sagte der Priester, darauf bedacht, das Thema zu wechseln, »all diese Speere und die anderen Dinge stammen aus Indien?«
»Von überallher«, antwortete der Arzt. »Putnam ist ein alter Militär, und er war in Mexiko, Australien und, soviel ich weiß, auch auf den Kannibalen-Inseln.«
»Ich hoffe, er hat seine Kochkünste nicht ausgerechnet auf den Kannibalen-Inseln gelernt«, sagte Brown und ließ seinen Blick über die großen Töpfe und andere merkwürdige Gegenstände an der Wand schweifen.
In diesem Augenblick steckte das fröhliche Objekt ihrer Gespräche sein lachendes, krebsrotes Gesicht durch die Tür. »Komm, Cray«, rief er. »Dein Essen wird gerade aufgetragen. Und die Glocken läuten für diejenigen, die in die Kirche gehen wollen.«
Cray eilte nach oben, um sich umzukleiden; Dr. Oman und Miss Watson schritten mit einer Reihe anderer Kirchgänger feierlich die Straße hinab; doch Pater Brown bemerkte, daß der Arzt sich zweimal umdrehte und das Haus mit

forschendem Blick betrachtete und daß er, obwohl er schon um die Ecke gebogen war, noch einmal zurückkam und das Haus fixierte.

Der Priester sah verwirrt aus. »*Er* kann nicht an dem Müllbehälter gewesen sein«, murmelte er. »Nicht in diesen Kleidern. Oder war er schon früher am Tage dort?«

Pater Brown war im Umgang mit anderen Menschen normalerweise so feinfühlig wie ein Barometer; heute jedoch benahm er sich wie ein rechter Dickhäuter. Mit keiner gesellschaftlichen Regel, strikt oder großzügig angewendet, ließ sich seine weitere Anwesenheit während des Mahls der angloindischen Freunde rechtfertigen; dennoch blieb er und versuchte, sein ungebührliches Benehmen hinter einer Flut amüsanter, jedoch völlig unsinniger Geschichten zu verbergen. Er war um so rätselhafter, da er absolut nicht dazu zu bewegen war, etwas zu essen. Als die hervorragend gewürzten Reis- und Currygerichte, begleitet von den jeweils darauf abgestimmten Weinen, nacheinander vor den beiden aufgetragen wurden, wiederholte er nur immer wieder, heute sei einer seiner Fastentage, kaute an einem Stück Brot und nippte kurz an einem Glas kalten Wassers, das er dann jedoch unberührt stehen ließ. Dagegen sprühte er geradezu vor Erzählfreude.

»Wissen Sie was«, rief er, »ich werde Ihnen einen Salat kredenzen! Ich selbst darf zwar keinen essen, aber ich kann ihn phantastisch anmachen! Dort drüben haben Sie ja einen Kopf Salat.«

»Leider ist das auch das einzige, was wir haben«, antwortete der Major gutgelaunt. »Sie wissen ja, Senf, Essig, Öl und alles andere sind mit dem Gewürzständer und dem Einbrecher verschwunden.«

»Ich weiß«, erwiderte Brown mit ausdruckslosem Gesicht. »Ich habe immer befürchtet, daß das eines Tages passiert.

Darum habe ich immer ein paar Gewürze bei mir. Ich esse so furchtbar gern Salat.«

Und zum großen Erstaunen der beiden Männer holte er einen Pfefferstreuer aus seiner Westentasche und stellte ihn auf den Tisch.

»Ich frage mich, wieso der Einbrecher auch noch den Senf mitnehmen mußte«, fuhr er fort und holte aus einer anderen Tasche einen Senftopf. »Wahrscheinlich für ein Senfpflaster. Essig« – und er zog auch ein Fläschchen dieser Essenz hervor – »habe ich nicht gerade etwas über Essig und Packpapier gehört? Das Öl habe ich, glaube ich, hier links – «

Für einen Augenblick versiegte seine Redseligkeit, denn als er den Blick hob, sah er etwas, was keiner außer ihm bemerkte – die schwarze Gestalt Dr. Omans, der auf dem sonnenbeschienenen Rasen stand und unverwandt ins Zimmer starrte. Bevor er sich wieder gefaßt hatte, ergriff Cray das Wort.

»Sie sind ein richtiger Spaßvogel«, sagte er, ihn anstarrend. »Ich werde mir mal Ihre Predigten anhören, wenn die genauso lustig sind wie Ihre Manieren.«

Seine Stimme schwankte ein wenig, und er lehnte sich in seinem Stuhl zurück.

»Oh, selbst ein Gewürzständer kann Stoff für eine Predigt liefern«, sagte Pater Brown mit ernster Stimme. »Haben Sie noch nie etwas von dem Glauben gehört, der da ist wie ein Senfkorn, oder von der Barmherzigkeit, die mit Öl salbt?[2] Und was den Essig betrifft, kann ein Soldat je den einsamen Soldaten vergessen, der, als die Sonne sich verfinsterte – «

Oberst Cray beugte sich ein wenig vor und packte krampfhaft das Tischtuch.

[2] Mt. 13, 31 – 32; Ps. 23,5–6.

Pater Brown, der dabei war, den Salat anzumachen, gab zwei Löffel Senf in das Wasserglas neben seinem Teller; dann stand er auf und sagte mit völlig veränderter Stimme plötzlich: »Trinken Sie das!«
Im selben Moment lief der Arzt, der bis dahin bewegungslos im Garten gestanden hatte, auf das Haus zu, stieß ein Fenster auf und rief: »Werde ich gebraucht? Ist er vergiftet worden?«
»Beinahe«, sagte Brown mit dem Anflug eines Lächelns; denn das Brechmittel hatte ganz plötzlich seine Wirkung gezeigt. Und Cray lag, nach Luft ringend, aber lebendig, in einem Liegestuhl.
Major Putnam war mit hektisch gerötetem Gesicht aufgesprungen. »Ein Verbrechen!« rief er heiser. »Ich werde die Polizei holen!«
Der Priester hörte, wie er seinen Palmblätterhut vom Haken nahm und zur Eingangstür hinausstürzte; dann fiel das Gartentor ins Schloß. Doch er stand gelassen da und sah Cray an; nach einer Weile sagte er ruhig:
»Ich will Ihnen nicht viel erzählen, nur das, was Sie wissen möchten. Es liegt kein Fluch auf Ihnen. Der Tempel des Affen war entweder ein Zufall oder ein Teil der Täuschung. Die Täuschung war die eines Weißen. Es gibt nur eine einzige Waffe, die bei einer federleichten Berührung eine Blutspur hinterläßt: das Rasiermesser eines Weißen. Es gibt nur eine Methode, einen normalen Raum mit unsichtbarem, betäubendem Gift zu füllen: das Aufdrehen des Gashahns – das Verbrechen eines Weißen. Und es gibt nur eine Art von Stock, der, wenn man ihn aus dem Fenster wirft, sich mitten in der Luft drehen und in das Fenster des Nebenzimmers zurückfliegen kann: den australischen Bumerang. Im Arbeitszimmer des Majors können Sie ein paar Exemplare sehen.«

Mit diesen Worten verließ er das Zimmer und sprach einen Moment mit dem Arzt. Im nächsten Augenblick stürzte Audrey Watson ins Haus und fiel neben Crays Stuhl auf die Knie. Er konnte nicht verstehen, was sie zueinander sagten, aber ihre Gesichter sahen überrascht und keineswegs unglücklich aus. Der Arzt und der Priester schlenderten langsam auf das Gartentor zu.

»Ich nehme an, auch der Major war in sie verliebt«, sagte der Geistliche mit einem Seufzer; und als der andere nickte, bemerkte er: »Sie haben wahre Großmut bewiesen, Doktor. Das war sehr anständig von Ihnen. Aber weshalb haben Sie Verdacht geschöpft?«

»Aufgrund einer Kleinigkeit«, sagte Oman, »aber sie ließ mir keine Ruhe in der Kirche, bis ich zurückging, um mich davon zu überzeugen, daß alles in Ordnung war. Jenes Buch auf dem Tisch war ein Werk über Gifte, und es war an einer Stelle aufgeschlagen, die sich mit einem bestimmten indischen Gift befaßte, das zwar tödlich und schwer nachzuweisen ist, das man aber unter Verwendung eines ganz gewöhnlichen Brechmittels unwirksam machen kann. Ich nehme an, daß er das im letzten Moment gelesen hat – «

»Und er erinnerte sich, daß in dem Gewürzständer Brechmittel standen«, sagte Pater Brown. »Genau. Er warf den Gewürzständer in den Müllbehälter – wo ich ihn mit dem übrigen Silber fand –, um einen Einbruch vorzutäuschen. Aber wenn Sie sich den Pfefferstreuer, den ich auf den Tisch gestellt habe, genau ansehen, werden Sie ein kleines Loch entdecken. Dorthin traf Crays Schuß, wirbelte den Pfeffer auf und brachte den Verbrecher zum Niesen.«

Ein Schweigen entstand. Dann sagte Oman grimmig: »Der Major braucht lange, um die Polizei zu holen.«

»Oder die Polizei, um den Major zu suchen«, sagte der Priester. »Leben Sie wohl.«

VAUDREYS VERSCHWINDEN

Gilbert Keith Chesterton

Sir Arthur Vaudrey, im hellgrauen Sommeranzug, einen weißen Hut verwegen auf dem Hinterkopf, verließ sein Haus und ging munteren Schrittes die Straße am Fluß entlang auf die kleine Gruppe von Häusern zu, die fast wie Nebengebäude seines Besitzes wirkten, betrat den kleinen Weiler – und war wie vom Erdboden verschluckt, als hätte ihn eine Fee hinweggezaubert.

Dieses plötzliche Verschwinden schien um so unerklärlicher, da der Ort überschaubar und die äußeren Umstände ungewöhnlich simpel waren. Den Weiler konnte man kaum als Dorf bezeichnen; eigentlich bestand er nur aus einer einzigen kleinen, verlassenen Straße inmitten ausgedehnter, freier Felder und Ebenen; in den vier oder fünf aneinandergereihten Läden deckten die Bewohner der Gegend, das heißt ein paar Bauern und die Familie in dem großen Haus, ihren dringendsten Bedarf. An der Ecke war ein Metzgerladen, vor dem Sir Arthur anscheinend zuletzt gesehen worden war. Zwei junge Männer, die bei ihm im Hause lebten, hatten ihn dort bemerkt – Evan Smith, der als Sekretär bei ihm tätig war, und John Dalmon, von dem allgemein angenommen wurde, daß er sich demnächst mit Sir Arthurs Mündel verloben würde. Neben dem Metzger befand sich ein kleiner Laden, der viele Funktionen in sich vereinte, wie man das häufig in Dörfern findet; eine kleine, alte Frau verkaufte dort Süßigkeiten, Spazierstöcke, Golfbälle, Klebstoff, Bindfaden und verblaßtes Briefpapier. Daneben war der Tabakwarenhändler; die beiden jungen

Männer waren auf dem Weg dorthin, als sie Sir Arthur zum letzten Mal vor dem Metzgerladen hatten stehen sehen. Es schloß sich eine von zwei Damen betriebene armselige, kleine Schneiderei an. Ein schmuddeliger, schäbiger Laden, der den Vorübergehenden zum Genuß einer sehr dünnen, grünen Limonade aus großen Gläsern einlud, vervollständigte die »Geschäftsstraße« der kleinen Gemeinde. Denn das einzige richtige und anständige Wirtshaus der Umgebung lag außerhalb, ein Stück die Hauptstraße hinunter. Zwischen Wirtshaus und Ort war eine Kreuzung, die von einem Polizisten und dem uniformierten Beamten eines Motorsportclubs bewacht wurde; beide sagten übereinstimmend aus, daß Sir Arthur an dieser Stelle nicht vorbeigekommen sei.

Es war sehr früh an einem strahlenden Sommertag, als der alte Herr, seinen Spazierstock und die gelben Handschuhe schwenkend, fröhlich die Straße hinabgeschritten war. Er hatte etwas von einem Dandy, wirkte jedoch, vor allem in Anbetracht seines Alters, sehr vital und männlich. Seine Körperkraft und seine Beweglichkeit waren noch immer beachtlich, und beim Anblick seines lockigen Haars war man im Zweifel, ob es nun von einem blassen Blond war, das weiß wirkte, oder von einem Weiß, das hellblond aussah. Er hatte ein gutgeschnittenes, bartloses Gesicht mit einer markanten Nase, die der des Herzogs von Wellington glich; am hervorstechendsten aber waren seine Augen. Dies nicht nur im bildlichen Sinne; sie standen, ja quollen geradezu aus dem Kopf und beeinträchtigten als einziges die Harmonie seiner Züge; seine Lippen aber waren sinnlich und wie durch einen Willensakt leicht zusammengepreßt. Er war der Herr über alle Ländereien ringsum und auch Besitzer des kleinen Weilers. In diesen kleinen Orten kennt nicht nur jeder jeden, sondern jeder weiß im allgemeinen auch, wo sich jemand in einem bestimmten Augenblick aufhält. Wenn alles wie immer gewesen wäre, hätte sich Sir Arthur ins Dorf begeben, beim Metzger oder anderenorts seine Wünsche geäußert und wäre innerhalb einer halben Stunde nach Hause zurückgekehrt: so wie die jungen Männer, nachdem sie ihre Zigaretten gekauft hatten. Aber sie trafen niemanden auf ihrem Nachhauseweg; der einzige, dessen sie ansichtig wurden, war der andere Hausgast, ein gewisser Dr. Abbott, der, ihnen den Rücken zuwendend, am Ufer saß und geduldig angelte.

Als sich alle drei Gäste nach ihrer Rückkehr zum Frühstück versammelten, machten sie sich offenbar noch kaum Gedanken über die lange Abwesenheit des Hausherrn, doch als der Tag verging und er eine Mahlzeit nach der anderen versäumte, begannen sie natürlich über seinen Verbleib zu rätseln, und Sybil Rye, die den Haushalt führte, fing an, sich ernstlich Sorgen zu machen. Man stellte wiederholt im Dorf Nachforschungen an, ohne jedoch eine Spur zu entdecken, und als es dunkel wurde, machte sich im Haus offen Angst breit. Sybil hatte nach Pater Brown geschickt, einem alten Freund, der ihr in der Vergangenheit schon einmal in einer schwierigen Situation geholfen hatte; und angesichts der offenkundigen Gefahr hatte er eingewilligt, bis zur Klärung der Angelegenheit zu bleiben.

Als es bei Tagesanbruch noch immer keine neuen Nachrichten gab, machte sich Pater Brown zeitig auf und begab sich selbst auf die Suche; man sah die schwarze untersetzte Gestalt des Priesters auf dem Gartenpfad, der dicht an der Uferböschung verlief; dort ließ er seine kurzsichtigen, verschleierten Augen rundum in die Gegend schweifen.

Dabei bemerkte er, daß eine andere Gestalt noch ruheloser am Ufer entlangging, und er begrüßte Evan Smith, den Sekretär, mit seinem Namen.
Evan Smith war ein hochgewachsener, blonder junger Mann, der ziemlich gequält dreinblickte, was in dieser schwierigen Stunde vielleicht nur natürlich war. Aber eigentlich sah er immer so aus. Vielleicht fiel es mehr auf, weil er den athletischen Körperbau und die Haltung, die blonde Löwenmähne und den Schnurrbart besaß, die – in der Literatur immer und manchmal auch in Wirklichkeit – in Verbindung mit einem freimütigen, freundlichen Benehmen das Markenzeichen des »englischen Jünglings« sind. Doch seine tiefliegenden Augen und sein besorgter Blick bildeten einen düsteren Kontrast zu der hochgewachsenen, blonden Gestalt des romantischen Helden. Pater Brown aber lächelte ihn freundlich an und sagte dann in ernsterem Ton:
»Das ist eine schlimme Angelegenheit.«
»Sehr schlimm für Miss Rye«, antwortete der junge Mann düster, »und ich wüßte nicht, warum ich verheimlichen sollte, daß dies für mich das Schlimmste an der Sache ist, auch wenn sie mit Dalmon verlobt ist. Jetzt sind Sie schockiert, oder?«
Pater Brown sah nicht sehr schockiert aus, doch von seinem Gesicht konnte man oft nicht ablesen, was in ihm vorging; er sagte nur sanft:
»Natürlich nehmen wir alle Anteil an Ihrer Besorgnis. Sie haben nicht zufällig Neuigkeiten oder eine bestimmte Ansicht über die Angelegenheit?«
»Neuigkeiten habe ich nicht gerade«, antwortete Smith, »zumindest habe ich nichts erfahren. Was meine Ansichten betrifft ...« Und er verfiel wieder in brütendes Schweigen.

»Ich würde sehr gern Ihre Meinung über das Ganze hören«, sagte der kleine Priester freundlich. »Nehmen Sie es mir nicht übel, aber ich habe den Eindruck, Sie haben etwas auf dem Herzen.«

Der junge Mann fuhr regelrecht zusammen und stierte den Priester an, wobei er die Stirn auf eine Weise furchte, daß sich seine tiefliegenden Augen düster umschatteten.

»Nun, Sie haben recht«, sagte er schließlich. »Ich glaube, ich muß es einmal jemandem erzählen. Und bei Ihnen scheint es mir gut aufgehoben.«

»Wissen Sie, was Sir Arthur zugestoßen ist?« fragte Pater Brown gelassen, als ginge es um die größte Nebensächlichkeit der Welt.

»Ja«, sagte der Sekretär knapp. »Ich glaube, ich weiß, was Sir Arthur zugestoßen ist.«

»Ein wundervoller Morgen«, sagte eine sanfte Stimme nahe an seinem Ohr, »ein wundervoller Morgen in Anbetracht eines so traurigen Ereignisses.«

Wie von der Tarantel gestochen, fuhr der Sekretär auf, als der lange Schatten Dr. Abbotts in der jetzt schon kräftigen Sonne auf den Weg fiel. Dr. Abbott war noch immer im Schlafrock – einem prächtigen, orientalischen Schlafrock, der mit seinem bunten Blumen- und Drachenmuster den üppigsten Blumenbeeten glich, die unter der strahlenden Sonne gediehen. Außerdem trug er riesige, flache Pantoffeln, die wohl der Grund dafür waren, daß er sich den anderen so geräuschlos hatte nähern können. Eigentlich war er durchaus nicht der Typ, dem man einen derart behenden, leichtfüßigen Gang zugetraut hätte, denn er war ein sehr großer, breiter und schwerer Mann mit einem dicken, gutmütigen, sonnenverbrannten Gesicht; es wurde von einem altmodischen grauen Bart um Wangen und Kinn umrahmt, der ebenso üppig wucherte wie die langen grauen Locken auf seinem ehrwürdigen Haupt. Seine zu Schlitzen verengten Augen blickten verschlafen, und für einen älteren Herrn war er in der Tat sehr früh auf den Beinen; aber mit seinem robusten, wettergegerbten Aussehen glich er einem alten Bauern oder Kapitän, der Wind und Wetter nie gescheut hatte. Er war der einzige Freund und Altersgenosse des Hausherrn unter den anwesenden Gästen.

»Es ist einfach unglaublich«, sagte er kopfschüttelnd. »Diese kleinen Häuser sind wie Puppenstuben, vorn und hinten offen und kaum Platz, um jemanden zu verstecken, selbst wenn man es wollte. Und wer sollte ihn verstecken? Dalmon und ich haben sie gestern genau befragt; meist sind es kleine alte Frauen, die keiner Fliege etwas zuleide tun könnten. Die Männer sind fast alle bei der Ernte, außer dem Metzger; und aus dem Metzgerladen hat man Arthur herauskommen sehen. Und an diesem Abschnitt des Flusses kann ihm nichts geschehen sein, denn dort habe ich den ganzen Tag geangelt.«

Dann sah er Smith an, und einen Moment lang schien sein Blick nicht nur schläfrig, sondern fast ein wenig hinterhältig.

»Ich nehme an, Sie und Dalmon können bezeugen, daß Sie mich auf Ihrem Hin- und Rückweg hier haben sitzen sehen.«

»Ja«, sagte Evan Smith kurz angebunden und ziemlich ungehalten über die lange Unterbrechung.

»Das einzige, was ich mir vorstellen kann«, fuhr Dr. Abbott langsam fort, doch dann wurde er selbst in seinem Einwurf unterbrochen. Eine schlanke und doch kräftige Gestalt überquerte mit schnellen Schritten den grünen Rasen zwischen den fröhlichen Blumenbeeten, und John

Dalmon, ein Blatt Papier in der Hand, trat zu ihnen. Er war gepflegt gekleidet und hatte ein dunkelhäutiges, hübsches, kantiges, an Napoleon erinnerndes Gesicht mit traurigen Augen – so traurig, daß sie wie erloschen wirkten. Er schien noch jung zu sein, aber sein schwarzes Haar war an den Schläfen vorzeitig ergraut.

»Ich habe soeben dieses Telegramm von der Polizei erhalten«, sagte er. »Ich habe ihr gestern abend telegrafiert, und sie teilt mir mit, daß sie umgehend einen Beamten herschickt. Dr. Abbott, wissen Sie sonst noch jemanden, den wir benachrichtigen sollten? Ich meine Verwandte oder Bekannte?«

»Seinen Neffen, Vernon Vaudrey, natürlich«, sagte der alte Mann. »Wenn Sie mit mir kommen wollen, kann ich Ihnen seine Anschrift geben und – Ihnen etwas recht Merkwürdiges über ihn erzählen.«

Dr. Abbott und Dalmon gingen in Richtung Haus davon, und als sie weit genug entfernt waren, sagte Pater Brown schlicht, als hätte es nie eine Unterbrechung gegeben: »Was wollten Sie gerade sagen?«

»Sie haben Nerven wie Drahtseile«, sagte der Sekretär. »Ich nehme an, das kommt von den vielen Beichten, die Sie anhören müssen. Ich komme mir auch so vor, als würde ich eine Beichte ablegen. Manchen Leuten wäre vielleicht die Lust auf ein Geständnis vergangen, als der seltsame alte Elefant da wie eine Schlange herangekrochen kam. Aber ich glaube, ich bleibe bei meinem Vorsatz, obwohl es nicht um meine eigene Beichte, sondern um die eines anderen geht.« Er hielt einen Moment inne, runzelte die Stirn und zupfte an seinem Schnurrbart; dann sagte er unvermittelt: »Ich glaube, Sir Arthur hat sich aus dem Staub gemacht, und ich glaube, ich weiß auch, warum.«

Einen Augenblick war es still, dann brach es erneut aus ihm hervor.

»Ich bin in einer abscheulichen Situation, und die meisten Menschen würden sagen, daß ich etwas Verwerfliches tue. Ich schlüpfe in die Rolle eines Kriechers und gemeinen Denunzianten und glaube trotzdem, daß ich nur meine Pflicht tue.«

»Das müssen Sie selbst beurteilen«, sagte Pater Brown ernst. »Was ist also mit Ihrer Pflicht?«

»Ich befinde mich in der äußerst üblen Lage, einen Rivalen, dazu noch einen erfolgreichen Rivalen, anschwärzen zu müssen«, sagte der junge Mann bitter, »und ich sehe keinen Weg, es zu vermeiden. Sie fragten nach der Erklärung für Vaudreys Verschwinden. Ich bin davon überzeugt, daß Dalmon die Erklärung ist.«

»Sie glauben«, fragte der Priester gefaßt, »Dalmon hat Sir Arthur umgebracht?«

»Nein!« entfuhr es Smith mit erschreckender Heftigkeit. »Nein und hundertmal nein! Das hat er nicht, was er auch sonst getan haben mag. Er ist kein Mörder, was er auch sonst sein mag. Er hat das beste aller möglichen Alibis: die Aussage eines Mannes, der ihn haßt. Ich würde bestimmt nicht aus Liebe zu Dalmon einen Meineid schwören; und ich könnte vor jedem Gerichtshof der Welt beschwören, daß er dem alten Mann gestern nichts angetan hat. Dalmon und ich waren den ganzen Tag zusammen, jedenfalls in der Zeit, auf die es ankommt, und er hat im Dorf nur Zigaretten gekauft; und hier im Haus hat er sie geraucht und in der Bibliothek gelesen. Das war alles. Nein, ich glaube zwar, daß er ein Verbrecher ist, aber er hat Vaudrey nicht umgebracht. Ich könnte sogar sagen: *Weil* er ein Verbrecher ist, hat er Vaudrey nicht umgebracht.«

»Gut«, sagte sein Zuhörer geduldig, »und was bedeutet das?«

»Es bedeutet«, erwiderte der Sekretär, »daß er ein Verbrecher ist, der ein anderes Verbrechen begeht: eines, das voraussetzt, daß Vaudrey am Leben bleibt.«

»Oh, ich verstehe«, sagte Pater Brown.

»Ich kenne Sybil Rye recht gut, und ihr Charakter spielt in dieser Geschichte eine entscheidende Rolle. Sie ist ein feiner Mensch, in des Wortes doppelter Bedeutung, das heißt, sie ist vornehm und überaus empfindsam. Sie gehört zu den schrecklich gewissenhaften Menschen, ohne jedoch jenen Panzer aus Gewohnheit und praktischem Verstand zu besitzen, den sich viele gewissenhafte Menschen zulegen. Sie ist überempfindlich und zugleich völlig selbstlos. Ihre Lebensgeschichte ist merkwürdig: Sie blieb nahezu mittellos als Waise zurück, und Sir Arthur nahm sie bei sich auf und behandelte sie sehr zuvorkommend, was viele Leute erstaunte; denn, ohne dem alten Mann zu nahe treten zu wollen, das war sonst nicht seine Art. Aber als sie etwa siebzehn war, kam die Erklärung und traf sie wie ein Schock: Ihr Vormund hielt um ihre Hand an. Nun komme ich zu dem mysteriösen Teil der Geschichte. Irgendwie hatte Sybil von jemandem – ich vermute, vom alten Abbott – erfahren, daß Sir Arthur Vaudrey in seinen stürmischen Jugendjahren an einem Menschen ein Verbrechen, zumindest ein großes Unrecht begangen hatte, wodurch er in ernste Schwierigkeiten geraten war. Ich weiß nicht, worum es ging. Jedenfalls war es wie ein Alptraum für das gerade heranreifende, empfindsame Mädchen und ließ ihn in ihren Augen wie ein Ungeheuer erscheinen, also denkbar ungeeignet für eine so enge Beziehung wie eine Ehe. Was sie tat, war ausgesprochen typisch für sie. In hilflosem Schrecken, aber heldenhaften Mutes sagte sie ihm mit zitternden Lippen die Wahrheit. Sie räumte ein, ihre Abneigung sei vielleicht krankhaft; sie bekannte sich dazu wie zu einer geheimen Geisteskrankheit. Zu ihrer Erleichterung und Überraschung nahm er ihre Antwort ruhig und höflich auf und berührte das Thema offenbar nicht mehr; und der Eindruck seiner Großzügigkeit vertiefte sich noch bei ihr im weiteren Verlauf der Geschichte. In ihr einsames Leben trat ein ebenso einsamer Mann. Er hauste wie eine Art Einsiedler auf einer Insel im Fluß, und vermutlich machte ihn das Rätsel um seine Person besonders anziehend, obwohl ich zugeben muß, daß er auch so anziehend genug ist; ein Gentleman eben, geistreich, wenn auch sehr melancholisch – was das Romantische der Geschichte meines Erachtens noch erhöhte. Es war natürlich dieser Dalmon, und bis heute weiß ich nicht, wie sehr sie ihm zugetan ist; immerhin aber erhielt er die Erlaubnis, bei ihrem Vormund vorzusprechen. Ich kann mir die Höllenqualen ausmalen, mit denen sie der Unterredung entgegensah und sich fragte, wie er wohl das Auftauchen eines Rivalen aufnehmen würde. Aber wieder mußte sie feststellen, daß sie ihm offensichtlich unrecht getan hatte. Er empfing den jüngeren Mann mit herzlicher Gastfreundschaft und schien über die gemeinsame Zukunft des jungen Paares hoch erfreut zu sein. Er und Dalmon gingen zusammen auf die Jagd und zum Angeln und erwiesen sich als die besten Freunde, da traf Sybil eines Tages ein weiterer Schock. Dalmon entschlüpfte im Verlauf einer Unterhaltung zufällig der Satz, der alte Mann habe ›sich in den vergangenen dreißig Jahren nicht sehr verändert‹, und ihr ging schlagartig die Wahrheit über die merkwürdige Vertrautheit der beiden auf. Die Einführung Dalmons und die herzliche Aufnahme des Fremden waren lediglich Verstellung gewesen; die Männer hatten sich offensichtlich bereits gekannt. Deshalb also war der jüngere Mann heimlich in diese Gegend gekommen. Deshalb also hatte sich der ältere Mann so ins Zeug gelegt und die Verbindung gefördert. Ich wüßte gern, was Sie über die Sache denken.«

»Ich weiß, was Sie denken«, sagte Pater Brown mit einem Lächeln, »und es erscheint vollkommen logisch. Auf der einen Seite Vaudrey mit einem dunklen Punkt in seiner Vergangenheit – auf der anderen ein geheimnisvoller Fremder, der ihn verfolgt und von ihm bekommt, was er will. Mit anderen Worten, Sie halten Dalmon für einen Erpresser.«

»Ja«, sagte der andere, »und das ist keine angenehme Vorstellung.«

Pater Brown dachte einen Augenblick nach und sagte dann: »Ich denke, ich gehe jetzt ins Haus und unterhalte mich mal mit Dr. Abbott.«

Als er nach ein paar Stunden wieder herauskam, mochte er vielleicht mit Dr. Abbott gesprochen haben; er erschien jedoch in Begleitung von Sybil Rye, einem zierlichen, blassen Mädchen mit rotem Haar und zartem Profil. Bei ihrem Anblick verstand man auf der Stelle, was der Sekretär mit der Beschreibung ihrer Wehrlosigkeit und freimütigen Offenheit gemeint hatte. Sie erinnerte an die sagenhafte Lady Godiva[1] und an die Geschichten von jungfräulichen Märtyrerinnen; nur schüchterne Menschen können so ihre Scham ablegen, wenn ihr Gewissen sie dazu zwingt. Smith ging auf sie zu, und eine Weile standen sie miteinander plaudernd auf dem Rasen. Die Sonne, die seit dem frühen Morgen schien, brannte nun grell und stechend auf sie hernieder; Pater Brown jedoch hatte seinen schwarzen

[1] Englische Sagengestalt; Gattin des Grafen Leofric (11. Jh.), die, um die Bürger von einer harten Steuer ihres Mannes zu befreien, nackt, nur in ihre Haare gehüllt, durch die Stadt geritten sein soll.

Regenschirm bei sich und trug seinen schwarzen, schattenspendenden Hut; er schien dafür gerüstet, dem Gewitter die Stirn zu bieten. Aber vielleicht drückte sich dies nur unbewußt in seiner Haltung aus, und vielleicht war das Gewitter auch kein Gewitter im eigentlichen Sinn.
»Was ich so schlimm finde«, sagte Sybil leise, »ist, daß bereits das Gerede beginnt; jeder wird verdächtigt. John und Evan können sich wohl gegenseitig entlasten; aber Dr. Abbott hatte einen bösen Wortwechsel mit dem Metzger, der glaubt, daß man ihn beschuldigt und nun seinerseits Verdächtigungen ausstreut.«
Evan Smith sah ziemlich unbehaglich drein, dann stieß er hervor: »Schau, Sybil, ich kann nicht viel sagen, aber wir halten das alles für überflüssig. Das Ganze ist scheußlich, aber wir glauben nicht, daß es eine – Gewalttat gegeben hat.«
»Haben Sie denn eine Theorie?« fragte das Mädchen und sah den Priester eindringlich an.
»Ich hab eine Theorie gehört«, antwortete er, »die mir sehr überzeugend vorkommt.«
Er stand und blickte nachdenklich über den Fluß, und Smith und Sybil begannen rasch und leise miteinander zu reden. Der Priester ging vor sich hin sinnend am Ufer entlang und verschwand in einer Schonung aus schmalen Bäumen, die auf einem Vorsprung in den Fluß hinausragte. Die kräftige Sonne ließ den dünnen Schleier aus tanzenden Blättern wie kleine, grüne Flammen aufblitzen, und alle Vögel zwitscherten, als sängen die Bäume mit hundert Zungen. Ein paar Minuten später hörte Evan Smith, wie jemand aus der grünen Tiefe des Dickichts halblaut, jedoch deutlich verständlich seinen Namen rief. Schnell lief er in die Richtung, aus welcher der Ruf gekommen war, da eilte ihm Pater Brown schon entgegen. Mit einem Flüstern sagte der Priester zu ihm:

»Verhindern Sie, daß die Dame hierherkommt. Können Sie sie nicht unter einem Vorwand loswerden? Bitten Sie sie zu telefonieren oder etwas dergleichen; und kommen Sie dann wieder her.«

Mit demonstrativ zur Schau getragener Sorglosigkeit näherte sich Evan Smith dem Mädchen; aber sie gehörte zu den Menschen, die man leicht dazu bringen kann, Gefälligkeiten für andere zu erledigen. Binnen kurzem war sie im Haus verschwunden; Smith lief zurück und stellte fest, daß Pater Brown wieder ins Dickicht getaucht war. Gleich jenseits der Baumgruppe befand sich eine schmale Schlucht, deren grasbewachsene Hänge bis zum Fluß abfielen. Pater Brown stand am Rand dieser Erdspalte und blickte hinab; aber – war es Zufall oder Absicht? – er hielt seinen Hut in der Hand, obwohl ihm die glühende Sonne aufs Haupt schien.

»Sie sollten sich das besser auch ansehen«, sagte er düster, »aus Beweisgründen. Aber machen Sie sich auf etwas Furchtbares gefaßt.«

»Worauf?« fragte der andere.

»Auf das Schrecklichste, das ich je in meinem Leben gesehen habe«, sagte Pater Brown.

Evan Smith trat rasch an den Rand des grasbewachsenen Abhangs und konnte nur mit Mühe einen Aufschrei unterdrücken.

Sir Arthur Vaudrey starrte grinsend zu ihm herauf; das Gesicht war nach oben gerichtet, so daß er seinen Fuß hätte darauf stellen können; der Kopf war zurückgeworfen, und die gelblichweiße Mähne kam ihm entgegen, so daß er das Gesicht verkehrt herum sah. Das machte alles noch gräßlicher: Es schien, als habe man einem Mann den Kopf falsch aufgesetzt. Was tat er da? War es möglich, daß Vaudrey dort umherkroch, sich in der Uferspalte verbarg und in dieser unnatürlichen Stellung zu ihnen heraufspähte? Der Körper schien zusammengekauert und gekrümmt, als wäre er verkrüppelt. Doch bei näherem Hinsehen erkannte man, daß es nur die perspektivisch verkürzten Glieder waren, die diesen Eindruck hervorriefen. War Vaudrey vielleicht verrückt? Je länger Smith ihn betrachtete, um so starrer erschien ihm die Haltung des Körpers.

»Sie können es von hier aus nicht richtig sehen«, sagte Pater Brown, »aber seine Kehle ist durchgetrennt.«

Smith erschauerte plötzlich. »Ich glaube Ihnen aufs Wort, daß es das Schrecklichste ist, was Sie je gesehen haben«, sagte er. »Ich glaube, das liegt daran, daß man das Gesicht verkehrt herum sieht. Seit zehn Jahren sehe ich dieses Gesicht täglich mehrmals bei den Mahlzeiten; und immer sah es freundlich und höflich aus. Nun sieht man es verkehrt herum, und es hat etwas Teuflisches.«

»Das Gesicht lächelt«, stellte Pater Brown nüchtern fest, »was kein unerheblicher Teil des Rätsels ist. Es gibt nicht viele Menschen, die lächeln, während man ihnen die Kehle durchschneidet, selbst wenn sie es selbst tun. Dieses Lächeln und die Stachelbeeraugen, die ihm schon immer fast aus dem Kopf traten, machen allein schon einen schauderhaften Eindruck. Aber es ist wahr, die Dinge sehen völlig anders aus, wenn man sie auf den Kopf stellt. Maler stellen ihre Bilder oft auf den Kopf, um sie auf Fehler zu überprüfen. Manchmal, wenn es schwierig ist, das Objekt selbst umzudrehen – das Matterhorn zum Beispiel –, machen sie auch einen Kopfstand oder schauen zwischen den Beinen hindurch.«

Der Priester, der dies alles so munter hervorsprudelte, um die Nerven des anderen Mannes zu beruhigen, schloß mit den ernsten Worten: »Ich kann gut verstehen, daß der

Anblick Sie umgeworfen hat. Leider hat er auch noch etwas anderes umgeworfen.«

»Wovon sprechen Sie?«

»Er hat unsere schöne Theorie damit ganz und gar über den Haufen geworfen«, antwortete der andere und machte sich daran, die Böschung bis zu dem schmalen Sandstreifen am Fluß hinabzuklettern.

»Vielleicht hat er es selbst getan«, sagte Smith plötzlich. »Schließlich ist dies die naheliegendste Form, sich einer Verfolgung zu entziehen, und es paßt sehr gut in unsere Theorie. Er suchte einen verschwiegenen Ort, kam her und schnitt sich die Kehle durch.«

»Er kam überhaupt nicht hierher«, sagte Pater Brown. »Jedenfalls nicht lebend und nicht auf dem Landweg. Er wurde nicht hier umgebracht, dafür gibt es zu wenig Blutspuren. Die warme Sonne hat sein Haar und seine Kleider inzwischen fast getrocknet; aber im Sand sieht man noch die Spuren zweier Rinnsale. Ungefähr bis hier steigt die Flut und bildet einen Strudel, der den Leichnam in die Spalte schwemmte; dort blieb er liegen, als die Flut zurückging. Aber der Körper muß vorher den Fluß heruntergetrieben sein, wahrscheinlich vom Dorf her, denn er fließt genau hinter der Häuser- und Ladenzeile vorbei. Der arme Vaudrey starb auf irgendeine Weise im Ort; und ich glaube auch nicht, daß er Selbstmord beging. Die Frage ist nur: Wer in diesem Nest sollte oder könnte ihn getötet haben?« Er begann, mit der Spitze seines plumpen Regenschirms eine grobe Skizze in den Sand zu zeichnen.

»Überlegen wir mal; in welcher Reihenfolge sind die Läden angeordnet? Zuerst kommt die Metzgerei; ein Metzger mit seinem langen Schlächtermesser wäre natürlich der ideale Täter. Aber Sie selbst sahen Vaudrey herauskommen, und es ist auch nicht sehr wahrscheinlich, daß er im Laden stand und der Metzger zu ihm sagte: ›Guten Morgen! Gestatten Sie, daß ich Ihnen die Kehle durchschneide? Vielen Dank. Darf es noch etwas sein?‹ Ich halte Sir Arthur nicht gerade für den Mann, der dies mit einem freundlichen Lächeln hätte geschehen lassen. Er war sehr stark und kräftig und besaß ein heftiges Temperament. Und wer, außer dem Metzger, hätte es mit ihm aufnehmen können? Der Laden daneben wird von einer alten Frau unterhalten. Dann folgt der Tabakwarenhändler, der zwar ein Mann, aber, wie ich hörte, ein recht schüchterner Mann ist. Dann die von zwei alten Jungfern betriebene Schneiderei und die kleine Trinkstube, die einem Mann gehört, der zur Zeit im Krankenhaus liegt und von seiner Frau vertreten wird. Es gibt zwei, drei Dorfburschen, Gehilfen oder Laufjungen, die jedoch alle mit speziellen Aufträgen unterwegs waren. Hinter der Trinkstube hört die Straße auf; etwas weiter entfernt befindet sich nur noch das Wirtshaus, und auf dem Weg dorthin steht der Polizist.«

Mit der eisernen Spitze seines Schirms bohrte Brown ein Loch in den Sand, um den Polizisten zu markieren, und starrte weiter grüblerisch den Fluß hinauf. Dann machte er eine leichte Bewegung mit der Hand, ging eilig zu dem Leichnam und beugte sich darüber.

»Natürlich«, sagte er, während er sich aufrichtete und einen erleichterten Seufzer ausstieß. »Der Tabakhändler! Warum nur ist mir das nicht gleich eingefallen?«

»Was ist los mit Ihnen?« fragte Smith erstaunt, denn Pater Brown verdrehte die Augen und murmelte vor sich hin; und das Wort »Tabakhändler« hatte er so düster ausgesprochen, als wäre es ein wahrhaft verhängnisvolles Wort.

»Ist Ihnen«, fragte der Priester nach einer Pause »nicht etwas Merkwürdiges an seinem Gesicht aufgefallen?«

»Merkwürdig, guter Gott!« sagte Evan, und die Erinnerung ließ ihn erschauern. »Immerhin war seine Kehle ...«

»Ich sprach von seinem Gesicht«, sagte der Geistliche ruhig. »Haben Sie übrigens bemerkt, daß er sich an der Hand verletzt hat und einen kleinen Verband trägt?«

»Oh, das hat nichts mit der Sache zu tun«, sagte Evan hastig. »Das ist schon vorher passiert und war ein Unfall. Er schnitt sich die Hand an einem zerbrochenen Tintenfaß auf, während wir zusammen arbeiteten.«

»Es hat sehr wohl etwas damit zu tun«, antwortete Pater Brown.

Es entstand ein langes Schweigen, und der Priester ging nachdenklich das sandige Ufer entlang, wobei er seinen Regenschirm hinter sich her schleifte und von Zeit zu Zeit das Wort »Tabakhändler« murmelte, bis schon das Wort allein genügte, um seinem Begleiter nackte Angst einzuflößen. Dann hob der Priester mit einemmal den Schirm und zeigte auf ein Bootshaus, das zwischen den Dünen auftauchte.

»Ist das Vaudreys Boot?« fragte er. »Wären Sie so freundlich, mich den Fluß hinaufzurudern? Ich möchte mir gern einmal die Rückseite dieser Häuser ansehen. Wir haben keine Zeit zu verlieren. Man könnte inzwischen den Leichnam entdecken; aber das müssen wir riskieren.«

Smith ruderte das kleine Boot bereits stromauf in Richtung auf das Dorf, als Pater Brown wieder sprach.

Er sagte:

»Übrigens habe ich vom alten Abbott die Wahrheit über das Vergehen des armen Vaudrey erfahren. Es handelt sich um eine ziemlich seltsame Geschichte über einen ägyptischen Beamten, der ihn mit den Worten beleidigt hatte, ein guter Moslem meide Schweine und Engländer, wenn er sich jedoch entscheiden müsse, würde er Schweine vorziehen; so oder ähnlich lautete seine taktvolle Bemerkung. Was immer danach vorgefallen war, der Streit wurde jedenfalls Jahre später fortgesetzt, als der ägyptische Beamte England besuchte; in seiner leidenschaftlichen Wut zerrte Vaudrey den Mann zu einem Schweinestall des zum Gut gehörenden Gehöfts und warf ihn hinein, brach ihm dabei einen Arm und ein Bein und ließ ihn bis zum nächsten Morgen hilflos liegen. Der Fall erregte natürlich ziemliches Aufsehen, doch viele Leute entschuldigten Vaudreys Verhalten damit, daß er aus glühendem Patriotismus gehandelt habe. Wie dem auch sei, die Sache erscheint mir jedoch kaum so gravierend, daß sich ein Mensch jahrzehntelang deshalb erpressen lassen würde.«

»Dann sind Sie also nicht der Meinung, daß sie etwas mit unserer Vorstellung von der Geschichte zu tun hat?« fragte der Sekretär nachdenklich.

»Ich glaube, sie hat mit meiner jetzigen Vorstellung vom Tathergang ungeheuer viel zu tun«, sagte Pater Brown.

Sie glitten jetzt an der niedrigen Mauer am Ende der steil abfallenden, schmalen Gärten vorüber, die von den Hintertüren zum Fluß verliefen. Pater Brown zählte sie sorgfältig unter Zuhilfenahme seines Schirms, und als er bei der dritten angelangt war, sagte er erneut:

»Der Tabakhändler! Ist der Tabakhändler vielleicht zufällig …? Aber ich denke, ich verlasse mich auf meine Ahnung, bis ich es genau weiß. Ich will Ihnen nur sagen, was mir an Sir Arthurs Gesicht so seltsam vorkam.«

»Und was war das?« fragte sein Begleiter und hielt für einen Augenblick die Ruder still.

»Er war ein eitler Dandy«, sagte Pater Brown, »und doch war sein Gesicht nur halb rasiert … Könnten Sie hier einen Moment anhalten? Vielleicht machen wir das Boot an dem Pfahl fest.«

Ein paar Minuten später waren sie über die niedrige Mauer geklettert und stiegen die steilen, gepflasterten Wege durch den kleinen Garten mit seinen rechteckigen Gemüse- und Blumenbeeten hinauf.

»Aha, der Tabakhändler baut also *wirklich* Kartoffeln an«, sagte Pater Brown. »Assoziationen an Sir Walter Raleigh[2], zweifellos. Und wo es reichlich Kartoffeln gibt, gibt es auch reichlich Kartoffelsäcke. Diese kleinen Leute auf dem Land haben noch nicht all ihre bäuerlichen Gewohnheiten aufgegeben; sie üben noch immer zwei oder drei Berufe gleichzeitig aus. Aber die Tabakhändler auf dem Land haben eine besonders seltsame Nebenbeschäftigung, an die ich erst gedacht habe, als ich Vaudreys Kinn sah. Man spricht zwar im allgemeinen vom Tabakwarenladen, aber man kann sich dort auch rasieren lassen. Vaudrey hatte sich in die Hand geschnitten und konnte sich nicht selbst rasieren; deshalb kam er hierher. Fällt Ihnen dazu etwas ein?«

»Dazu fällt mir schon einiges ein«, antwortete Smith, »aber ich vermute, Ihnen fällt noch eine ganze Menge mehr ein.«

»Fällt Ihnen dabei zum Beispiel die einzige Situation ein, in der ein kräftiger und ziemlich gewalttätiger Gentleman freundlich lächeln könnte, wenn man ihm die Kehle durchschneidet?« fragte Pater Brown.

Im nächsten Augenblick durchquerten sie ein paar dunkle Gänge im rückwärtigen Teil des Hauses und gelangten in das Hinterzimmer des Ladens, das nur schwach erhellt wurde von dem Licht, das von draußen hereinsickerte und sich in einem blinden, gesprungenen Spiegel brach. Man kam sich wie im grünen Zwielicht einer Zelle vor; aber es war hell genug, um die groben Umrisse der Einrichtung eines Friseurladens und das bleiche, angstverzerrte Gesicht des Barbiers zu erkennen.

Pater Browns Blick schweifte durch den Raum, der den Eindruck machte, als wäre er erst vor kurzem geputzt und aufgeräumt worden, bis seine Augen einen Gegenstand in einer staubigen Ecke hinter der Tür erspähten. Es war ein Hut, der dort am Haken hing. Der Hut war weiß und im ganzen Dorf nur allzu gut bekannt. Doch so sehr er auf der Straße immer aufgefallen war – jetzt schien er nur ein beliebiges Beispiel für die Kleinigkeit zu sein, die manche Verbrecher oft übersehen, nachdem sie äußerst sorgsam die Böden aufgewischt oder blutbefleckte Kleidungsstücke vernichtet haben.

»Ich glaube, Sir Arthur Vaudrey ist gestern morgen hier rasiert worden«, stellte Pater Brown sachlich fest.

Dem Barbier, einem kleinen, kahlköpfigen, bebrillten Mann mit dem Namen Wicks, war beim plötzlichen Auftauchen der zwei Gestalten aus seinem eigenen Hinterzimmer, als seien zwei Geister einem Grab entstiegen. Aber es war ihm sofort anzumerken, daß er etwas anderes viel mehr fürchtete als übernatürliche Erscheinungen. Er zog sich, förmlich zusammenschrumpfend, in eine Ecke des dunklen Raumes zurück, ja alles an ihm schien sich zu verkleinern, bis auf seine großen Brillengläser, die den Augen eines Kobolds glichen.

»Sagen Sie mir eines«, fuhr der Priester ruhig fort. »Hatten Sie einen Grund, Sir Arthur zu hassen?«

Der Mann in der Ecke stammelte etwas, was Smith nicht verstehen konnte; doch der Priester nickte.

»Ich wußte es«, sagte er. »Sie haben ihn gehaßt. Und daher weiß ich, daß Sie ihn nicht umgebracht haben. Wollen Sie uns erzählen, was geschehen ist, oder soll ich es sagen?«

In der darauf folgenden Stille hörte man nur das schwa-

[2] W.R. (1552–1618), englischer Seefahrer, der angeblich den Tabak nach Westeuropa brachte.

che Ticken einer Uhr aus der Küche; dann fuhr Pater Brown fort.

»Folgendes ist geschehen: Als Mr. Dalmon Ihren Laden betrat, fragte er nach bestimmten Zigaretten in der Auslage. Sie liefen einen Augenblick nach draußen, wie es Verkäufer oft tun, um festzustellen, welche Sorte er meinte; und in genau diesem Moment entdeckte er drinnen das Rasiermesser, das Sie gerade weggelegt hatten, und die gelblichweiße Mähne Sir Arthurs im Rasierstuhl; wahrscheinlich schimmerten beide im Licht des gegenüberliegenden Fensters. Er brauchte nur einen Moment, um das Rasiermesser zu nehmen, Vaudrey die Kehle durchzuschneiden und zum Ladentisch zurückzukehren. Das Opfer wäre nicht einmal über das Rasiermesser und die Hand, die es führte, beunruhigt gewesen. Er starb mit einem Lächeln über seine eigenen Gedanken. Und was für Gedanken! Ich glaube auch nicht, daß Dalmon beunruhigt war. Er hatte die Tat so schnell und lautlos begangen, daß Mr. Smith vor Gericht hätte schwören können, die ganze Zeit über mit ihm zusammengewesen zu sein. Aber es gab jemanden, der beunruhigt war, und zwar zu Recht, und das waren Sie. Sie hatten sich mit Ihrem Gutsherrn über noch ausstehende Mieten oder ähnliches gestritten; nun kamen Sie zurück in Ihren Laden und fanden Ihren Feind ausgerechnet in Ihrem Rasierstuhl und mit Ihrem Rasiermesser ermordet vor. Es war nur zu natürlich, daß Sie verzweifelt versuchten, jeden Verdacht von sich zu lenken, und es vorzogen, die Spuren zu beseitigen, den Boden zu wischen und die Leiche in einem locker zugebundenen Kartoffelsack nachts in den Fluß zu werfen. Zum Glück gibt es feste Zeiten, zu denen Ihr Laden geschlossen ist; also blieb Ihnen genügend Zeit. Sie scheinen an alles gedacht zu haben, bis auf den Hut

... Oh, haben Sie keine Angst. Ich werde alles vergessen, auch den Hut.«

Und er ging, gefolgt von dem staunenden Smith, seelenruhig durch den Laden auf die Straße und ließ den Barbier betäubt und mit starrem Blick zurück.

»Verstehen Sie«, sagte Pater Brown zu seinem Begleiter »dies ist einer jener Fälle, in denen das Motiv nicht ausreicht, einen Mann zu überführen, sondern eher dazu dient, ihn zu entlasten. Ein kleiner, nervöser Kerl wie der Barbier wäre der letzte, der so weit ginge, einen großen, kräftigen Mann wegen einer Geldstreitigkeit umzubringen. Aber er wäre der erste, der fürchten würde, daß man ihn der Tat verdächtigt ... Ach, welch ein Riesenunterschied zu dem Motiv des Mannes, der den Mord beging.« Und er verfiel wieder ins Grübeln, wobei er ins Leere starrte.

»Es ist einfach entsetzlich«, stöhnte Evan Smith. »Vor ein paar Stunden habe ich Dalmon zwar als Lump und Erpresser beschimpft, trotzdem quält mich jetzt der Gedanke, daß er diesen Mord verübt hat.«

Der Priester schien noch immer in einer Art Trancezustand zu sein wie ein Mensch, der in einen Abgrund blickt. Schließlich bewegte er die Lippen und murmelte etwas, das eher einem Gebet als einem Schwur ähnelte: »Barmherziger Gott, welch fürchterliche Rache!«

Sein Begleiter sah ihn fragend an, aber Brown fuhr wie im Selbstgespräch fort.

»Welch ein entsetzlicher Haß! Welch fürchterliche Rache eines Sterblichen an einem anderen! Werden wir je in die Abgründe des menschlichen Herzens dringen, in denen solch abscheuliche Gedanken reifen? Gott bewahre uns alle vor Hochmut; aber ich kann mir von einem solchen Haß und einer solchen Rache noch immer kein rechtes Bild machen.«

»Ja«, sagte Smith, »und ich kann mir einfach nicht vorstellen, warum er Vaudrey überhaupt töten sollte. Wenn Dalmon ein Erpresser war, dann hätte doch Vaudrey einen triftigeren Grund gehabt, ihn umzubringen. Wie Sie sagen, einem Menschen die Kehle durchzuschneiden, ist eine schreckliche Sache, aber – «

Pater Brown fuhr zusammen und blinzelte wie jemand, den man gerade aus dem Schlaf gerissen hat.

»Ach, das meinen Sie!« fiel er hastig ein. »Daran habe ich nicht gedacht. Ich meinte nicht den Mord in dem Tabakwarenladen, als – als ich von einer entsetzlichen Rache sprach. Ich dachte an etwas viel Entsetzlicheres, obwohl diese Tat natürlich schon schrecklich genug war. Aber sie war viel eher noch verständlich; nahezu jeder hätte sie begehen können. Tatsächlich war sie fast eine Art Notwehr.«

»Was?« rief der Sekretär und sah ihn fassungslos an. »Ein Mann schleicht sich von hinten an einen anderen heran und schneidet ihm die Kehle durch, während dieser im Rasierstuhl sitzt und vergnügt zur Decke hinauflächelt – und Sie behaupten, es sei Notwehr!«

»Ich sage nicht, daß es berechtigte Notwehr war«, sagte der andere. »Ich sage nur, daß sich viele Menschen dazu hätten hinreißen lassen, sich gegen ein schreckliches Unglück zu wehren, das gleichzeitig ein schreckliches Verbrechen war. An dieses andere Verbrechen dachte ich. Um mit der Frage zu beginnen, die Sie gerade gestellt haben – warum sollte der Erpresser den Mord begehen? Nun, über Probleme dieser Art besteht eine Menge falscher Vorstellungen und Irrtümer.« Er machte eine Pause, als wolle er nach seinem jüngsten Einblick in die Schrecken menschlicher Absichten erst wieder seine Gedanken ordnen, und fuhr dann in gewohntem Ton fort.

»Sie beobachten, daß zwei Männer, ein älterer und ein jüngerer, oft zusammen sind und sich auf ein Eheprojekt einigen; doch der Ursprung ihrer Bekanntschaft liegt lange zurück und bleibt im dunkeln. Der eine ist reich und der andere arm, und Sie vermuten Erpressung. Soweit haben Sie recht. Aber Sie täuschen sich in der Person des Erpressers. Sie nehmen an, daß der arme Mann den reichen erpreßte. In Wirklichkeit aber erpreßte der Reiche den Armen.«

»Aber das erscheint mir unsinnig«, wandte der Sekretär ein.

»Es ist schlimmer als unsinnig, aber absolut nicht ungewöhnlich«, antwortete der andere. »Die Hälfte der aktuellen Politik besteht darin, daß die Reichen die Armen erpressen. Ihre Ansicht, dies sei Unsinn, beruht auf zwei Illusionen, die beide unsinnig sind. Die eine besteht darin, zu glauben, Reiche wollten niemals reicher werden, die andere anzunehmen, man könne einen Menschen nur um Geld erpressen. Um den letzten Punkt geht es hier. Sir Arthur Vaudrey hat nicht aus Habgier gehandelt, sondern aus Rache. Und er plante die abscheulichste Rache, von der ich je gehört habe.«

»Aber warum hätte er sich an John Dalmon rächen sollen? fragte Smith.

»Nicht an John Dalmon wollte er sich rächen«, erwiderte der Priester ernst.

Ein Schweigen entstand; als der Geistliche wieder sprach schien er ein neues Thema anzuschlagen. »Sie erinnern sich, als wir den Leichnam fanden, sahen wir das Gesicht verkehrt herum, und Sie meinten, das Gesicht habe etwas Teuflisches. Ist Ihnen schon der Gedanke gekommen, daß auch der Mörder, als er hinter den Rasierstuhl trat, das Gesicht in dieser Stellung sah?«

»Aber das ist alles krankhafte Phantasterei«, protestierte sein Gesprächspartner. »Ich war an das Gesicht gewöhnt, wenn ich es normal vor mir sah.«

»Vielleicht haben Sie es nie richtig gesehen«, sagte Pater Brown. »Ich habe Ihnen ja gesagt, daß Maler ihre Bilder oft auf den Kopf stellen, um zu überprüfen, ob sie richtig sind. Vielleicht haben Sie sich im Verlauf all jener Mahlzeiten an das Gesicht eines Teufels gewöhnt.«

»Worauf wollen Sie hinaus, um alles in der Welt?« fragte Smith ungeduldig.

»Ich spreche in Gleichnissen«, antwortete der andere in düsterem Ton. »Natürlich war Sir Arthur nicht wirklich ein Teufel; die Beschaffenheit seines Charakters war dergestalt, daß sie sich auch zum Guten hin hätte auswirken können. Aber diese aufgerissenen, argwöhnischen Augen, diese zusammengepreßten und doch bebenden Lippen hätten Ihnen einiges sagen müssen, wenn Sie nicht so daran gewöhnt gewesen wären. Sie wissen, daß es Wunden am Körper gibt, die nie mehr heilen. Ganz so verhielt es sich mit Sir Arthurs Seelenzustand. Es war, als besäße seine Seele keine Haut; er war geradezu besessen vor Eitelkeit, und seine starren Augen wurden von einem nimmermüden Egoismus offengehalten. Empfindlichkeit muß nicht gleichbedeutend mit Selbstsucht sein. Sybil Rye zum Beispiel besitzt die gleiche dünne Haut, und doch gelingt es ihr, wie eine Heilige zu sein. Bei Vaudrey hatte sich alles in einen unguten Stolz gewandelt, einen Stolz, der ihn nicht einmal zufrieden und selbstsicher machte. Der kleinste Kratzer an der Oberfläche seiner Seele fraß unaufhörlich an ihm weiter. Und *das* ist die eigentliche Bedeutung jener alten Geschichte, als er den Mann in den Schweinestall warf. Hätte er ihn gleich damals hineingeworfen, nachdem er als Schwein bezeichnet worden war, wäre es vielleicht als Wutausbruch zu entschuldigen gewesen. Aber es gab keinen Schweinestall, und genau das ist der Punkt. Vaudrey nährte die Erinnerung an die dumme Beleidigung Jahr für Jahr in seinem Herzen, bis es ihm schließlich gelang, den Ägypter in die Nähe eines Schweinestalls zu locken; und dann nahm er die Rache, die er für einzig angemessen und stilgerecht hielt ... Gütiger Gott! Er legte stets Wert darauf, daß seine Rache angemessen und stilgerecht war.«

Smith sah ihn neugierig an. »Sie denken nicht an die Schweinestallgeschichte«, sagte er.

»Nein«, sagte Pater Brown, »an die andere Geschichte.« Er wartete, bis seine zitternde Stimme sich wieder gefestigt hatte, und fuhr fort:

»An diese phantastische Geschichte, in der Vaudrey geduldig abwartete, bis seine Rache genau dem begangenen Verbrechen entsprach, sollten wir denken, wenn wir über den jetzigen Vorfall sprechen. Hat Ihrer Kenntnis nach noch jemand Vaudrey je beleidigt oder ihm eine seiner Meinung nach tödliche Beleidigung zugefügt? O ja, eine Frau hatte ihn beleidigt.«

Ein Ausdruck des Schreckens erschien auf Evans Zügen; er lauschte gebannt.

»Ein Mädchen, fast noch ein Kind, weigerte sich, ihn zu heiraten, weil er eine Art Verbrecher war; tatsächlich hatte er wegen des Vergehens gegen den Ägypter kurze Zeit im Gefängnis verbracht. Und in seiner tiefen Gekränktheit stieß dieser Besessene die Verwünschung aus: ›Sie soll einst einen Mörder heiraten.‹«

Sie schlugen den Weg zum Gut ein und gingen eine Weile schweigend den Fluß entlang, bis der Pater fortfuhr:

»Vaudrey war in der Lage, Dalmon zu erpressen, der vor langer Zeit einen Mord begangen hatte; wahrscheinlich wußte er von mehreren Verbrechen, die in Dalmons nicht eben zimperlichen Freundeskreis verübt worden waren. Wahrscheinlich war es ein Verbrechen aus dem Affekt heraus, wofür man ihm mildernde Umstände zugebilligt hätte, denn die leidenschaftlichsten Mörder sind nicht die schlimmsten. Und Dalmon macht mir durchaus den Eindruck eines Menschen, der Reue kennt, auch im Falle der Ermordung Vaudreys. Aber er befand sich in Vaudreys Gewalt; gemeinsam gelang es ihnen, das Mädchen zu einer Verlobung zu bewegen; vermutlich versuchte zuerst der Liebhaber sein Glück, und dann unterstützte der andere ihn großmütig bei seiner Werbung. Aber selbst Dalmon wußte nicht, was der alte Mann wirklich vorhatte. Das wußte allein der Teufel.

Dann machte Dalmon vor ein paar Tagen eine schreckliche Entdeckung. Er hatte gehorcht, und nicht einmal ungern; er war ein Werkzeug gewesen, und nun kam er plötzlich dahinter, wie dieses Werkzeug zerbrochen und weggeworfen werden sollte. Er stieß in der Bibliothek auf bestimmte Aufzeichnungen Vaudreys, die zwar verschlüsselt waren, denen er jedoch entnehmen konnte, daß Sir Arthur die Polizei informieren wollte. Er begriff mit einemmal den ganzen Plan und war ebenso entsetzt darüber wie ich. Sobald Braut und Bräutigam den Bund der Ehe geschlossen hatten, würde der Bräutigam verhaftet und gehängt werden. Die wählerische Dame, die keinen Ehemann haben wollte, der im Gefängnis gesessen hatte, sollte nur einen Ehemann bekommen, der am Galgen baumeln würde. Das war es, was Sir Arthur Vaudrey für den stilgerechten, krönenden Abschluß der Geschichte hielt.«

Evan Smith war leichenblaß geworden; er schwieg. In der Ferne, unten auf der Straße, sahen sie die vierschrötige Gestalt Dr. Abbotts mit seinem breitrandigen Hut auf sich

zukommen; allein seine Haltung verriet eine gewisse Erregung. Aber sie waren noch von ihren eigenen schrecklichen Erlebnissen erschüttert.
»Sie haben recht, Haß ist etwas Entsetzliches«, sagte Evan schließlich, »und wissen Sie, es erleichtert mich ein wenig, daß mein ganzer Haß auf den armen Dalmon verschwunden ist – jetzt, da ich weiß, daß er ein zweifacher Mörder ist.«
Schweigend legten sie den Rest des Weges zurück, bis sie auf den dicken Arzt trafen; er streckte ihnen die großen, behandschuhten Hände in einer verzweifelten Geste entgegen, und sein grauer Bart flatterte im Wind.
»Es gibt eine schreckliche Neuigkeit«, sagte er. »Man hat Arthurs Leiche gefunden. Er scheint in seinem Garten gestorben zu sein.«
»Du meine Güte«, sagte Pater Brown mechanisch. »Wie schrecklich!«
»Und noch etwas«, rief der Doktor außer Atem. »John Dalmon ist weggefahren, um Vernon Vaudrey, den Neffen, aufzusuchen, aber Vernon Vaudrey hat nichts von ihm gehört, und Dalmon ist anscheinend spurlos verschwunden.«
»Du meine Güte«, sagte Pater Brown. »Wie seltsam!«

DIE MORDE IN DER RUE MORGUE

Edgar Allan Poe

Gerade jene Veranlagung des Geistes, die man als die analytische bezeichnet, ist an sich besonders schwer zu analysieren. Wir können sie nur in ihren Wirkungen erkennen und schätzen. Wir wissen unter anderem, daß sie für den Glücklichen, der sie in ungewöhnlichem Grad besitzt, eine Quelle lebhaftesten Vergnügens bedeutet. Wie der Starke sich seiner körperlichen Fähigkeiten freut, wie er sich an Spielen ergötzt, die seine Muskeln in Tätigkeit setzen, so rühmt der Analytiker die Regsamkeit seines entwirrenden Geistes. Mit Lust erfüllt ihn auch die banalste Beschäftigung, die seiner Begabung Stoff darbietet. Er liebt Rätselfragen, Anagramme, Hieroglyphen und zeigt in seinen Lösungen dieser Aufgaben einen Grad von Scharfsinn, der dem gewöhnlichen Verständnis übernatürlich erscheint. Seine Ergebnisse, die ganz allein durch die reinste Methodik herbeigeführt werden, haben in Wahrheit den vollkommenen Anschein des Intuitiven.

Ich glaube, daß die Beschäftigung mit der Mathematik die Fähigkeit des Wiederauflösens beträchtlich stärkt; namentlich gilt das vom höchsten Zweig dieser Wissenschaft, den man ungerechterweise und wegen seiner rückblickenden Methode par excellence als Analyse bezeichnet. Aber berechnen heißt noch nicht analysieren. Ein Schachspieler zum Beispiel tut das eine, ohne sich ums andere zu kümmern. Infolgedessen wird das Schachspiel in seinen Wirkungen auf den geistigen Charakter ganz falsch verstanden. Ich will hier keine Abhandlung schreiben, sondern nur eine etwas ungewöhnliche Geschichte durch ein paar willkürliche Bemerkungen einleiten; ich will die Gelegenheit wahrnehmen, um zu behaupten, daß die höchsten Fähigkeiten des reflektierenden Intellekts durch das unscheinbare Damespiel entschiedener und nützlicher in Anspruch genommen werden als durch all die Nichtigkeit des Schachs. In letzterem hält man, da die Figuren verschiedene und oftmals bizarre Züge von wechselndem und wandelbarem Wert zu machen haben, das Verwickelte für tiefsinnig – kein ganz seltener Irrtum. Hier wird die Aufmerksamkeit gewaltig in Anspruch genommen. Läßt sie einen Augenblick nach, so kann eine Schlappe oder sogar die Niederlage erfolgen. Da die möglichen Züge nicht nur mannigfaltig, sondern auch vielfach verflochten sind, vervielfältigt sich die Wahrscheinlichkeit für solche Versehen, und in neun von zehn Fällen siegt nicht der scharfsinnige Spieler, sondern jener, der sich am besten konzentrieren kann. In dem einfacheren Damespiel dagegen wird der Sieg durch größeren Scharfsinn erfochten. Analytische Fähigkeiten dürfen nicht mit bloßer Klugheit verwechselt werden; der Analytiker ist immer klug, der Kluge aber oft unfähig zu analysieren. Die aufbauende oder verbindende Geisteskraft, in der sich die Klugheit offenbart (die Phrenologen haben ihr, ich glaube irrtümlicherweise, ein besonderes Organ zugeschrieben, da sie in ihr eine ursprüngliche Fähigkeit erblicken), ist oft bei solchen beobachtet worden, deren Verstand an das Idiotische streifte. Der Unterschied zwischen Klugheit und analytischer Begabung ist viel größer als der zwischen Phantasie und Einbildungskraft, aber im Charakter diesem analog. In der Tat wird man finden, daß die bloß Gescheiten immer zu Einbildungen neigen, während die wahrhaft Phantasievollen stets analytisch veranlagt sind.

Die folgende Erzählung wird dem Leser einigermaßen als ein Kommentar zu den eben aufgestellten Behauptungen erscheinen.

Als ich mich im Frühjahr und einem Teil des Sommers 18.. in Paris aufhielt, lernte ich dort Monsieur C. Auguste Dupin kennen. Dieser noch jugendliche Mann stammte aus einer sehr guten, in der Tat aus einer berühmten Familie; aber durch die verschiedensten unglücklichen Zufälle war er so arm geworden, daß die Energie seines Wesens zusammenbrach und er aufgehört hatte, sich um die Welt zu kümmern oder der Wiederherstellung seines Vermögens nachzustreben. Die Rücksicht seiner Gläubiger ließ ihm noch einen kleinen Überrest des väterlichen Erbteils, und mit Hilfe strenger Sparsamkeit vermochte er mit den Zinsen dieser Summe die notwendigsten Bedürfnisse zu befriedigen, ohne daß er nach den Überflüssigkeiten des Lebens Verlangen trug. Sein einziger Luxus waren Bücher, und die sind in Paris leicht zu haben. Wir trafen uns zum erstenmal in einer schäbigen Buchhandlung in der Rue Montmartre, und der Umstand, daß wir beide zufällig dasselbe höchst seltene und höchst merkwürdige Werk suchten, brachte uns gegenseitig näher.

Wir begegneten einander zu wiederholten Malen. Ich interessierte mich lebhaft für die kleine Familiengeschichte, die er mir mit jener Offenherzigkeit erzählte, mit der ein Franzose von seinen eigenen Angelegenheiten spricht. Auch wunderte ich mich über seine ungeheure Belesenheit, und vor allem belebte die wilde Glut, die lebensvolle Frische seiner Phantasie immer wieder das Feuer meiner Seele. Bei den Absichten, die ich damals in Paris verfolgte, schien mir der Umgang mit einem solchen Manne geradezu unschätzbar, und da meine weltlichen Umstände etwas angenehmer waren als die seinen, erlaubte ich mir (nachdem ich ihm meine Gesinnung offen gestanden und wir beschlossen hatten, eine gemeinsame Wohnung zu beziehen), auf meine Kosten ein altes, zerfallenes, groteskes Haus, das auf Grund eines Aberglaubens, dem wir niemals nachforschten, seit langem verlassen war, zu mieten und in einem Geschmack einzurichten, der dem phantastischen Trübsinn unserer gemeinsamen Stimmung entsprach; es trauerte in einem öden Teil des Faubourg Saint Germain seinem Einsturz entgegen.

Hätte man in der Gesellschaft von Lebensweise gehört, die wir an diesem Ort führten, so hätte man uns für Irre gehalten – für harmlose Irre allerdings. Unsere Abgeschlossenheit war vollkommen. Wir ließen keine Besucher vor. Allerdings hatte ich unseren Zufluchtsort mit Sorgfalt vor meinen früheren Bekannten geheimgehalten, und schon seit vielen Jahren war Dupin von den Parisern vergessen. So lebten wir nur für uns allein.

Es gehörte zu den Marotten (wie anders soll ich es bezeichnen) meines Freundes, daß er in die Nacht um ihrer selbst willen verliebt war, und dieser Bizarrerie stimmte ich, wie allem anderen, willig zu, denn ich ergab mich vollständig seinen wunderlichen Einfällen. Die dunkle Gottheit mochte zwar nicht immer bei uns verweilen, aber wir konnten uns ihre Gegenwart vortäuschen. Beim ersten Morgengrauen schlossen wir all die schweren Jalousien unseres alten Bauwerks; dann zündeten wir ein paar Kerzen an, die einen starken Wohlgeruch verbreiteten, dabei aber nur den mattesten und geisterhaftesten Schein verbreiteten. Bei ihrem Schimmer versenkten wir unsere Seelen in Träume, schrieben, lasen oder sprachen, bis uns die Uhr die Ankunft der echten Dunkelheit verkündete. Dann begaben wir uns Arm in Arm auf die Straße, setzten die Gespräche des Tages fort oder wanderten weithin bis tief in die Nacht hinein, indem wir unter den wirren Lichtern und Schatten der volkreichen Stadt jene unbegrenzte geistige Anregung suchten, die ruhiges Beobachten zu bieten vermag.

Bei solchen Gelegenheiten konnte ich an Dupin eine besondere analytische Fähigkeit wahrnehmen und bewundern, die ich allerdings bei seiner reichen Gedankenwelt hätte voraussetzen dürfen. Auch schien er sie mit lebhaftem Vergnügen auszuüben, und wenn er auch nicht gerade damit prahlte, gestand er mir doch ohne Zögern, daß er an solchen Übungen große Freude habe. Er rühmte sich mir gegenüber mit einem leisen, kichernden Lachen, daß für ihn die meisten Menschen ein Fenster in ihrer Brust trügen, und alsbald bewies er durch überraschende Proben seine Kenntnis meines Innenlebens.

In solchen Augenblicken war sein Wesen kühl und trocken; seine Augen waren ohne Ausdruck, während seine Stimme, sonst ein volltönender Tenor, sich zu einem Diskant erhob, der ohne die Ruhe und vollkommene Deutlichkeit seiner Sprache etwas gereizt geklungen hätte. Wenn ich ihn in solcher Verfassung beobachtete, mußte ich oft an die alte Philosophie vom Zwei-Seelen-System denken und amüsierte mich mit der Vorstellung eines doppelten Dupins, eines schöpferischen und eines zerlegenden.

Nach allem, was ich bisher gesagt habe, lasse man sich aber nicht zu der Annahme verleiten, ich wolle ein Geheimnis auskramen oder einen Roman erzählen. Nein, was ich von dem Franzosen berichte, ist nur das Ergebnis einer überreizten, vielleicht krankhaften Intelligenz. Doch wird die Eigentümlichkeit seiner Bemerkungen, die er bei solchen Gelegenheiten machte, am besten durch ein Beispiel zu schildern sein.

Eines Nachts schlenderten wir eine lange, schmutzige

Straße entlang, sie lag in der Nähe des Palais Royal. Beide waren wir in Gedanken vertieft und hatten vielleicht seit einer Viertelstunde keine Silbe gesprochen. Plötzlich sagte Dupin unvermittelt: »'s ist wahr, er ist ein ziemlich kleiner Bursche und würde besser für das Theatre des Varietés passen.«

»Zweifellos«, erwiderte ich unbedenklich, ohne in meinem versonnenen Zustand sogleich zu bemerken, auf wie außergewöhnliche Weise der Sprecher sich in meine Gedanken hineinversetzt hatte. Gleich darauf sammelte ich mich wieder und war aufs äußerste erstaunt. »Dupin«, sagte ich ernst, »das ist mehr, als ich begreifen kann. Ich zögere nicht, einzugestehen, daß ich verblüfft bin und kaum meinen Sinnen zu trauen vermag. Wie war es möglich, daß Sie wußten, ich dächte an ...« Hier machte ich eine Pause, um ganz sicher zu sein, daß er wirklich wußte, an wen ich dachte.

»An Chantilly«, sagte er. »Warum halten Sie inne? Sie sagten eben zu sich selber, daß seine winzige Gestalt ihn für das Trauerspiel ungeeignet macht.« Gerade das war der Gegenstand meiner Gedanken gewesen. Chantilly war ein ehemaliger Schuster der Rue Denis, der, vom Theaterteufel besessen, sich in der Rolle des Xerxes in Crébillons gleichnamiger Tragödie versucht hatte, um für seine Mühe nur Hohn und Spott zu ernten.

»Nennen Sie um Gottes willen die Methode«, rief ich, »– falls es eine solche Methode gibt –, die es Ihnen ermöglicht hat, meine Seele derart zu erforschen.« In der Tat war ich noch mehr überrascht, als ich zugegeben hätte.

»Es war der Obsthändler«, erwiderte mein Freund, »der Sie zu dem Schluß brachte, daß der Sohlenausbesserer nicht hoch genug gewachsen sei für Xerxes et id genus omne.«

»Der Obsthändler! Sie setzen mich in Erstaunen; ich kenne gar keinen solchen Menschen.«

»Der Mann, der Sie anrempelte, als wir diese Straße betraten – es dürfte etwa fünfzehn Minuten her sein.«

Jetzt entsann ich mich in der Tat des Umstandes, daß ein Obsthändler, der auf dem Kopf einen großen Korb Äpfel trug, mich aus Versehen beinahe über den Haufen gerannt hätte, als wir aus der Rue C. in die Straße eingebogen waren, in der wir uns jetzt befanden; aber was das mit Chantilly zu tun hatte, das überstieg meine Fassungskraft. Dupin war frei von jeglicher Scharlatanerie.

»Ich will es Ihnen erklären«, sagte er, »und damit Sie besser begreifen, wollen wir Ihre Gedanken zurückverfolgen von dem Augenblick an, als ich mit Ihnen sprach, bis zu dem Rencontre mit besagtem Obsthändler. Die Hauptglieder der Kette sind: Chantilly, Orion, Dr. Nichols, Epikur, Stereotomie, Pflastersteine, der Obsthändler.«

Wenige Menschen nur dürfte es geben, die nicht einmal zu irgendeiner Zeit ihres Lebens versucht hätten, die Schritte, durch die ihre Gedanken zu bestimmten Schlüssen gelangt sind, zurückzuverfolgen.

Es ist eine fesselnde Beschäftigung, und anfangs staunt man über die ungeheure Distanz und Zusammenhanglosigkeit zwischen dem Ausgangspunkt und dem Ziel. Wie groß war also mein Erstaunen, als ich die Worte des Franzosen vernahm und erkennen mußte, daß er die Wahrheit gesprochen hatte. Er fuhr fort:

»Wir hatten, entsinne ich mich recht, von Pferden gesprochen, als wir eben im Begriff waren, die Rue C. zu verlassen. Wie wir dann in diese Gasse einbogen, stürzte ein Obsthändler eilig an uns vorbei und stieß Sie gegen einen Haufen Pflastersteine, die dort bereitlagen, wo die Straße ausgebessert wird. Sie traten auf einen losen Stein, glitten aus, verrenkten sich ein wenig das Fußgelenk, wurden sichtlich ärgerlich oder mißgestimmt, murmelten ein paar Worte, wandten sich nach dem Haufen um und gingen dann schweigend weiter. Ich beachtete Ihr Verhalten nicht sonderlich; aber Beobachten ist mir in letzter Zeit zu einer Art Zwang geworden. Sie blieben mit den Augen am Boden haften und betrachteten mit gereiztem Ausdruck die Löcher und Spalten des Pflasters (woran ich erkannte, daß Sie noch mit den Steinen beschäftigt waren), bis wir die schmale Lamartinegasse erreichten, die versuchsweise mit übergreifenden Holzblöcken gepflastert ist. Hier erhellte sich Ihre Miene, Ihre Lippen bewegten sich, und ich konnte nicht daran zweifeln, daß Sie das Wort ›Stereotomie‹ murmelten – eine prätentiöse Bezeichnung für diese Art der Pflasterung. Ich wußte, daß Sie nicht an Stereotomie denken konnten, ohne sich gleichzeitig an die Atome und mithin an die Theorien Epikurs zu erinnern, und da ich kürzlich bei einer Besprechung dieses Gegenstandes zu Ihnen gesagt hatte, wie seltsam die unsicheren Vermutungen jenes erlauchten Griechen durch die Nebular-Kosmoponie bestätigt worden sind (was zu wenig anerkannt wird) – ahnte ich, daß Sie es nicht würden vermeiden können, Ihre Augen auf den großen Nebelfleck im Orion zu richten, ja, ich nahm das als ganz gewiß an. Und das taten Sie denn auch, und ich erkannte, daß ich Ihrem Gedankengang richtig gefolgt war.

Aber in jenem bitteren Ausfall auf Chantilly gestern im ›Musée‹ machte der Kritiker einige niederträchtige Anspielungen auf den Namenswechsel des Schusters beim Besteigen des Kothurn, in Anlehnung an einen lateinischen Vers, über den wir uns oft unterhalten haben. Ich meine die Zeile:

Perdidit antiquum litera prima sonum

Ich hatte Ihnen gesagt, daß sich diese Zeile auf Orion beziehe, den man früher Urion schrieb, und infolge einer bissigen Bemerkung, mit der diese Erklärung gewürzt war, zweifelte ich nicht daran, daß Sie sie im Gedächtnis behalten hatten. Es war danach klar, daß Sie die Vorstellungen ›Orion‹ und ›Chantilly‹ kombinieren würden. Daß Sie es taten, bewies Ihr flüchtiges Lächeln. Sie gedachten der Abschlachtung des unseligen Schusters. Bis dahin hatten Sie sich nachlässig gehalten; jetzt aber richteten Sie sich zu voller Höhe auf. Da war ich sicher, daß Ihnen die winzige Gestalt Chantillys vor die Augen trat. An diesem Punkt unterbrach ich Ihre Gedanken – und zwar mit der Bemerkung, daß der kleine Kerl besser für das Theatre des Varieté passe.« Nicht lange danach durchblätterten wir eine Abendausgabe der »Gazette des Tribunaux«, als folgende Notiz unsere Aufmerksamkeit auf sich lenkte:

»Sensationeller Mord! – Diesen Morgen gegen drei Uhr wurden die Bewohner des Quartier St. Roch durch eine Reihe entsetzlicher Schreie geweckt, die offenbar aus dem vierten Stockwerk eines in der Rue Morgue liegenden Hauses drangen, das, soviel man weiß, ausschließlich von einer Madame L'Espanaye und ihrer Tochter, Mademoiselle L'Camille Espanaye, bewohnt wird. Nach einer Verzögerung, die durch die vergeblichen Bemühungen, den Eintritt auf die gewohnte Art zu erlangen, entstand, wurde das Haustor mit einer Brechstange geöffnet; und acht oder zehn Nachbarn drangen, begleitet von zwei Gendarmen, ein. Inzwischen hatten die Schreie aufgehört; aber man unterschied, während die Leute die erste Treppenflucht hinaufstürmten, zwei oder mehrere rauhe Stimmen, die sich zornig zu streiten schienen; sie schienen aus dem oberen Stock des Hauses zu kommen. Als man den zweiten Stock erreicht hatte, verstummte auch dieser Lärm, und alles blieb vollkommen ruhig. Die Gesellschaft verteilte sich und eilte von Zimmer zu Zimmer. Als man ein großes Hinterzimmer des vierten Stockwerks erreicht hatte (die Tür war versperrt, der Schlüssel steckte innen und man mußte sie aufbrechen), bot sich ein Anblick, der alle Anwesenden nicht weniger mit Entsetzen denn mit Erstaunen erfüllte.

Das Zimmer war in der furchtbarsten Unordnung – die Möbel waren zertrümmert und nach allen Richtungen durcheinandergeworfen. Es war nur eine Bettstatt da, und von dieser war das Bett entfernt und in die Mitte des Raumes geschleudert worden. Auf einem Stuhl lag ein Rasiermesser, triefend vor Blut. Im Kamin lagen zwei oder drei lange und dichte Büschel grauen, menschlichen Haares, ebenfalls mit Blut besudelt und offenbar samt den Wurzeln herausgerissen. Auf dem Fußboden fand man vier Napoleons, einen Ohrring mit einem Topas, drei kleinere aus métal d'Alger und zwei Beutel, die beinahe viertausend Franken in Gold enthielten. Die Schubladen des Schreibtisches, der in der einen Ecke stand, waren aufgerissen und offenbar beraubt worden, obwohl noch vielerlei Gegenstände enthielten. Ein kleiner, eiserner Kasten wurde unter den Betten (nicht unter der Bettstatt) hervorgezogen. Er war offen, und der Schlüssel steckte noch. Er enthielt nichts außer ein paar alten Briefen und anderen Papieren ohne Bedeutung.

Von Madame L'Espanaye war keine Spur zu erblicken; als man aber in der Herdasche eine ungewöhnliche Menge Ruß entdeckte, durchsuchte man den Kamin und zog (entsetzlich zu sagen) mit dem Kopf nach unten den Leichnam ihrer Tochter hervor. Er war in dieser Stellung durch die enge Öffnung ziemlich weit hinaufgezwängt worden. Der Körper war noch warm. Man untersuchte ihn und fand viele Hautabschürfungen, die ohne Zweifel von der Gewalt, mit welcher er hinaufgestoßen und wieder herausgezogen worden war, herrührten. Im Gesicht zeigten sich viele scharfe Kratzer und am Hals bläuliche Flecken und tiefe Spuren von Fingernägeln, als sei die Verstorbene zu Tode gewürgt worden.

Nach einer gründlichen Durchsuchung des ganzen Gebäudes, die keine weitere Entdeckung brachte, begaben sich die Leute in einen kleinen gepflasterten Hof auf der Rückseite; dort lag der Leichnam der alten Dame, und ihr Hals war so tief durchschnitten, daß bei einem Versuch, sie emporzuheben, der Kopf herabfiel. Kopf und Körper waren grauenhaft verstümmelt; letzterer hatte kaum noch etwas Menschliches an sich.

Für die Aufklärung dieses fürchterlichen Verbrechens hat sich, wie wir annehmen müssen, noch nicht der geringste Anhaltspunkt ergeben.«

Die Zeitung des nächsten Tages brachte noch folgende Einzelheiten: »Das Drama in der Rue Morgue. Im Zusammenhang mit dieser ganz ungewöhnlichen und entsetzlichen Affäre (das Wort affaire hat in Frankreich noch nicht den leichtfertigen Sinn wie bei uns) sind viele Personen verhört worden, aber es kam nichts zutage, das irgendwie Licht in die dunklen Vorgänge bringen könnte. Wir geben nachstehend den Inhalt der wichtigsten Zeugenaussagen: ›*Pauline Dubourg,* Wäscherin, kennt beide Verstorbenen seit drei Jahren, da sie während dieser Zeit für sie gewaschen hat. Die alte Dame und ihre Tochter schienen sich gut zu vertragen und waren einander sehr zugetan. Sie zahlten pünktlich. Die Zeugin weiß nichts über ihr Einkommen und ihre Lebensweise. Glaubt, daß Madame vom Wahrsagen lebte. Stand im Rufe, Geld zurückgelegt zu haben. Traf niemals jemand im Hause, wenn sie Wäsche abholte oder brachte. Ist sicher, daß beide Damen keinen Dienstboten hatten. In keinem Teil des Hauses, außer im vierten Stock, befanden sich irgendwelche Möbel.‹

›*Pierre Moreau*, Tabakhändler, gibt an, daß er seit vier Jahren kleine Mengen Schnupf- und Rauchtabak an Madame L'Espanaye verkauft habe. Ist in der Nachbarschaft geboren und hat immer hier gelebt. Die Verstorbenen hatten sechs Jahre in dem Haus gewohnt. Es gehörte früher einem Juwelier, der die oberen Zimmer an einzelne Parteien vermietete. Madame L. war Eigentümerin des Hauses. War unzufrieden über den Mißbrauch, den ihr Pächter mit ihrem Hause trieb, zog selbst hinein und wünschte, es allein zu bewohnen. Die alte Dame war recht kindisch gewesen. Der Zeuge hat die Tochter in fünf, sechs Jahren etwa fünf- oder sechsmal gesehen. Sie lebten sehr zurückgezogen; man hielt sie für reich. Die Nachbarn erzählten, daß Madame L. wahrsage; er glaube es aber nicht. Sah niemals einen Menschen hineingehen außer der alten Dame und ihrer Tochter; ein- oder zweimal kam ein Lastträger, etwa acht- oder zehnmal der Arzt.‹

Viele andere Nachbarn sagten im gleichen Sinne aus. Niemand sollte im Haus verkehrt haben. Man wußte von keinem lebenden Verwandten oder Bekannten der beiden Damen. Die Jalousien der vorderen Fenster standen nur selten offen. Die rückwärtigen waren stets geschlossen, mit Ausnahme des großen Hinterzimmers im vierten Stock. Das Haus war solide gebaut und nicht sehr alt.

›*Isidore Musèt*, Gendarm, sagte aus, daß er gegen drei Uhr früh zum Hause gerufen worden sei, wo er zwanzig bis dreißig Menschen fand, die sich Eingang zu verschaffen suchten. Er brach das Haustor mit dem Bajonett, nicht mit einer Brechstange, auf. Es war nicht sehr schwer zu öffnen, da es ein Flügeltor war und weder oben noch unten

verriegelt. Die Schreie hielten an, bis das Tor erbrochen war, und hörten dann plötzlich auf. Es schienen die Schreie eines oder mehrerer Menschen zu sein, die sich in tödlicher Angst und Qual befanden; die Schreie waren laut und langgezogen, nicht kurz und rasch hervorgestoßen. Der Zeuge ging treppauf voran. Auf dem ersten Absatz angekommen, vernahm er zwei Stimmen in lautem und zornigem Streit; die eine Stimme war schroff, die andere viel schriller – eine höchst sonderbare Stimme. Ein paar Worte der ersten Stimme konnte er verstehen; es war die eines Franzosen. Sicher nicht die einer Frau. Er unterschied die Worte ›sacre‹ und ›diable‹.
Die schrille Stimme gehörte einem Ausländer. Er kann nicht bestimmt sagen, ob sie weiblich oder männlich war. Verstand die Worte nicht, glaubt aber, es sei Spanisch gewesen. Der Zustand des Zimmers und der Leichen wird vom Zeugen so geschildert, wie wir es gestern berichteten.‹
›*Henri Duval*, ein Nachbar, Silberschmied, sagt aus, daß er der Gruppe angehörte, die zuerst in das Haus eindrang. Bestätigt im allgemeinen die Aussage Musèts. Nach dem gewaltsamen Eindringen versperrten sie wieder das Tor, um die Volksmenge, die trotz der späten Nachtstunde rasch zusammengelaufen war, zurückzuhalten. Die schrille Stimme hält der Zeuge für die eines Italieners. Gewiß war es kein Franzose. Kann nicht sicher sagen, daß es die Stimme eines männlichen Individuums war. Vielleicht die einer Frau. Versteht kein Italienisch. Konnte die Worte nicht unterscheiden, hält aber wegen der Betonung den Sprecher mit Sicherheit für einen Italiener. Kannte Madame L. und ihre Tochter. Hat sich oft mit beiden unterhalten. Ist überzeugt, daß die schrille Stimme keiner der Verstorbenen gehörte.‹
›*Odenheimer*, Restaurateur. Dieser Zeuge hat sich freiwil-

lig gemeldet. Kann nicht Französisch, wird durch einen Dolmetscher befragt. Stamme aus Amsterdam. Ging gerade am Haus vorbei, als die Schreie ertönten. Sie hielten einige Minuten an, wahrscheinlich zehn. Sie waren laut und lang, höchst entsetzlich und herzzerreißend. Er drang mit in das Haus ein. Bestätigt die früheren Aussagen in jedem Punkt bis auf einen. Ist sich nämlich sicher, daß die schrille Stimme die eines Mannes war – und zwar eines Franzosen. Konnte die Worte nicht unterscheiden. Sie waren laut, rasch, ungleich, offenbar in Angst und Zorn zugleich gesprochen. Die Stimme war heiser – nicht so sehr schrill als heiser. Schrill könnte er sie nicht nennen. Die schroffe Stimme sagte wiederholt ›sacré‹, ›diable‹ und einmal ›mon Dieu‹.‹

›*Jules Mignaud*, von der Firma Mignaud et Fils, Rue Deloraine. Ist der ältere Mignaud. Madame L'Espanaye war wohlhabend. Hatte vor acht Jahren ein Konto in seiner Bank eröffnet. Es mochte im Frühling 18.. gewesen sein. Pflegte häufig kleinere Summen zu deponieren. Hatte bis drei Tage vor ihrem Tode nichts abgehoben; an diesem Tag hob sie persönlich viertausend Franken ab. Die Summe wurde in Gold ausgezahlt und durch einen Angestellten zu ihr nach Hause geschickt.‹

›*Adolphe le Bon*, Angestellter bei Mignaud et Fils, sagt aus, daß er am genannten Tag um die Mittagszeit Madame L. nach ihrer Wohnung begleitete, die viertausend Franken trug er in zwei Beuteln bei sich. Als die Tür geöffnet wurde, erschien Mademoiselle L. und nahm ihm den einen Beutel ab; den anderen nahm ihm die alte Dame aus den Händen. Dann empfahl er sich und ging. Er sah niemand auf der Straße. Es ist eine Nebengasse, die sehr einsam liegt.‹

›*William Bird*, Schneider, sagt aus, daß er einer von denen war, die in das Haus drangen. Er ist Engländer. Hat zwei

Jahre in Paris gelebt. War einer der ersten auf der Treppe. Hörte die streitenden Stimmen. Die schroffe war die eines Franzosen. Verstand mehrere Worte, kann sich aber nicht mehr an alle erinnern. Hörte deutlich ›sacré‹ und ›mon Dieu‹. Es gab in diesem Augenblick ein Geräusch, als ob mehrere Personen miteinander kämpften; es war ein Scharren, ein Schlürfen. Die schrille Stimme war sehr laut, lauter als die barsche. Ganz gewiß war es nicht die Stimme eines Engländers. Wahrscheinlich die Stimme eines Deutschen. Vielleicht war es eine weibliche Stimme. Er versteht kein Deutsch.‹

Vier der obengenannten Zeugen wurden nochmals befragt; sie sagten aus, daß die Tür des Zimmers, in dem man den Leichnam von Mademoiselle L'Espanaye fand, versperrt gewesen sei. Alles war still – kein Stöhnen oder sonstiges Geräusch. Man erbrach die Tür und sah keinen Menschen. Die Fensterläden des vorderen wie des rückwärtigen Zimmers waren herabgelassen und fest von innen verschlossen. Eine Tür zwischen beiden Zimmer war zu, aber nicht versperrt. Die Tür vom vorderen Zimmer zum Korridor war zugesperrt, der Schlüssel steckte innen. Eine Kammer auf der Vorderseite des Hauses im vierten Stock stand offen, die Tür war angelehnt. Dieser Raum war mit alten Betten, Kisten und ähnlichem vollgestopft. Alles wurde sorgsam ausgeräumt und durchsucht. Jeder Zollbreit des Hauses wurde durchstöbert. Schornsteinkehrer mußten in die Kamine steigen. Das Haus ist vierstöckig, mit Mansarden. Eine Falltür im Dachboden war fest zugenagelt, sie schien seit Jahren nicht geöffnet worden zu sein. Der Zeitabstand zwischen dem Vernehmen der zankenden Stimmen und dem Aufbrechen der Zimmertür wird unterschiedlich angegeben. Nach einigen betrug er drei, nach anderen bis zu fünf Minuten.

›*Alfonzo Garcia*, Unternehmer, gibt an, daß er in der Rue Morgue wohnt. Ist in Spanien geboren. War einer von der Gruppe, die das Haus betrat. Ist nervös und fürchtet sich vor den Folgen der Aufregung. Hörte die streitenden Stimmen, weshalb er nicht die Treppen hinaufging. Die schroffe Stimme gehörte einem Franzosen. Konnte kein Wort verstehen. Die schrille Stimme war die eines Engländers, daran sei nicht zu zweifeln. Er verstehe nicht Englisch, kenne jedoch den Tonfall.‹

›*Alberto Montani*, Zuckerbäcker, sagt aus, daß er als einer der ersten die Treppe erstieg. Er hörte die fraglichen Stimmen. Die barsche Stimme war die eines Franzosen. Unterschied mehrere Worte. Der Sprechende schien jemandem Vorwürfe zu machen, antwortete, konnte Montani nicht verstehen. Sie sprach rasch und ungleichmäßig. War wohl die Stimme eines Russen. Er bestätigt die allgemeinen Aussagen. Ist Italiener. Hat noch niemals mit einem Russen gesprochen.‹

Nunmehr geben mehrere Zeugen, die nochmals befragt wurden, an, daß die Kamine sämtlicher Zimmer zu eng waren, um ein menschliches Wesen durchzulassen. Unter Kaminkehrern seien zylinderförmige Besen, wie sie von Schornsteinfegern verwendet werden, zu verstehen. Mit diesen wurde jeder Aufzug im Hause abgesucht. Es gibt keine Hintertreppe, auf der jemand entflohen sein könnte, während die Leute vorn die Treppe hinaufstürmten. Der Leichnam von Mademoiselle L'Espanaye war so fest in den Kamin eingeklemmt, daß erst die vereinten Kräfte von vier oder fünf Männern ihn herausziehen konnten.

›*Paul Dumas*, Arzt, sagt aus, daß er gegen Tagesanbruch gerufen wurde, die Toten zu besichtigen. Sie lagen beide auf der Matratze des Bettes in dem Zimmer, wo Mademoiselle L. gefunden wurde. Die Leiche der jungen Dame zeigte viele Quetschungen und Hautabschürfungen. Die Tatsache, daß sie den Kamin hinaufgezwängt worden war, genügt, um diese Erscheinungen zu erklären. Der Hals war stark verletzt. Gleich unter dem Kinn waren mehrere tiefe Kratzwunden sowie eine Anzahl blaugelblicher Flecken, offenbar Fingereindrücke. Das Gesicht war entsetzlich verfärbt, die Augäpfel traten weit hervor. Die Zunge war zum Teil durchgebissen. Über der Magengrube fand sich eine große wunde Stelle, offenbar vom Druck eines Knies. Nach der Ansicht von Dr. Dumas ist Mademoiselle L'Espanaye von einer oder mehreren Personen zu Tode gewürgt worden. Der Leichnam der Mutter war schauderhaft verstümmelt. Alle Knochen des rechten Beines und des rechten Armes waren mehr oder weniger zerschmettert. Die linke Tibia weitgehend zersplittert, ebenso sämtliche Rippen auf der linken Seite. Der ganze Körper war fürchterlich zerschunden und verfärbt. Wie die Verletzungen beigebracht wurden, sei unmöglich zu erklären. Eine schwere Holzkeule oder eine starke Eisenstange oder ein Stuhl, irgendeine große, schwere und stumpfe Waffe hätte in den Händen eines sehr kräftigen Mannes solche Wirkungen hervorbringen können. Eine Frau hätte das unter keinen Umständen vermocht. Der Kopf der Verstorbenen war, als der Zeuge ihn sah, völlig vom Körper getrennt und ebenfalls gräßlich zertrümmert. Die Kehle war mit einem sehr scharfen Werkzeug, wahrscheinlich einem Rasiermesser, durchschnitten worden.‹

›*Alexandre Etienne*, Wunderarzt, wurde gleichzeitig mit Monsieur Dumas zur Besichtigung der Leichen gerufen. Bestätigte die Aussage und die Anschauungen von Monsieur Dumas.‹

Es kam dann nichts Wichtiges mehr zutage, obwohl noch mehrere Leute vernommen wurden. Ein so rätselhafter und in allen seinen Einzelheiten so unerklärlicher Mord ist noch nie in Paris begangen worden – falls es sich überhaupt um einen Mord handeln sollte. Die Polizei ist völlig ratlos, was bei solchen Begebenheiten nicht eben häufig der Fall ist. Doch ist diesmal nicht der mindeste Schatten einer Spur sichtbar.«

Die Abendausgabe des Blattes teilte den Lesern mit, daß im Quartier St. Roch noch immer die größte Aufregung herrsche; daß man den Schauplatz der Tat nochmals sorgfältig untersucht habe, daß neue Vernehmungen stattgefunden hätten, aber alles ohne Ergebnis. Eine Nachschrift meldete jedoch, daß Adolphe le Bon verhaftet und eingesperrt worden sei; obgleich außer den bereits erwähnten Tatsachen nichts Belastendes gegen ihn vorzuliegen scheine.

Dupin schien sich für den Verlauf dieser Affäre in auffallender Weise zu interessieren – zumindest schloß ich das aus seinem Benehmen, denn er enthielt sich jeder Äußerung. Erst als Le Bons Verhaftung gemeldet wurde, fragte er mich, wie ich über den Doppelmord dächte.

Ich konnte nur mit ganz Paris der Meinung sein, daß es sich um ein unergründliches Geheimnis handle. Ich sah keine Möglichkeit, dem Mörder auf die Spur zu kommen.

»Wir dürfen die Mittel«, sagte Dupin, »nicht nach dieser rein äußerlichen Untersuchung beurteilen. Die Pariser Polizei, deren Scharfsinn so sehr gepriesen wird, ist routiniert, aber nicht mehr als das. In ihrem Vorgehen ist keine Methode; sie besitze nur die Methode des Augenblicks. Sie prunkt gewaltig mit ihren Maßnahmen; aber oftmals entsprechen diese so wenig dem Gegenstand, daß man an Monsieur Jourdain erinnert wird, der sich seinen Schlafrock bringen läßt, ›damit er die Musik besser hören könne‹. Ihre Erfolge sind oft überraschend, aber zumeist lassen sie sich auf Fleiß und Betriebsamkeit zurückführen. Sobald diese Eigenschaften nicht ausreichen, versagt ihr System. Da war zum Beispiel Vidocq, der ein tüchtiger Rater und überhaupt ein zielbewußter Mann war. Aber ihm fehlte die Erziehung zum Denken, so ließ er sich beständig eben infolge der verbohrten Beharrlichkeit in die Irre führen. Er hielt den Gegenstand zu nahe vors Auge und verstellte sich selbst den Blick. Er sah vielleicht ein oder zwei Punkte mit ungewöhnlicher Klarheit, aber dabei verlor er die Angelegenheit als Ganzes aus den Augen. So kann man in der Tat zuviel Profundität besitzen. Die Wahrheit sitzt nicht immer auf dem Grund einer Zisterne. Vielmehr glaube ich, daß sie sich in der Regel, was die wichtigeren Kenntnisse anbelangt, mehr an der Oberfläche befindet. Die Tiefe liegt in den Tälern, in denen wir sie suchen, nicht auf den Berggipfeln, wo man sie wähnt. Ursprung und Art solcher Irrtümer lassen sich leicht bei der Betrachtung der Himmelskörper erkennen. Auf einen Stern sollte man nur einen raschen Blick werfen, ihn von der Seite betrachten, indem man ihm die äußeren Teile der Netzhaut zuwendet (denn diese sind empfindlicher für schwache Lichteindrücke), das heißt, den Stern deutlich sehen, seinen Glanz am besten abschätzen können – und dieser Glanz wird um so trüber, je mehr wir unsere volle Sicht auf ihn wenden. Dann freilich fallen mehr Strahlen auf das Auge, aber bei der zuerst geschilderten Methode verfeinert sich die Aufnahmefähigkeit. Unangebrachte ›Tiefe‹ verwirrt und schwächt unser Denken; Venus selbst verschwindet vom Firmament, wenn man sie mit zuviel Ausdauer und Konzentration, zu unmittelbar betrachtet. Ehe wir uns nun eine Ansicht über diese Mordsache bilden, wollen wir selbst eine kleine Untersuchung anstellen. Die Nachforschungen werden uns Spaß machen (ich fand den Ausdruck in dieser Anwendung sonderbar, sagte aber nichts), und außerdem hat mir Le Bon einmal einen Dienst erwiesen, für den ich ihm Dank weiß. Wir wollen den Schauplatz mit unseren eigenen Augen betrachten. Ich kenne G…, den Polizeipräfekten, und werde ohne Schwierigkeiten Zutritt erlangen.«

Wir erhielten die nötige Erlaubnis und begaben uns sogleich in die Rue Morgue. Es ist eine jener elenden Verbindungsstraßen zwischen der Rue Richelieu und der Rue St. Roch. Wir erreichten sie am späten Nachmittag, da dieses Viertel von dem unseren sehr weit entfernt ist. Bald fanden wir das Haus; denn es standen noch viele Leute auf der gegenüberliegenden Seite der Gasse und starrten in zweckloser Neugier zu den geschlossenen Fensterläden hinauf. Es war ein gewöhnliches Pariser Haus, mit einem Torweg, neben dem sich jener gläserne Verschlag mit Schiebefenster, die Loge de concierge, befindet. Bevor wir es betraten, schritten wir die Gasse hinauf, bogen in ein Seitengäßchen ein und gingen dann rückwärts an dem Gebäude entlang. Währenddessen betrachtete Dupin die ganze Umgebung und das Haus selbst mit Sorgfalt und Aufmerksamkeit, die mir ein wenig übertrieben vorkamen. Wir kehrten um, erreichten wieder die Vorderfront, klingelten, zeigten unsere Beglaubigung vor und wurden von dem wachhabenden Polizisten eingelassen. Wir stiegen die Treppe hinauf und betraten das Zimmer, in welchem man den Leichnam von Mademoiselle L. gefunden hatte und wo die beiden Verstorbenen noch lagen. Wie üblich hatte man die Unordnung im Raum belassen. Ich sah nichts, was die »Gazette des Tribunaux« nicht schon mitgeteilt hatte. Dupin untersuchte alles, sogar die Leichen der Opfer. Dann beschauten wir uns die anderen Zimmer und den Hof in Begleitung eines Gendarmen. Die

Untersuchung nahm uns bis zum Abend in Anspruch; dann verließen wir das Haus. Auf dem Heimweg trat mein Freund für einen Augenblick in das Bureau einer Tageszeitung.

Ich sagte schon, daß mein Freund mancherlei Schrullen hatte und daß »je les ménageais«; für diese Redensart gibt es kein Äquivalent in unserer Sprache! Diesmal befiel ihn die Laune, jedes Gespräch über den Mord von der Hand zu weisen. Erst am nächsten Mittag fragte er mich plötzlich, ob ich am Schauplatz jener Greueltat etwas Besonderes bemerkt hätte.

Die Art, in der er das Wort »Besonderes« betonte, verursachte mir ein Schaudern – ich wußte nicht recht warum.

»Nein, nichts Besonderes«, sagte ich, »wenigstens nichts, was wir nicht schon in der Zeitung gelesen haben.«

»Die Gazette«, erwiderte er, »hat, wie ich befürchten muß, das ungewöhnlich Grauenhafte der Angelegenheit nicht erfaßt. Aber lassen wir die müßigen Vermutungen der Presse beiseite. Es scheint, daß man dieses Geheimnis aus dem Grund für unlösbar hält, der gerade die Lösung erleichtern müßte – nämlich weil es so outrierte Züge trägt. Was die Polizei verwirrt macht, das ist das scheinbare Fehlen eines Motivs, nicht für den Mord selbst, sondern für die Scheußlichkeit des Mordes. Auch weiß ich nicht, wie sie die streitenden Stimmen mit der Tatsache in Einklang bringen soll, daß oben nur der Leichnam von Mademoiselle L'Espanaye gefunden wurde, und daß es ferner keine Möglichkeit zur Flucht gab, welche die die Treppe hinaufgehenden Leute nicht hätten beobachten können. Die seltsame Unordnung des Zimmers, der kopfabwärts in den Kamin hinaufgestoßene Leichnam, die gräßliche Verstümmelung des Körpers der alten Dame – diese Erwägungen mit den eben genannten sowie andere, die ich nicht zu erwähnen brauche, haben den vielgerühmten Scharfsinn der Regierungsbeamten irregeführt und so ihre geistigen Fähigkeiten lahmgelegt. Sie verfielen in den groben, aber weit verbreiteten Irrtum, das Ungewöhnliche mit dem Abstrusen zu verwechseln. Aber gerade diese Abweichungen vom Alltäglichen sind es eben, die dem Verstand, soweit dies überhaupt möglich ist, den einzig möglichen Weg zur Wahrheit weisen. Bei Untersuchungen wie der unsrigen sollte man weniger fragen, was ›sich ereignet‹ hat, als vielmehr ›was ist geschehen, das sich noch nie zuvor ereignete‹. Tatsächlich steht die Leichtigkeit, mit der ich die Lösung dieses Rätsels finden werde – oder bereits gefunden habe – in direktem Verhältnis zu der vermeintlichen Unlösbarkeit in den Augen der Polizei.«

Ich starrte meinen Freund in stummer Verwunderung an.

»Ich erwarte jetzt«, fuhr er fort, indem er nach der Wohnungstür blickte, »ich erwarte jetzt eine Person, die zwar die Metzeleien nicht selbst begangen hat, jedoch in gewissem Grade in die Sache verwickelt sein muß. Wahrscheinlich trägt er an den gräßlichen Umständen des Verbrechens keine Schuld. Ich hoffe, daß ich mit dieser Vermutung recht behalten werde; denn darauf gründet sich meine Zuversicht, das gesamte Rätsel zu lösen. Ich erwarte den Besuch des Mannes jeden Augenblick. Es kann sein, daß er ausbleibt, aber die Wahrscheinlichkeit ist, daß er kommt. In diesem Falle wird man ihn festhalten müssen. Hier sind Pistolen, und wir beide wissen sie ja zu gebrauchen, wenn es die Gelegenheit erfordert.«

Ich nahm die Pistolen, ohne recht zu wissen, was ich tat, oder zu glauben was ich hörte, während Dupin wie im Selbstgespräch weiterredete. Ich habe schon von seinem abstrakten Gebaren bei solchen Anlässen gesprochen.

Seine Worte waren zwar an mich gerichtet, aber seine Stimme hatte, obwohl nicht sehr laut, den Tonfall, den man für gewöhnlich nur bei großen Entfernungen braucht. Seine ausdruckslosen Augen starrten an die Wand.

»Daß die streitenden Stimmen«, sagte er, »den Frauen selbst nicht gehören konnten, hat die Beweisaufnahme hinreichend erwiesen. Daher brauchen wir gar nicht die Möglichkeit ins Auge zu fassen, daß die alte Dame erst ihre Tochter ermordet und dann sich selbst das Leben genommen haben könnte. Ich erwähne das nur um der Methode willen; denn Madame L. würde nie die Kraft besessen haben, den Leichnam ihrer Tochter dergestalt in den Kamin hinaufzustoßen, und die Art ihrer eigenen Verletzungen schließt jeden Gedanken an Selbstmord völlig aus. Daher muß ein Dritter diesen Mord begangen haben, und die Stimmen dieser Dritten waren es, die man streiten hörte. Ich will hier nicht alle Zeugenaussagen dieser Stimmen durchgehen, sondern nur darauf hinweisen, was daran besonders auffällig war. Ist Ihnen nichts Eigentümliches aufgefallen?«

Ich bemerkte, daß, während alle Zeugen darin einig waren, daß die schroffe Stimme einem Franzosen gehört haben müsse, ihre Meinungen über die schrille, oder, wie sie einer nannte, die grobe Stimme beträchtlich voneinander abwichen.

»Das betrifft die Aussagen selbst«, sagte Dupin, »aber nicht das Eigentümliche an ihnen. Sie haben nichts Auffälliges wahrgenommen, und doch war etwas zu bemerken. Die Zeugen waren, wie sie sagten, sich über die schroffe Stimme einig; hier herrschte Einstimmigkeit. Aber das Besondere liegt nicht darin, daß sie über die schrille Stimme verschieden aussagten, vielmehr darin, daß ein Italiener, ein Engländer, ein Spanier, ein Holländer und ein Franzose sie zu schildern versuchten und daß jeder die Stimme eines Ausländers zu hören glaubte. Jeder war gewiß, daß es nicht die Stimme eines Landsmannes war. Jeder vergleicht sie mit der Stimme eines Menschen, dessen Sprache er nicht versteht. Der Franzose hält sie für die Stimme eines Spaniers, und er hätte einzelne Worte unterscheiden können, wenn er mit dem Spanischen vertraut wäre. Der Holländer meint, einen Franzosen gehört zu haben; aber wir lesen, daß dieser Zeuge durch einen Dolmetscher befragt werden mußte, da er nicht Französisch kann. Der Engländer hält sie für die Stimme eines Deutschen, aber er ›versteht kein Deutsch‹. Der Spanier ist gewiß, daß es ein Engländer gewesen sei, aber er urteilt nach dem Tonfall, da er keine Kenntnisse des Englischen besitzt. Der Italiener glaubt, die Stimme sei Russisch, aber er hat niemals mit einem Russen gesprochen. Ein zweiter Franzose weicht vom ersten ab und ist ganz sicher, daß es sich um einen Italiener handle; da er aber die Sprache nicht kennt, überzeugt ihn der ›Tonfall‹ wie zuvor den Spanier. Nun, wie seltsam und ungewöhnlich muß doch in Wahrheit diese Stimme gewesen sein, über die in so verschiedener Weise ausgesagt werden konnte, in deren Klang fünf Angehörige maßgeblicher europäischer Nationen keinen vertrauten Laut zu entdeckten vermochten. Sie werden sagen, daß es die Stimme eines Asiaten, eines Afrikaners gewesen sein könnte. Nun, weder Asiaten noch Afrikaner sind in Paris häufig; aber, ohne die Möglichkeit leugnen zu wollen, möchte ich Ihre Aufmerksamkeit auf drei Punkte lenken. Der eine Zeuge nennt die Stimme ›eher grob als schrill‹. Zwei andere sprechen von ›raschen und ungleichmäßigen Tönen‹. Daß Worte oder wortähnliche Lautbildungen zu unterscheiden waren, wird von keinem der Zeugen angegeben.

Ich weiß nicht«, fuhr Dupin fort, »was für einen Eindruck ich bis jetzt auf Ihr Verständnis gemacht habe; doch zögere ich nicht, zu behaupten, daß schon aus diesem Teil der Aussage (in Anbetracht der groben und der schrillen Stimme) verläßliche Schlußfolgerungen gezogen werden können, die einen Verdacht begründen, der dem Fortgang in der Untersuchung richtungsweisend sein sollte. Ich sagte, ›verläßliche Schlußfolgerungen‹, aber das drückt noch nicht hinreichend deutlich aus, was ich meine. Ich gedachte zu sagen, daß diese Schlußfolgerungen die einzig richtigen sind, und daß sich der erwähnte Verdacht als einziges Ergebnis unmittelbar auf sie gründet. Was für ein Verdacht es ist, das will ich jetzt noch nicht sagen. Beachten Sie, daß er mir stark genug erschien, um meinen Nachforschungen in jenem Zimmer eine bestimmte Form, eine gewisse Richtung zu geben.

Versetzen wir uns jetzt im Geiste in dieses Zimmer. Was suchen wir dort zuerst? Den Ausgang, den die Mörder zur Flucht gefunden haben müssen. Wir beide glauben doch sicherlich nicht an übernatürliche Ereignisse. Madame und Mademoiselle L'Espanaye wurden nicht von Gespenstern ermordet. Die Täter waren körperlicher Natur und entwischten auf natürliche Weise. Aber wie? Zum Glück gibt es nur eine Methode, die Sache zu betrachten, und die muß uns zu einer gültigen Entscheidung verhelfen. Untersuchen wir einzeln die Möglichkeiten, aus dem Haus zu entkommen. Es ist klar, daß sich die Mörder in dem Zimmer, wo Mademoiselle L. gefunden wurde, oder wenigstens nebenan befanden, als die Leute die Stiegen heraufkamen. Nur von diesen zwei Räumen also müssen die Ausgänge festgestellt werden. Die Polizei hat Fußböden, Decke und Mauerwerk der Wände aufreißen lassen. Kein geheimer Ausgang wäre ihrer Wachsamkeit entgangen.

Trotzdem mißtraute ich ihrem Scharfblick und sah selber nach. Es gab wirklich keine geheimen Ausgänge. Die Türen, die auf den Gang führten, waren beide fest geschlossen und von innen versperrt. Wenden wir uns nun den Kaminen zu. Diese sind zwar acht bis zehn Fuß über der Feuerstelle und von üblicher Weite, könnten aber weiter oben kaum den Körper einer größeren Katze durchlassen. Da die Möglichkeit einer Flucht auf den eben genannten Wegen als absolut unmöglich feststeht, bleiben uns nur noch die Fenster. Durch die Fenster des Vorderzimmers konnte niemand entfliehen, ohne von der Menge auf der Gasse gesehen zu werden. Also müssen die Mörder die rückwärtigen Fenster benutzt haben. Nun, da wir zu diesem Schluß auf so unzweideutige Weise gelangt sind, wollen wir uns als Denker nicht durch scheinbare Unmöglichkeiten abschrecken lassen. Wir haben nur zu beweisen, daß diese anscheinende Unmöglichkeit in Wirklichkeit gar nicht so unmöglich ist.
Das Zimmer hat zwei Fenster. Eines davon ist, nicht durch Möbel verstellt, vollkommen sichtbar, vom anderen ist die untere Hälfte durch das Kopfende der plumpen Bettstatt verborgen, die dicht daran gerückt ist. Das erstere fand ich von innen fest verschlossen. Es widerstand der äußersten Kraft jener Leute, die es zu öffnen versuchten. In seiner Umrahmung war auf der linken Seite ein großes Bohrloch, und in diesem steckte fast bis zum Kopf ein sehr dicker Nagel. Ein ähnlicher Nagel zeigte sich bei einer Untersuchung des anderen Fensters, und ein kräftiger Versuch, es zu heben, war gleichfalls erfolglos. Nun war die Polizei vollkommen überzeugt, daß auf dieser Seite niemand das Zimmer verlassen haben könnte. Und darum hielt man es für überflüssig, die Nägel herauszuziehen und die Fenster zu öffnen.

Meine eigene Untersuchung war um einiges sorgfältiger, und zwar aus dem eben angegebenen Grund: weil gerade hier bewiesen werden mußte, daß sich die anscheinende Unmöglichkeit widerlegen lassen mußte.
Ich schloß nun a posteriori folgendermaßen:
Die Mörder entflohen durch eines dieser Fenster. Somit konnten sie die Schiebefenster nicht wieder so von innen befestigen, wie sie vorgefunden wurden – eine Folgerung, welche – da sehr naheliegend – die Polizei von weiteren Bemühungen zurückhielt. Dennoch waren die Rahmen verriegelt. Also mußten sie sich von selbst schließen.
Das war eine unentrinnbare Konsequenz. Ich trat an das freistehende Fenster, zog den Nagel mit einiger Mühe heraus und versuchte, den Schieberahmen zu heben. Er widerstand, wie ich vorausgesehen hatte, allen meinen Anstrengungen. Ich wußte jetzt, daß eine verborgene Feder da sein müsse, und dieser Gedanke überzeugte mich von der Richtigkeit meiner Vermutungen, obwohl die Sache mit den Nägeln noch rätselhaft genug erschien. Sorgfältiges Suchen brachte mich bald auf die geheime Feder; ich drückte darauf und, mit meiner Entdeckung zufrieden, zog ich den Rahmen nicht erst in die Höhe.
Ich brachte den Nagel in seine vorige Lage zurück und betrachtete ihn genau. Es konnte jemand durch das Fenster entfliehen, aber er konnte den Nagel nicht wieder an seine Stelle bringen. Das war klar, und schränkte wiederum das Feld meiner Nachforschungen ein. Die Mörder mußten also durch das andere Fenster entwischt sein. Waren nun die Federn an beiden Fenstern die gleichen, und dies schien wahrscheinlich, so mußte der Unterschied in den Nägeln liegen, oder sie mußten wenigstens auf verschiedene Art befestigt sein. Ich stieg auf die Bettmatratze und betrachtete aufmerksam das zweite Fenster. Dann

fuhr ich mit der Hand hinter das Bett, entdeckte die Feder – setzte sie in Bewegung. Die Feder entsprach, wie ich angenommen hatte, ihrem Gegenstück vollkommen. Nun sah ich mir den Nagel an. Er war ebenso dick wie der andere und scheinbar in gleicher Weise eingeschlagen, nämlich fast bis zum Kopf.

Sie werden vielleicht glauben, daß mich das verblüffte, aber dann haben Sie die Natur meiner Folgerungen nicht richtig verstanden. Um einen Jagdausdruck zu gebrauchen, ich hatte die Fährte nicht einen Augenblick verloren. Die Kette zeigte nirgends ein fehlendes Glied. Ich war dem Geheimnis bis zum letzten Resultat gefolgt, und dieses war der Nagel. Er glich, sagte ich schon, vollständig seinem Widerpart am anderen Fenster; aber diese Tatsache (so schlüssig sie auch scheinen mochte) war von absoluter Nichtigkeit vor der Erwägung, daß hier an diesem Punkt die Spur endete. Mit diesem Nagel, sagte ich mir, muß etwas nicht in Ordnung sein. Ich berührte ihn und hielt den Kopf mit etwa einem Viertel Zoll des Stiftes in den Fingern. Der Rest des Stiftes steckte in dem Bohrloch, worin er abgebrochen war. Der Bruch war schon alt (denn es war Rost an den Rändern) und war offenbar durch einen Hammerschlag herbeigeführt worden, der den Teil in den unteren Schieberahmen eingetrieben hatte. Nun setzte ich den oberen Teil des Nagels wieder in die Höhlung, aus der ich ihn herausgenommen hatte, und er glich wieder völlig einem ganzen Nagel – der Bruch war unsichtbar. Ich drückte die Feder und schob das Fenster samt dem Kopf des Nagels ein paar Zoll in die Höhe. Ich schloß das Fenster, und wieder schien die Ähnlichkeit mit einem ganzen Nagel vollkommen.

So weit nun hatte das Rätsel alles Rätselhafte verloren. Der Mörder war durch das Fenster über dem Bett entkommen.

Von selbst zugefallen (oder vielleicht absichtlich geschlossen), war die Feder eingeschnappt, und die Polizei hatte die Befestigung dieser Feder mit der des Nagels verwechselt, so daß eine weitere Untersuchung für unnötig befunden wurde.

Die nächste Frage war: Wie gelangte er hinunter? Unser Gang um das Haus hatte mir in diesem Punkt Gewißheit verschafft. Etwa fünfeinhalb Fuß vom Fensterrahmen läuft ein Blitzableiter. Von dieser Stange aus das Fenster zu erreichen, geschweige denn einzusteigen, das wäre ganz unmöglich gewesen. Aber es fiel mir auf, daß die Fensterläden im vierten Stock von jener Art waren, welche die Pariser Zimmerleute ›ferrades‹ nennen; sie werden heutzutage selten verwendet, man sieht sie jedoch häufig an sehr alten Bürgerhäusern in Lyon und Bordeaux. Sie gleichen einer gewöhnlichen Tür (einer einteiligen, nicht einer Flügeltür), nur daß die obere Hälfte durchbrochen oder aus offenem Gitterwerk ist, was den Händen eine vortreffliche Stütze bietet. In unserem Fall sind diese Läden volle dreieinhalb Fuß breit. Als wir sie von unten sahen, waren beide halb offen, das heißt, sie standen im rechten Winkel von der Hausmauer ab. Wahrscheinlich wird die Polizei so gut wie ich selbst die Rückseite des Gebäudes untersucht haben; wenn sie aber diese ›ferrades‹ in perspektivischer Verkürzung betrachtet hat (und das muß der Fall gewesen sein), dann hat sie diese große Breite an sich gar nicht bemerkt oder wenigstens nicht gebührend in Betracht gezogen. In der Tat war sie überzeugt, daß hier ein Entkommen unmöglich gewesen sei, und ihre Prüfung fiel nur ganz oberflächlich aus. Mir hingegen war klar, daß der Laden des Fensters hinter dem Bett, wenn er zurückgeschlagen an der Mauer lag, nur zwei Fuß vom Blitzableiter entfernt war. Für mich stand fest, daß bei ungewöhnlicher Entfaltung von Gewandtheit und Mut ein Einsteigen durch das Fenster vom Blitzableiter aus durchaus möglich sein könnte. War ein Räuber einmal bis auf zweieinhalb Fuß herangekommen, so hätte er an dem Gitterwerk einen sicheren Griff finden können; ließ er dann den Blitzableiter los und stemmte seine Füße gegen die Hauswand, so hätte er mit einem kühnen Sprung den Laden herumschwingen und, wenn das Fenster nur offenstand, sich sogar ins Zimmer schwingen können.

Bitte, behalten Sie im Sinn, daß ich von einem sehr ungewöhnlichen Grad von Gewandtheit gesprochen habe, ohne den der Erfolg bei einem so tollkühnen und schwierigen Unternehmen nicht denkbar wäre. Ich möchte Ihnen zunächst beweisen, daß die Sache überhaupt möglich war; zweitens und hauptsächlich aber möchte ich Ihr Verständnis für den ganz außerordentlichen, fast übernatürlichen Charakter dieser Behendigkeit wecken, mit der allein die Sache nur ausgeführt werden konnte.

Sie werden ohne Zweifel erwidern, wie ein Jurist wohl sagen würde, zur Stützung meiner Beweisführung die hier erforderliche Behendigkeit eher zu unterschätzen als auf ihrer vollen Würdigung zu bestehen. Das mag im Rechtsverfahren üblich sein, die Vernunft denkt anders. Mein letztes Ziel ist allein die Wahrheit. Augenblicklich möchte ich Sie dahinführen, diese sehr ungewöhnliche Behendigkeit, von der ich eben gesprochen habe, in Verbindung zu bringen mit jener sonderbaren, schrillen (oder groben) und ungleichmäßigen Stimme, über deren Nationalität keine zwei Menschen einer Meinung waren und in deren Äußerungen keine Spur von einer Silbenbildung wahrgenommen werden konnte.«

Bei diesen Worten glitt mir eine undeutliche und schemenhafte Vorstellung von dem, was Dupin meinen mochte, durch den Sinn. Ich fühlte mich an der Schwelle des Begreifens, ohne jedoch schon verstehen zu können, wie man zuweilen am Rande der Rückerinnerung schwebt, ohne sich schließlich erinnern zu können.

Mein Freund setzte seine Rede fort.

»Sie sehen nun«, sagte er, »daß ich die Untersuchung von der Möglichkeit der Flucht zur Möglichkeit des Eindringens verlagert habe. Ich wollte Ihnen den Gedanken nahelegen, daß beides auf gleiche Art und am gleichen Ort ausgeführt wurde. Wenden wir uns nun dem Innern des Zimmers zu. Überblicken wir hier alle Erscheinungen. Die Schubladen der Kommode, sagte man, sind ausgeplündert worden, obwohl sich noch allerlei Gegenstände darin befanden. Diese Schlußfolgerung ist absurd. Nichts als ein bloßes Raten, und noch dazu auf ungeschickte Weise. Woher sollen wir denn wissen, daß die Schubladen außer den vorgefundenen Sachen noch etwas anderes enthielten? Die beiden Damen lebten in größter Zurückgezogenheit, empfingen keine Besuche, gingen selten aus, brauchten ihre Kleidung sicher nicht allzuviel zu wechseln. Was man fand, war mindestens von so guter Qualität, als es eben bei diesen Frauen zu erwarten war. Wenn ein Dieb etwas genommen hat, warum nahm er nicht alles, warum nicht das Beste? Warum ließ er viertausend Franken im Stich, um sich mit einem Bündel Wäsche zu begnügen? Das Gold blieb liegen. Fast die ganze Summe, die der Bankier, Monsieur Mignaud, erwähnt hat, wurde in den Beuteln auf dem Fußboden gefunden. Befreien Sie sich daher bitte von der irrigen Annahme eines Motives zur Tat, die in den Köpfen der Polizei dadurch entstanden ist, daß nach den Zeugenaussagen das Geld am Haustor abgeliefert wurde. Zehnmal merkwürdigere Übereinstimmungen (als etwa die

zwischen der Ablieferung des Geldes und der drei Tage danach erfolgten Ermordung der Empfängerinnen) begegnen uns in jeder Stunde unseres Daseins, ohne daß wir ihnen die geringste Bedeutung schenken. Das Zusammentreffen von Umständen bildet überhaupt ein großes Hindernis für alle, die sich bemühen, nachzudenken, ohne mit der Theorie der Möglichkeiten vertraut zu sein, der die erhabensten Gegenstände menschlicher Forschung die ruhmreichste Aufklärung verdanken. Fehlte im vorliegenden Fall das Gold, so wäre seine Ablieferung vor drei Tagen vielleicht mehr als ein blinder Zufall gewesen. Dies hätte unsere Vorstellung eines Motivs bedeutend unterstützt. Wenn wir aber unter den tatsächlichen Umständen das Gold als das Motiv der Gewalttat betrachten sollen, dann müssen wir auch annehmen, daß der Täter ein solch wankelmütiger Idiot war, daß er Gold und Motiv zugleich im Stich ließ.
Halten wir nun die Punkte fest, auf die ich aufmerksam gemacht habe: die seltsame Stimme, die ungewöhnliche Behendigkeit und das überraschende Fehlen eines Motivs für einen so grauenhaften Mord, und werfen wir einen Blick auf die Metzelei selbst. Durch die Kraft der Hände wird eine Frau erdrosselt und mit dem Kopf nach unten in einen Kamin hinaufgestoßen. Gewöhnliche Mörder pflegen anders vorzugehen. Jedenfalls verfahren sie anders mit den Opfern. In diesem Hinaufstoßen des Leichnams in den Kamin liegt, wie Sie zugeben werden, etwas außerordentlich Outriertes, etwas, das wir mit unseren Vorstellungen von menschlicher Handlungsweise auch dann nicht vereinigen können, wenn wir uns unter den Tätern die verworfensten Menschen vorstellen. Und dann, wie ungeheuer muß die Kraft gewesen sein, die den Körper eine solche Öffnung hinauftreiben konnte, daß es der verein-

ten Anstrengungen mehrerer Personen bedurfte, um ihn wieder herunterzuholen.
Beachten wir jetzt andere Spuren der Anwendung höchst wunderbarer Leibeskräfte. In der Herdasche lagen Strähnen, sehr dichte Strähnen grauen Menschenhaares. Sie waren mit den Wurzeln herausgerissen worden. Sie wissen, daß es großer Stärke bedarf, um zwanzig bis dreißig Haare auf diese Art herauszureißen. Sie sehen diese Haarsträhnen ebensogut wie ich. An ihren Wurzeln (ein gräßlicher Anblick) klebte in Klümpchen das Fleisch der Kopfhaut: ein sicherer Beweis für die gewaltige Kraft, mit der vielleicht eine halbe Million Haare zugleich entwurzelt wurden. Der Hals der alten Dame war nicht nur durchschnitten, der Kopf war richtig vom Rumpf getrennt, und das Werkzeug war bloß ein Rasiermesser. Bedenken Sie auch die brutale Wildheit der Tat. Von den Quetschungen am Körper der alten Dame rede ich gar nicht. Dumas und sein würdiger Gehilfe, Monsieur Etienne, haben verkündet, daß sie durch ein stumpfes Werkzeug verursacht wurden, und soweit haben die Herren auch ganz recht. Das stumpfe Werkzeug war offenbar das Steinpflaster des Hofes, auf das die Unglückliche aus dem Fenster hinter dem Bett gefallen war. Dieser Gedanke entging der Polizei trotz seiner einleuchtenden Selbstverständlichkeit aus demselben Grund, mit der ihr die Breite der Fensterläden entging – weil nämlich die Sache mit den Nägeln ihr Begriffsvermögen gegen die Möglichkeit verschlossen hatte, daß die Fenster überhaupt aufgemacht worden sein könnten.
Betrachten wir nun im Einklang mit allen diesen Dingen die sonderbare Unordnung des Zimmers richtig, so haben wir folgende Vorstellungen aneinandergereiht: eine erstaunliche Behendigkeit, eine brutale Wildheit, ein Mor-

den und Schlachten ohne Motiv, eine Groteskerie des Grauenhaften, die nichts Menschliches mehr an sich hat, und eine Stimme, deren Tonfall den Angehörigen verschiedener Nationen fremd erscheint und jeder deutlichen oder verständlichen Silbenbildung entbehrt. Was ist nun das Ergebnis? Welchen Eindruck habe ich auf Ihre Einbildungskraft gemacht?«

Ein Schauder überlief mich, als Dupin diese Frage stellte. »Ein Irrer«, sagte ich, »hat diese Tat vollbracht, ein tobsüchtiger Wüterich, der aus einer benachbarten Maison de Santé entflohen ist.«

»In mehr als einer Hinsicht«, erwiderte er, »ist Ihre Idee gar nicht so übel.

Aber die Stimmen der Wahnsinnigen gleichen selbst in den wildesten Wutanfällen niemals jener besonderen Stimme, die man auf der Treppe vernahm. Auch Irre gehören doch irgendeiner Nationalität an, und ihre Sprache besitzt, wären die Worte auch noch so unzusammenhängend, immerhin die Fähigkeit der Silbenbildung. Überdies sehen die Haare eines Wahnsinnigen nicht gerade so aus wie diese hier in meiner Hand. Ich habe dieses kleine Büschel den krampfhaft geschlossenen Fingern der Madame L'Espanaye entwunden. Sagen Sie mir, wie es Ihnen vorkomme.«

»Dupin«, sagte ich ganz entgeistert, »das ist ein ganz ungewöhnliches Haar; das ist kein menschliches Haar.«

»Das habe ich auch nicht behauptet«, sagte er; »aber ich möchte, daß Sie diese kleine Zeichnung ansehen, bevor wir diesen Punkt entscheiden. Es ist eine genaue Nachbildung dessen, was ein Teil der Zeugenaussagen als ›dunkle Quetschwunden und tiefe Kratzer von Fingernägeln an dem Hals von Madame L'Espanaye‹ und von den Messrs. Dumas und Etienne als eine ›Reihe gelbblauer Flecken, offenbar als Abdruck von Fingern‹ beschrieben worden ist.

Sie werden erkennen«, fuhr mein Freund fort, indem er das Papier auf dem Tisch ausbreitete, »daß diese Zeichnung eine Vorstellung eines festen und harten Griffs vermittelt. Von einem Abgleiten bemerkt man nichts. Jeder Finger behielt, vielleicht bis zum Tod des Opfers, die fürchterliche Kraft, mit der er sich zuerst eingekrallt hatte. Versuchen Sie nun, Ihre Finger gleichzeitig in die betreffenden Eindrücke zu legen, wie sie hingezeichnet sind.«

Ich versuchte dies jedoch vergeblich.

»Vielleicht prüfen wir die Sache nicht richtig«, sagte er. »Das Papier liegt flach, aber der Hals des Menschen hat die Form eines Zylinders. Hier ist ein Holzscheit, das ungefähr den Umfang des Halses hat. Wickeln Sie die Zeichnung um den Klotz und wiederholen Sie den Versuch.«

Ich tat es; aber die Schwierigkeit war noch einleuchtender als zuvor. »Das hier«, sagte ich, »sind nicht die Spuren einer menschlichen Hand.« »Lesen Sie jetzt«, sagte Dupin, »diese Stelle aus Cuvier.«

Es war eine ausführliche anatomische und allgemeine Beschreibung des großen rotbraunen Orang-Utans der ostindischen Inseln. Die riesige Gestalt, die erstaunliche Kraft und Behendigkeit, die furchtbare Wildheit sowie der Nachahmungstrieb dieser Säugetiere sind hinreichend bekannt. Ich begriff mit einem Male all das Grauenvolle dieses Mordes.

»Die Beschreibung der Finger«, sagte ich, als ich das Buch weglegte, »stimmt vollkommen mit dieser Zeichnung überein. Ich sehe, daß kein Tier außer einem Orang-Utan der hier erwähnten Gattung die Eindrücke so verursacht haben kann, wie Sie sie gezeichnet haben. Dieses Büschel gelbroten Haars entspricht auch ganz der Beschreibung des

Haares jener Bestie bei Cuvier. Dennoch kann ich die Einzelheiten dieses furchtbaren Geheimnisses noch nicht recht erfassen. Überdies hörte man zwei Stimmen, die sich zu streiten schienen, und die eine davon gehörte unzweifelhaft einem Franzosen.«

»Sehr wahr! Und Sie entsinnen sich gewiß noch eines Ausdrucks, den die Aussagen der Zeugen fast einstimmig dieser Stimme in den Mund legten: ›mon Dieu‹. Sie sind richtig von einem der Zeugen (dem Zuckerbäcker Montani) als ein Ausruf des Vorwurfs oder des Zuredens bezeichnet worden. Auf diese zwei Worte nun habe ich hauptsächlich meine Hoffnung, das Rätsel vollständig lösen zu können, gegründet. Ein Franzose war Mitwisser des Mordes. Es ist möglich, ja, sogar mehr als wahrscheinlich, daß er selber der Teilnahme an den blutigen Vorgängen nicht schuldig war. Der Orang-Utan kann ihm entflohen sein. Er kann ihn bis zu jenem Zimmer verfolgt haben; doch unter den erregenden Umständen, die dann eintraten, konnte er ihn nicht wieder einfangen. Das Tier läuft immer noch frei herum. Ich will diesen Vermutungen nicht weiter nachgehen, denn ich habe kein Recht, sie anders zu nennen, da die vagen Ideengebilde, auf die sie sich gründen, zu wenig Tiefe haben, um meinem eigenen Intellekt annehmbar zu sein, und ich nicht imstande wäre, sie einem anderen verständlich zu machen. Wir wollen sie also Mutmaßungen nennen und als solche behandeln. Wenn der fragliche Franzose wirklich, wie ich annehme, an dieser Greueltat unschuldig ist, wird dieses Inserat, daß ich gestern auf dem Heimweg in der Expedition von ›Le Monde‹ (ein Blatt, das die Interessen der Schiffahrt vertritt und viel von Seeleuten gelesen wird) aufgegeben habe, ihn veranlassen, uns aufzusuchen.

Er reichte mir die Zeitung, und ich las folgendes:

Eingefangen
wurde im Bois de Bologne, am frühen Morgen des ... (am Morgen des Mordes) ein sehr großer, lohfarbener Orang-Utan der Gattung Borneo. Der Besitzer (von dem bekannt ist, daß er Matrose auf einem maltesischen Schiff ist) kann das Tier zurückerhalten unter der Voraussetzung, daß er dessen Identität nachweist und die geringen Kosten für das Einfangen und den Unterhalt zurückerstattet. Anfragen unter: Faubourg, St. Germain, ... Rue Nr., im dritten Stockwerk.

»Wie war es möglich«, fragte ich ihn, »zu wissen, daß der Mann Matrose ist und auf einem maltesischen Schiff fährt?«

»Ich wußte es nicht«, erwiderte er, »und ich bin meiner Sache durchaus nicht sicher. Aber hier ist ein kleines Stückchen Band, das, nach seinem fettigen Aussehen dazu gedient haben kann, das Haar zu einem jener langen Zöpfe zusammenzubinden, wie sie bei Seeleuten so beliebt sind. Außerdem verstehen, außer Matrosen, nur wenige Leute einen solchen Knoten zu flechten, der gerade für Malteser eigentümlich ist. Ich habe das Band am Fuße des Blitzableiters aufgehoben. Es konnte keiner der beiden Verstorbenen gehört haben. Sollte ich nun aus dem Band mit Unrecht die Folgerung gezogen haben, daß der Franzose zur Mannschaft eines Malteser Schiffes gehört, so habe ich doch durch die Behauptung in meinem Inserat keinen Schaden angerichtet. Irre ich mich, so wird er denken, daß mich irgendein Umstand, der ihn nicht weiter interessieren dürfte, fehlgeleitet hat. Sollte ich aber recht haben, so ist viel gewonnen. Da er von dem Mord weiß, auch wenn er unschuldig daran ist, so wird der Franzose natürlich zögern, auf das Inserat zu antworten und den Orang-Utan zurückverlangen. Er wird sich also denken: ich bin arm, ich bin unschuldig; mein Orang-Utan hat großen Wert – für einen Menschen in meinen Verhältnissen bedeutet er ein Vermögen, warum sollte ich ihn aus törichter Furcht einbüßen? Er ist dort, ich kann ihn leicht wiederhaben. Man hat ihn im Bois de Bologne gefunden, weit entfernt vom Schauplatz der Mordtaten. Wie könnte man jemals annehmen, daß ein vernunftloses Tier diese Taten begangen hat? Die Polizei ist ratlos; sie hat nicht die geringste Spur entdeckt. Sollte sie das Tier aufspüren, so wäre es doch unmöglich, nachzuweisen, daß ich Mitwisser des Mordes bin und mich aufgrund dessen in eine Schuld zu verwickeln. Vor allem aber, man weiß von mir. Der Inserent bezeichnet mich als den Besitzer des Tieres. Ich weiß nicht recht, was ihm schon alles bekannt sein mag. Wenn ich ein so wertvolles Eigentum, von dem man weiß, daß es mir gehört, nicht zurückverlange, so würde mindestens auf das Tier ein Verdacht fallen. Es wäre unklug von mir die Aufmerksamkeit auf mich oder auf das Tier zu lenken. Ich werde mich auf diese Anzeige hin melden, den Orang-Utan abholen und ihn gut verwahren, bis die Sache in Vergessenheit geraten ist.«

In diesem Augenblick hörten wir Schritte auf der Treppe.

»Halten Sie Ihre Pistolen bereit«, sagte Dupin, »aber gebrauchen oder zeigen Sie sie nicht, bevor ich Ihnen ein Zeichen gebe.«

Die Eingangstür des Hauses war offengelassen worden; jemand war eingetreten, ohne zu klingeln und war ein paar Stufen hinaufgegangen. Aber plötzlich hörten wir ihn wieder hinabsteigen, Dupin stürzte zur Tür, als wir ihn wieder hinaufkommen hörten. Er kehrte nicht zum zweiten Male um, sondern näherte sich entschlossen und klopfte an unsere Zimmertür.

»Herein«, sagte Dupin in heiterem und aufmunterndem Ton.

Ein Mann trat ein. Offenbar ein Matrose, ein großer, starker, muskulös aussehender Mann mit einem gewissen Ausdruck von Verwegenheit, der keineswegs gegen ihn einnahm. Sein von der Sonne verbranntes Gesicht war mehr als zur Hälfte von einem Schnurr- und Backenbart verdeckt. Er hatte einen dicken Eichenknüppel; schien aber sonst ohne Waffen zu sein. Er machte eine linkische Verbeugung, bot uns einen »guten Abend« in einem Französisch, dessen Akzent an Neufchatel denken ließ, aber dennoch hinreichend Pariserisch klang.

»Setzen Sie sich, mein Freund«, sagte Dupin. »Ich vermute, Sie sind wegen des Orang-Utan gekommen. Wahrhaftig, ich beneide Sie fast um seinen Besitz; ein prachtvolles, gewiß auch sehr kostbares Tier. Wie alt mag er jetzt sein?«

Der Matrose schöpfte tief Atem, als hätte man ihm eine bedrückende Last von den Schultern genommen, und antwortete dann mit fester Stimme:

»Ich kann es Ihnen nicht genau sagen, aber mehr als vier bis fünf Jahre wird er nicht alt sein. Haben Sie ihn hier?«

»O nein, wir hatten keine Unterkunft für ihn. Er ist in einem Reitstall in der Nähe der Rue Dubourg untergebracht. Morgen früh können Sie ihn haben. Natürlich können Sie sich als Eigentümer legitimieren?«

»Gewiß, Monsieur.«

»Ich werde mich ungern von ihm trennen«, sagte Dupin.

»Sie sollen soviel Mühe nicht umsonst gehabt haben, Monsieur«, sagte der Fremde. »Das kann man nicht verlangen. Will gerne eine Belohnung für die Auffindung des Tieres zahlen – versteht sich, natürlich in vernünftigen Grenzen.«

»Gut«, erwiderte mein Freund, »das ist nur recht und billig. Lassen Sie mich nachdenken! Ich fordere als Belohnung ... daß Sie mir, soweit in Ihrer Macht, über diese Morde in der Rue Morgue alle Auskunft geben.«

Dupin sagte diese Worte sehr leise und mit der größten Ruhe. Mit ganz derselben Gelassenheit schritt er dann zur Tür, verschloß sie und steckte den Schlüssel in seine Tasche. Dann zog er eine Pistole aus dem Rock und legte sie ohne die geringste Hast auf den Tisch.
Das Gesicht des Seemanns lief rot an, als sei er am Ersticken. Er richtete sich auf und packte seinen Knüppel; gleich darauf aber fiel er in seinen Stuhl zurück, heftig zitternd und bleich wie der Tod. Er sprach kein Wort. Ich bedauerte ihn von ganzem Herzen.
»Guter Freund«, sagte Dupin wohlwollend, »Sie beunruhigen sich in der Tat ohne jeden Grund; nein, wirklich, wir planen nichts Schlimmes gegen Sie. Als Ehrenmann und Franzose versichere ich Ihnen, daß nichts gegen Sie unternommen wird. Ich weiß sehr wohl, daß Sie an den Greueltaten in der Rue Morgue keine Schuld haben. Doch will ich nicht leugnen, daß Sie in gewissem Maße darin verwickelt sind. Aus meinen Äußerungen können Sie, müssen Sie bereits erkannt haben, daß ich mich in dieser Sache zu unterrichten verstanden habe, mit Mitteln, von denen Sie sich nichts träumen lassen. Nun stehe die Angelegenheit so. Sie haben nichts getan, was Sie hätten vermeiden können, sicherlich nichts, was Sie mit Schuld belastet. Sie haben nicht einmal etwas gestohlen oder geraubt, obwohl Sie doch straflos hätten rauben oder stehlen können. Sie haben nichts zu verheimlichen. Sie brauchen nichts zu verschweigen. Andrerseits verpflichtet Sie Ihr Ehrgefühl, alles zu gestehen, was Ihnen bekannt ist. Ein Unschuldiger sitzt gegenwärtig im Gefängnis unter der Anklage des Verbrechens, dessen Täter Sie angeben können.«
Der Matrose hatte, während Dupin sprach, seine Geistesgegenwart weitgehend wiedergewonnen; doch die ursprüngliche Verwegenheit war völlig dahin.

»Gott helfe mir denn!« sagte er nach kurzer Pause; »ich will Ihnen alles mitteilen, was ich von der Angelegenheit weiß; aber ich erwarte nicht, daß Sie auch nur die Hälfte davon glauben werden; ich müßte ein Narr sein, wenn ich das für möglich hielte. Dennoch bin ich unschuldig, und ich will meine Seele erleichtern, sollte es mich auch den Hals kosten.«

Was er nun berichtete, war im wesentlichen das Folgende:

Er hatte vor kurzem eine Seereise nach dem Indischen Archipel gemacht. Ein Teil der Mannschaft, der er sich anschloß, landete auf Borneo und begab sich zum Vergnügen ins Innere. Er fing zusammen mit einem Kameraden den Orang-Utan. Der Kamerad starb, und der Affe gehörte nunmehr ihm allein. Nach großen Mühen, verursacht von der unbezähmbaren Wildheit seines Gefangenen auf der Heimreise, gelang es ihm endlich, das Tier in seiner eigenen Wohnung in Paris sicher unterzubringen, wo er es, um nicht die unerfreuliche Neugierde der Nachbarn auf sich zu lenken, sorgsam unter Verschluß hielt, bis es sich von einer an Bord durch einen Splitter erzeugten Wunde erholt haben würde. Nachher wollte er es verkaufen.

In der Nacht, oder vielmehr am Morgen der Mordtat, kehrte er von einer Seemannszecherei heim und fand das Tier in seinem eigenen Schlafzimmer, in das es aus der angrenzenden Kammer, wo es gut verwahrt schien, ausgebrochen war. Der Affe saß vor einem Spiegel, völlig eingeseift, das Rasiermesser in der Hand, mit der Absicht, sich zu rasieren, so wie er es ohne Zweifel zuvor durch das Schlüsselloch bei seinem Herrn beobachtet hatte. Entsetzt vom Anblick einer so gefährlichen Waffe im Besitz eines so unbändigen Tieres, das zudem wohl noch damit umzu-

gehen wußte, war der Mann zunächst völlig ratlos, was er tun sollte. Doch war er daran gewöhnt, das Tier selbst in seinen wildesten Ausbrüchen durch den Gebrauch einer Peitsche zu beruhigen, und auch jetzt griff er zu diesem Mittel. Kaum hatte jedoch der Orang-Utan die Peitsche gesehen, als er blitzschnell durch die Tür des Zimmers, die Treppe hinunter und von dort durch ein Fenster, das unglücklicherweise offenstand, auf die Straße sprang.
Verzweifelt eilte ihm der Franzose nach; der Affe hielt das Rasiermesser noch in der Hand, blieb zuweilen stehen, um sich nach seinem Verfolger umzudrehen und ihm Grimassen zu schneiden, bis dieser ihn fast erreicht hatte. Dann jagte er weiter. So dauerte die Hetze geraume Zeit. Die Straßen lagen in tiefster Stille, da es gegen drei Uhr morgens war. In einer engen Gasse an der Rückseite der Rue Morgue wurde seine Aufmerksamkeit durch ein Licht angezogen, welches aus dem offenen Fenster von Madame L'Espanayes Zimmer im vierten Stockwerk des Hauses schimmerte. Er stürzte auf das Haus zu, bemerkte den Blitzableiter, kletterte mit fabelhafter Behendigkeit daran empor, packte, im vierten Stockwerk angekommen, den Fensterladen, der breit an der Mauer anlag, und schwang sich mit seiner Hilfe direkt auf das Kopfende des Bettes. Alles das nahm weniger als eine Minute in Anspruch. Als der Orang-Utan in das Zimmer einbrach, flog der Laden wieder an seine Stelle zurück.
Der Matrose hatte sich alles gleichzeitig erleichtert und bestürzt angesehen! Er hoffte jetzt nicht ohne Grund, das Tier wieder in seine Gewalt zu bekommen, da es kaum aus der selbstgewählten Falle entrinnen konnte, ohne wieder den Blitzableiter zu benutzen, und beim Abstieg eingefangen werden konnte. Andererseits bedachte er mit großer Unruhe, was der Affe im Hause wohl alles anstel-

len mochte. Dieser Gedanke bewog den Mann, dem Flüchtling auch weiter zu folgen. Die Ersteigung des Blitzableiters ist, namentlich für einen Matrosen, nicht allzu schwierig; aber als er auf der Höhe des Fensters, das ziemlich weit zu seiner Linken lag, angelangt war, konnte er seinen Weg nicht fortsetzen. Alles, was er tun konnte, war, sich so weit hinüberzubeugen, um einen Blick in das Innere des Zimmers zu werfen. Aber bei diesem Anblick wäre er vor Entsetzen fast in die Tiefe gestürzt. Jetzt gellten auch jene grauenvollen Schreie durch die Nacht, jene Schreie, durch die alle Bewohner der Rue Morgue aus ihrem Schlummer gerissen wurden. Madame L'Espanaye und ihre Tochter, beide im Nachtgewand, waren offenbar damit beschäftigt gewesen, einige Papiere in der schon erwähnten eisernen Kassette zu ordnen, welche in die Mitte des Raumes gerückt worden war. Sie stand offen, und der Inhalt lag daneben auf dem Fußboden. Die Opfer mußten mit dem Rücken zum Fenster gesessen haben, und, da zwischen dem Eindringen des Tieres und dem Geschrei einige Zeit verging, hatten sie es offenbar nicht sofort bemerkt. Das Anschlagen des Fensterladens hatten sie wohl dem Wind zugeschrieben.

Als der Matrose in das Zimmer blickte, hatte das riesige Tier Madame L'Espanaye bei den Haaren gepackt (diese waren aufgelöst, da sie sie eben gekämmt hatte) und schwang das Rasiermesser vor ihrem Gesicht mit den Bewegungen eines Barbiers. Die Tochter lag bewegungslos hingestreckt; sie war ohnmächtig geworden. Das Schreien und Sträuben der alten Dame (während ihr das Haar vom Kopf gerissen wurde) hatte die vermutlich friedlichen Absichten des Orang-Utans in fürchterliche Wut verwandelt. Mit einem energischen Streich seines kräftigen Armes trennte er ihr fast den Kopf vom Rumpfe. Der

Anblick des Blutes steigerte seine Wut zur Raserei. Zähnefletschend und mit funkelnden Augen warf er sich auf den Körper des Mädchens und grub seine fürchterlichen Krallen in ihren Hals und lockerte den Griff nicht, bis sie tot war. In diesem Moment fielen seine wilden und unstet flackernden Blicke auf das Kopfende des Bettes, über dem das Gesicht seines Herrn, starr vor Entsetzen, sichtbar war. Die Wut des Tieres, das ohne Zweifel die gefürchtete Peitsche noch in Erinnerung hatte, verwandelte sich unverzüglich in Furcht. Im Bewußtsein, Strafe verdient zu haben, strebte es offenbar danach, seine Taten irgendwie zu verbergen; so sprang denn der Orang-Utan in höchster Aufregung im Zimmer umher, warf Möbel um, zerbrach einige und schleifte die Betten von der Matratze. Schließlich ergriff er den Leichnam der Tochter und stieß ihn den Kamin hinauf, so wie er später gefunden wurde; dann nahm er die Leiche der alten Dame und schleuderte sie kopfüber aus dem Fenster.

Als der Affe sich mit seiner verstümmelten Bürde dem Fenster näherte, fuhr der Seemann entsetzt gegen den Blitzableiter, kam, mehr fallend als gleitend, unten an und eilte sogleich nach Hause, voller Furcht vor den Folgen dieser Metzelei, und in seinem Schrecken alle Sorge um das Schicksal des Orang-Utans hinter sich lassend. Was die Leute auf der Treppe gehört hatten, waren die Ausrufe des Entsetzens und Grauens des Franzosen, vermischt mit dem boshaften Gekreische des Untiers.

Ich habe nur noch wenig hinzuzufügen. Der Orang-Utan muß gerade vor dem Aufbrechen der Wohnungstür über den Blitzableiter geflohen sein. Beim Hinaussteigen muß er das Fenster geschlossen haben. Er wurde von dem Besitzer selbst wieder eingefangen und für eine hohe Summe an den Jardin des Plantes verkauft.

Le Bon ließ man natürlich sofort frei, als wir (mit einigen Erklärungen Dupins) den Hergang geschildert hatten. Der Polizeipräfekt konnte, bei allem Wohlwollen, das er meinem Freund entgegenbrachte, seine Unzufriedenheit über die Wendung der Dinge nicht verbergen und erging sich in sarkastischen Bemerkungen über Leute, die sich um Dinge kümmern, die sie nichts angehen. »Lassen wir ihn reden«, sagte Dupin, der es nicht der Mühe wert fand, eine Antwort zu geben. »Lassen wir ihn schwatzen! Er will nur sein Gewissen beruhigen! Mir genügt es, daß ich ihn auf seinem eigentlichen Gebiet besiegt habe. Übrigens ist die Tatsache, daß er bei der Lösung des Rätsels versagt hat, keineswegs das Wunder, für das er es selbst hält. Denn unser Freund, der Präfekt, ist zu schlau, um tief sein zu können. Seine Weisheit hat kein Knochengerüst. Sie ist ganz Kopf und ohne Körper, wie Bilder der Göttin Laverna – oder höchstens hat sie Kopf und Schultern wie ein Stockfisch. Aber im großen und ganzen ist er doch ein guter Kerl. Und ich schätze in besonders wegen seiner täuschenden Meisterschaft im ›caut‹, der ihm seinen Ruf, ein Genie an Scharfsinn zu sein, eingetragen hat. Ich meine seine Vorliebe* ›de nier ce qui est, et d'expliquer ce qui n'est pas‹, wie es in Rousseaus ›Nouvelle Héloise‹ einmal heißt.«

* Das Vorhandene zu leugnen und das Nichtvorhandene zu erklären.

WENN ERMITTLER URLAUB MACHEN...

DER TEUFELSFUSS

Arthur Conan Doyle

Wenn ich von Zeit zu Zeit eines der oft merkwürdigen, aber immer interessanten Abenteuer, die ich durch meine lange und enge Freundschaft mit Sherlock Holmes miterlebt hatte, veröffentlichen wollte, hatte ich immer Schwierigkeiten, mein Vorhaben bei Holmes durchzusetzen, weil ihm jedes Aufsehen um seine Person zutiefst zuwider war. Freude am Beifall der Massen ließ sich nun einmal nicht mit seinem introvertierten, zynischen Wesen vereinbaren, und nichts amüsierte ihn mehr, als einen abgeschlossenen Fall irgendeinem prinzipientreuen Polizeibeamten zu erklären und zur allgemeinen Darstellung zu übergeben und sich dann mit einem spöttischen Lächeln den Chor der an die falsche Adresse gerichteten Glückwünsche anzuhören. Diese Eigenart meines Freundes, und nicht etwa Mangel an interessantem Material, veranlaßte mich, in den letzten Jahren kaum mehr einen Fall zu veröffentlichen. Bei der Lösung einiger dieser Rätsel dabeizusein, war für mich ein Privileg, das mir Diskretion und Verschwiegenheit auferlegte.

So war ich aufs Höchste erstaunt, als ich letzten Dienstag ein Telegramm von Holmes erhielt – er schickte nie Briefe, wenn ein Telegramm denselben Zweck erfüllte. Dieses Telegramm lautete:

»Warum berichten Sie nicht vom ›Schrecken von Cornwall‹, – merkwürdigster Fall, den ich je hatte.«

Ich habe keine Ahnung, warum er sich plötzlich wieder an diese Ereignisse erinnerte oder aus was für einer Laune heraus er wünschen könnte, ich solle über sie berichten. Aber bevor mich ein anderes, gegenteiliges Telegramm erreicht, beeile ich mich, meine Aufzeichnungen herauszusuchen, die die Einzelheiten des Falles enthalten, und hiermit meinen Lesern diesen Bericht vorzulegen.

Im Frühling 1897 begann Holmes' eiserne Konstitution unter dem Gewicht ununterbrochener, äußerst anspruchsvoller Tätigkeit nachzugeben, eine Entwicklung, die vielleicht durch gewisse unvernünftige Angewohnheiten beschleunigt wurde. Im März jenes Jahres hatte Dr. Moore Agar, dessen dramatisches erstes Zusammentreffen mit Holmes ich eines Tages niederschreiben werde, dem berühmten Privatdetektiv strikte Anweisung gegeben, alle seine Fälle beiseite zu legen und sich eine Ruhepause zu gönnen, wenn er den totalen Zusammenbruch verhindern wolle. Zwar zeigte Holmes an seinem körperlichen Gesundheitszustand nicht das geringste Interesse, denn für ihn zählte nur der Verstand, aber als er Gefahr lief, seine Arbeitsfähigkeit für immer zu verlieren, konnte er zu einer Luftveränderung überredet werden. So geschah es, daß wir uns im Frühjahr desselben Jahres in einem kleinen Landhaus in der Nähe von Poldhu Bay wiederfanden, dem äußersten Zipfel der Halbinsel von Cornwall.

Es war ein einzigartiger Flecken Erde und paßte ausgesprochen gut zu der grimmigen Laune meines Patienten. Aus den Fenstern unseres kleinen, weißgekalkten Hauses, das auf einer grasbewachsenen Anhöhe stand, schauten wir hinunter auf die unheilvolle, halbkreisförmige Mounts Bay, die alte Todesfalle für Segelschiffe, mit ihren vorgelagerten schwarzen Kliffen und von der Brandung überspülten Riffen, auf denen schon zahlreiche Seeleute den Tod gefunden hatten. Bei sanftem Nordwind liegt die Bucht ruhig und schutzversprechend da, lädt das sturmgeprüfte Schiff ein, in ihr Schutz und Ruhe zu suchen. Dann, urplötzlich, dreht der Wind, Sturmböen kommen aus Südwest, der Anker findet keinen Halt, das Schiff treibt auf die Küste zu, und dann folgt der letzte Kampf in der schaumgekrönten Brandung. Der weise Seemann hält sich fern von diesem teuflischen Ort.

Die Landschaft unserer Umgebung war genauso schwermütig wie die See. Hügeliges Heideland, einsam in düsteren Farben, gelegentlich ein Kirchturm, der Markierungspunkt für die Lage eines uralten Dorfes. Überall in diesen Hügeln gab es Hinweise auf irgendein längst ausgestorbenes Volk, an das nur noch seltsame Steindenkmäler erinnerten, unregelmäßige Erdhügel, die die Asche der Toten enthielten, und eigenartige Tonarbeiten, die etwas vom prähistorischen Leben erahnen ließen. Der Zauber und das Geheimnisvolle dieser Gegend mit der rätselhaften Atmosphäre vergessener Völker regten die Phantasie meines Freundes an, und er verbrachte, in Gedanken versunken, einen Großteil seiner Zeit mit langen Spaziergängen in der Heide. Die alte kornische Sprache hatte seine Aufmerksamkeit ebenfalls erregt, und er war, wenn ich mich recht erinnere, zu der Ansicht gelangt, daß sie mit der chaldäischen verwandt war und von phönizischen Zinnhändlern herstammte. Er hatte sich einen Stapel Bücher über Philologie schicken lassen und sich eingerichtet, um seine These auszuarbeiten, als wir plötzlich, zu meiner Enttäuschung und zu seiner aufrichtigen Freude, auch in diesem Land der Träume in ein Abenteuer verwickelt wurden, das geheimnisvoller, fesselnder und unendlich viel rätselhafter war als all die Fälle, die uns aus London vertrieben hatten. Unser friedliches und ruhiges Leben, unser gesunder, gleichmäßiger Rhythmus wur-

de gewaltsam unterbrochen, und wir wurden kopfüber mitten in eine Ereigniskette hineingestürzt, die nicht nur in Cornwall größtes Aufsehen erregte, sondern im ganzen Westen Englands. Viele meiner Leser mögen sich noch an diesen Vorfall erinnern, der damals unter der Überschrift »Der Schrecken in Cornwall« Schlagzeilen machte, obwohl nur ein sehr unvollständiger Bericht über die Angelegenheit die Londoner Presse erreichte. Jetzt, dreizehn Jahre später, werde ich die genauen Details dieser unfaßbaren Ereignisse dem Publikum zukommen lassen.
Ich habe schon gesagt, daß die vereinzelt aufragenden Kirchtürme die weit verstreuten Ortschaften in diesem Teil Cornwalls markierten. Am nächsten von uns lag das Dörfchen Tredannick Wollas, in dem die Häuschen von vielleicht zweihundert Einwohnern sich um die alte, moosbewachsene Kirche scharten. Der Pfarrer dieser Gemeinde, Mr. Roundhay, war Hobby-Archäologe; aufgrund dessen hatte Holmes auch seine Bekanntschaft gemacht. Er war ein Mann mittleren Alters, korpulent, leutselig und verfügte über ein bemerkenswertes Heimatkundewissen. Er hatte uns zum Tee ins Pfarrhaus eingeladen, wo wir Mr. Mortimer Tregennis kennengelernt hatten, einen alleinstehenden Gentleman, der die dürftigen finanziellen Mittel des Pfarrers durch das Anmieten zweier Räume in dem großen, weitläufigen Haus aufbesserte. Der Pfarrer, ein Junggeselle, war froh über dieses Übereinkommen, obwohl er mit seinem Mieter wenig gemeinsam hatte, denn dieser war dünn, dunkel, trug eine Brille und ging derart vornübergebeugt, daß der Eindruck einer körperlichen Mißbildung erweckt wurde. Ich erinnere mich, daß wir während unseres kurzen Besuches den Pfarrer als schwatzhaft empfanden, seinen Mieter aber als einen auffallend schweigsamen, traurig dreinblickenden, in sich gekehrten

Mann, der mit abgewendeten Augen dasaß und anscheinend über seinen eigenen Angelegenheiten brütete.
Diese zwei Männer betraten am Dienstag, dem 16. März, kurz nach unserem Frühstück, unerwartet unser kleines Wohnzimmer. Wir rauchten gerade und bereiteten unseren Ausflug in die Heide vor.
»Mr. Holmes«, begann der Pfarrer mit aufgeregter Stimme, »eine außergewöhnliche und sehr tragische Affäre hat sich letzte Nacht ereignet. Eine unerhörte Geschichte! Wir können es nur als Fügung des Himmels betrachten, daß Sie zufällig hier sind, denn Sie sind *der* Mann, den wir brauchen.«
Ich schaute den aufdringlichen Pfarrer nicht eben freundlich an, aber Holmes nahm seine Pfeife aus dem Mund und setzte sich in seinem Stuhl auf, wie ein alter Jagdhund, der die Meute aufbrechen hört. Mit einer Handbewegung lud er die beiden Herren ein, auf dem Sofa Platz zu nehmen, und unser bebender Besucher setzte sich zusammen mit seinem aufgeregten Begleiter hin. Mr. Mortimer Tregennis war zwar beherrschter als der Geistliche, aber das nervöse Zucken seiner schmalen Hände und der Glanz seiner dunklen Augen verrieten, daß sie beide dieselbe Empfindung teilten.
»Soll ich reden oder lieber Sie?« fragte er den Pfarrer.
»Nun, da Sie anscheinend die Entdeckung gemacht haben, was immer es auch sei, und der Pfarrer es nur aus zweiter Hand erfahren hat, ist es vielleicht besser, wenn Sie berichten«, meinte Holmes.
Ich warf einen Blick auf den Geistlichen, der sich offensichtlich sehr hastig angezogen hatte, und auf den neben ihm sitzenden tadellos gekleideten Mieter und amüsierte mich über das Erstaunen, das Holmes einfache Schlußfolgerung bei den beiden hervorrief.

»Vielleicht sollte ich eingangs kurz ein paar Worte sagen«, ließ sich der Pfarrer vernehmen, »und dann können Sie beurteilen, ob Sie die Details von Mr. Tregennis hören wollen oder ob wir nicht sofort zum Schauplatz des rätselhaften Geschehens eilen sollten. Ich darf also erklären, daß unser Freund hier den vergangenen Abend in der Gesellschaft seiner zwei Brüder, Owen und George, und seiner Schwester Brenda in deren Haus Tredannick Wartha verbracht hat. Das Haus liegt in der Nähe des alten Steinkreuzes in der Heide. Als er die Runde kurz nach zehn Uhr abends verließ, spielten die drei bei bester Gesundheit und Laune am Eßzimmertisch Karten. Heute morgen ging Mr. Mortimer Tregennis, ein Frühaufsteher, vor dem Frühstück in jene Richtung spazieren und wurde dabei von Dr. Richards überholt, der erklärte, er habe gerade einen höchst dringenden Ruf aus Tredannick Wartha erhalten. Mr. Tregennis begleitete ihn natürlich. Als er in Tredannick Wartha ankam, fand er eine äußerst merkwürdige Situation vor. Seine zwei Brüder und seine Schwester saßen am Tisch, wie er sie verlassen hatte, die Karten lagen noch vor ihnen auf dem Tisch, und die Kerzen waren in ihren Haltern völlig heruntergebrannt. Die Schwester lag mausetot in ihrem Stuhl, während die zwei Brüder, die sie flankierten, lachten, schrien und sangen; sie hatten den Verstand verloren. Die Gesichter der drei, der toten Frau und der zwei wahnsinnig gewordenen Männer, zeigten einen Ausdruck maßlosen Entsetzens, eine Art versteinertes Grauen; ein schauerlicher Anblick. Es gab keine Anzeichen, daß sonst noch jemand im Haus war, außer Mrs. Porter, der alten Köchin und Haushälterin, die aussagte, sie habe tief geschlafen und in der Nacht keinen Ton gehört. Nichts war gestohlen oder durcheinandergebracht worden, und es fehlt absolut die Erklärung dafür, was für ein Grauen es gewesen sein könnte, das eine Frau zu Tode erschreckt und zwei starke Männer um den Verstand gebracht hat. Das ist in wenigen Worten die Lage, Mr. Holmes, und wenn Sie helfen können, Sie aufzuklären, tun Sie ein großes Werk.«

Ich hatte gehofft, ich könnte meinen Freund in irgendeiner Weise überreden, sich wieder seiner Erholung zu widmen, dem Zweck unserer Reise. Aber ein Blick auf sein angespanntes Gesicht und seine zusammengezogenen Augenbrauen verriet mir, wie aussichtslos mein Wunsch war. Er saß für einen Augenblick ruhig da, versunken in das merkwürdige Drama, das unseren Frieden so plötzlich beendet hatte.

»Ich werde der Sache einmal nachgehen«, sagte er schließlich. »Oberflächlich betrachtet scheint es ein Fall von außergewöhnlichem Charakter zu sein. Sind Sie selbst dort gewesen, Mr. Roundhay?«

»Nein, Mr. Holmes. Mr. Tregennis berichtete mir davon nach seiner Rückkehr ins Pfarrhaus, worauf ich ihn sofort hierher brachte, um Sie zu konsultieren.«

»Wie weit ist es zu dem Haus, in dem diese eigenartige Tragödie geschehen ist?«

»Ungefähr eine Meile landeinwärts.«

»Dann wollen wir gleich gemeinsam hinübergehen. Aber bevor wir aufbrechen, muß ich an Sie, Mr. Mortimer Tregennis, einige Fragen richten.«

Dieser war die ganze Zeit stumm gewesen, aber ich hatte beobachtet, daß seine beherrschtere Erregung sogar noch größer war als die offensichtliche des Geistlichen. Er saß mit blassem verzerrtem Gesicht da, sein ängstlicher Blick haftete auf Holmes, während er seine schmalen Hände krampfhaft zusammenpreßte. Seine bleichen Lippen zitterten, als er dem Bericht des schrecklichen

Ereignisses zuhörte, das über seine Familie gekommen war, und seine dunklen Augen schienen etwas vom Grauen dieser Szene widerzuspiegeln.

»Mr. Holmes, fragen Sie, was Sie wollen«, sagte er bereitwillig. »Es ist zwar furchtbar, darüber sprechen zu müssen, aber ich will Ihnen wahrheitsgetreu antworten.«

»Schildern Sie mir die vergangene Nacht.«

»Nun, Mr. Holmes, wie schon der Pfarrer erwähnte, aß ich dort zu Abend, und mein älterer Bruder George schlug vor, hinterher eine Partie Whist zu spielen. Wir setzten uns um neun Uhr zum Spiel zusammen. Es war Viertel nach zehn, als ich aufbrach. Ich verließ sie alle vergnügt um den Tisch herum versammelt.«

»Wer begleitete Sie hinaus?«

»Niemand, Mrs. Porter war schon zu Bett gegangen. Ich schloß die Haustür hinter mir. Das Fenster des benutzten Zimmers war geschlossen, aber die Vorhänge waren nicht zugezogen. Heute morgen war keinerlei Veränderung an Tür und Fenster ausfindig zu machen, noch bestand ein Grund anzunehmen, daß ein Fremder das Haus betreten hätte. Dennoch saßen sie um den Tisch herum, die Brüder vor Schrecken verrückt geworden und Brenda tot vor Grauen, ihr Kopf hing über der Armlehne ihres Stuhles. Ich werde diesen Anblick niemals, so lange ich lebe, vergessen.«

»Die Tatsachen, wie Sie sie mir darlegten, sind gewiß äußerst bemerkenswert«, erwiderte Holmes. »Ich nehme an, daß Sie keine für diese Situation in Betracht kommende Erklärung haben?«

»Es ist teuflisch, Mr. Holmes, einfach teuflisch!« rief Mortimer Tregennis. »Es ist nicht von dieser Welt. Irgendetwas ist in dieses Zimmer eingedrungen, das ihren Verstand auslöschte. Wäre etwas Menschliches dazu fähig?«

»Ich fürchte«, stellte Holmes fest, »wenn diese Angelegenheit außerhalb des menschlichen Bereichs liegt, liegt sie gewiß auch außerhalb meiner Kompetenz. Dennoch müssen wir alle möglichen natürlichen Erklärungen erschöpft haben, bevor wir auf eine Theorie wie diese zurückgreifen. Und nun zu Ihnen, Mr. Tregennis; ich nehme an, Sie standen in irgendeinem Konflikt mit Ihrer Familie, denn die anderen Geschwister lebten zusammen, Sie aber hatten anderswo Zimmer gemietet.«

»Ja, es verhält sich so, Mr. Holmes, obwohl die Angelegenheit schon lange erledigt ist. Wir waren eine Familie von Zinnbergwerksbesitzern in Redruth, aber wir verkauften unsere Mine an eine Gesellschaft und zogen uns mit genügend Geldreserven zurück. Ich will nicht leugnen, daß einige Schwierigkeiten bei der Teilung des Geldes auftauchten, und es herrschte auch eine Zeitlang deswegen Zwist zwischen uns, aber inzwischen war alles vergeben und vergessen, und wir alle waren die besten Freunde.«

»Um auf den Abend zurückzukommen, den Sie zusammen verbrachten. Erinnern Sie sich an irgendetwas Außergewöhnliches, das womöglich Licht in die Tragödie bringen könnte? Denken Sie gut nach, vielleicht fällt Ihnen ein Anhaltspunkt ein, der mir weiterhelfen könnte.«

»Mir fällt nichts ein, Sir.«

»Ihre Verwandtschaft befand sich in der üblichen Gemütsverfassung?«

»Besser als je zuvor.«

»Waren es nervöse Menschen? Waren sie jemals besorgt wegen drohender Gefahr?«

»Keineswegs.«

»Sie haben also dem Geschilderten nichts hinzuzufügen, was mir dienlich sein könnte?«

Mortimer Tregennis dachte noch einmal ernsthaft einen Moment lang nach. »Doch, eine Sache kommt mir in den Sinn«, sagte er schließlich. »Als wir um den Tisch herum Platz genommen hatten, hatte ich das Fenster im Rücken, und mein Bruder George, mein Partner beim Kartenspiel, saß mir gegenüber mit Blick auf das Fenster. Ich sah, daß er einmal scharf über meine Schulter hinausblickte, deshalb drehte ich mich um und schaute auch hinaus. Die Vorhänge waren zurückgezogen und das Fenster geschlossen, ich konnte aber noch die Büsche draußen auf dem Rasen erkennen, und es schien mir für einen Augenblick, als hätte ich zwischen ihnen irgendetwas gesehen, das sich bewegte. Ich könnte noch nicht einmal sagen, ob es ein Mensch oder ein Tier war. Als ich ihn fragte, was denn seine Aufmerksamkeit erregt hätte, beschrieb er mir dasselbe Gefühl, das ich gehabt hatte. Das ist alles, was ich dazu sagen kann.«

»Gingen Sie der Sache nicht nach?«

»Nein, die Angelegenheit erschien uns als zu unwichtig.«

»Sie haben also Ihre Verwandten ohne jegliche Vorahnung eines drohenden Unheils verlassen?«

»Ja.«

»Ich verstehe nicht, wieso Sie die Nachricht schon so früh heute morgen erhielten.«

»Ich bin ein Frühaufsteher und gehe gewöhnlich vor dem Frühstück spazieren. Heute morgen, kaum daß ich meinen Fuß auf den Weg gesetzt hatte, holte mich der Wagen des Doktors ein. Er sagte mir, daß die alte Mrs. Porter einen Jungen mit einer sehr dringenden Botschaft zu ihm geschickt hätte. Ich sprang in seinen Wagen und fuhr mit ihm mit. Als wir am Haus ankamen, gingen wir sofort in dieses grauenvolle Zimmer. Schon seit Stunden mußten Kerzen und Kaminfeuer niedergebrannt sein und die

Geschwister im Dunkeln gesessen haben, bis die Morgendämmerung einsetzte. Der Doktor stellte fest, daß Brenda schon seit mindestens sechs Stunden tot sein mußte. Es waren aber keine Spuren von Gewaltanwendung zu entdecken. Sie hing einfach mit diesem entsetzten Gesichtsausdruck über der Armlehne ihres Stuhles. George und Owen sangen noch Bruchstücke aus irgendwelchen Liedern und plapperten wie zwei große Kinder. Oh, es war grauenvoll anzusehen! Ich konnte es nicht aushalten, und der Doktor war weiß wie ein Leintuch. Halb ohnmächtig sank er in einen Stuhl; wir hätten uns beinahe auch noch um ihn kümmern müssen.«

»Merkwürdig – sehr merkwürdig!« bestätigte Holmes, erhob sich und griff nach seinem Hut. »Ich denke, es ist vielleicht besser, ohne weitere Verzögerung nach Tredannick Wartha zu gehen. Ich bekenne, daß ich selten, so auf den ersten Blick gesehen, einen eigenartigeren Fall gehabt habe.«

Unsere Nachforschungen am ersten Morgen brachten wenig Fortschritte in der Ermittlung. Doch waren sie von einem Zwischenfall gezeichnet, der mich in eine unheimliche Stimmung versetzte. Zu dem Haus, in dem die Tragödie sich abspielte, wand sich ein schmaler Feldweg. Während wir auf ihm entlangschritten, hörten wir das Gerassel einer sich uns nähernden Kutsche, und blieben stehen, um sie an uns vorbeizulassen. Als die Kutsche an uns vorbeifuhr, sah ich durch das geschlossene Fenster für einen Moment ein grauenvoll verzerrtes, grinsendes Gesicht, das zu uns hinausstarrte. Diese stierenden Augen und knirschenden Zähne glitten an uns vorbei wie eine furchtbare Vision.

»Meine Brüder!« schrie Mortimer Tregennis mit schneeweißem Gesicht. »Sie bringen sie nach Helston.«

Wir schauten voll Entsetzen der schwarzen Kutsche nach, die schwerfällig davonrollte. Dann gingen wir weiter zu dem Unglückshaus, in dem die Geschwister von diesem merkwürdigen Schicksal ereilt worden waren.
Es war ein großes, helles Haus, eher eine Villa als ein Landhäuschen, hinter dem sich ein beachtlicher Garten erstreckte, in dem trotz des rauhen Klimas schon Frühlingsblumen blühten. Das Fenster des besagten Zimmers war zum Garten hin gerichtet, aus dem laut Mortimer Tregennis das teuflische Etwas gekommen sein mußte, das so grauenvoll war, daß es diese Menschen in einem einzigen Moment um den Verstand zu bringen vermochte. Holmes schritt langsam und gedankenvoll auf dem Gartenweg die Blumenbeete entlang, bevor wir die Veranda betraten. Holmes war so in Gedanken versunken, daß er über eine Gießkanne stolperte, deren Inhalt sich natürlich sofort entleerte und unsere Füße und den Gartenweg überspülte. Im Haus trafen wir die ältliche, kornische Haushälterin, Mrs. Porter, die mit Unterstützung eines jungen Mädchens den Haushalt der Familie besorgt hatte. Sie beantwortete bereitwillig alle Fragen von Holmes. Sie hatte in der fraglichen Nacht nichts gehört. Die Herrschaften waren zu der vorgerückten Stunde in bester Stimmung gewesen, und sie hatte sie niemals so gut aufgelegt und glücklich erlebt wie in den letzten Tagen. Beim Anblick der grauenerregenden Gesellschaft am nächsten Morgen wurde sie ohnmächtig. Sie hatte, als sie wieder zu sich gekommen war, die Fenster aufgerissen, um die Morgenluft hereinströmen zu lassen, und war den Feldweg entlanggerannt, wo sie auf einen Bauernburschen stieß, den sie zum Doktor schickte. Im übrigen, Lady Brenda liege oben im ersten Stock auf ihrem Bett, falls wir sie sehen wollten. Weiter erzählte Mrs. Porter, daß man die Kraft von

vier Männern benötigt hätte, um die Brüder in den Krankenwagen der Heilanstalt zu bringen. Sie selbst würde nicht noch einen Tag in diesem Haus verbringen und wäre gerade am Packen, um an diesem Nachmittag zu ihrer Familie nach St. Ives zurückzukehren.

Wir stiegen die Treppe hinauf, um die Leiche anzuschauen. Miss Brenda Tregennis war eine wunderschöne Frau gewesen, obwohl sie nicht mehr ganz jung gewesen war. Selbst noch im Tod war ihr dunkles, klargeschnittenes Gesicht anziehend, aber es war immer noch etwas verzerrt von dem Grauen, das ihre letzte menschliche Regung gewesen war. Aus dem Schlafzimmer begaben wir uns wieder ins Wohnzimmer, in dem diese merkwürdige Tragödie stattgefunden hatte. Die Asche des nächtlichen Feuers lag noch im Kamin. Auf dem Tisch standen die heruntergebrannten Kerzen, und die Karten lagen verstreut auf der Tischplatte herum. Die Stühle waren gegen die Wand gerückt worden, aber alles andere befand sich noch am selben Ort wie am vorherigen Abend. Holmes ging mit leichten schnellen Schritten durch den Raum. Er nahm auf den verschiedenen Stühlen Platz, nachdem er ihre ursprüngliche Position rekonstruiert hatte. Er prüfte, wieviel von einem bestimmten Blickwinkel aus vom Garten sichtbar war. Er untersuchte den Fußboden, die Zimmerdecke und den Kamin, aber niemals sah ich dieses plötzliche Aufleuchten seiner Augen und das Zusammenpressen der Lippen, Zeichen, die mir gesagt hätten, daß er einen Lichtstrahl in diesem völligen Dunkel entdeckt hätte.

»Warum ein Feuer?« fragte er einmal. »Haben Sie an einem Frühlingsabend in diesem kleinen Zimmer immer ein Feuer angemacht?«

Mortimer Tregennis erklärte, die Nacht sei kalt und feucht

gewesen. Aus diesem Grund war das Feuer nach seiner Ankunft entfacht worden. »Was werden Sie jetzt weiter unternehmen, Mr. Holmes?« fragte er.

Mein Freund lächelte und legte seine Hand auf meinen Arm. »Ich glaube, Watson, ich werde die Sache bei etwas Tabak noch einmal rekapitulieren – mich also wieder auf die Art vergiften, die Sie so oft und richtig verurteilt haben«, sagte er. »Mit Ihrer Erlaubnis, meine Herren, werden wir uns jetzt in unser Cottage zurückziehen, denn ich glaube, daß wir hier keinen weiteren Anhaltspunkt finden werden. Ich werde mir die Fakten durch den Kopf gehen lassen, Mr. Tregennis, und sollte mir etwas einfallen, so werde ich Sie und den Pfarrer natürlich sofort verständigen. In der Zwischenzeit wünsche ich Ihnen beiden einen guten Morgen.«

Erst einige Zeit später, nachdem wir in unser Haus in Poldhu zurückgekehrt waren, brach Holmes sein absolutes, nachdenkliches Schweigen. Er saß zusammengerollt in seinem Sessel, sein hohlwangiges, asketisches Gesicht war durch den blauen, aufsteigenden Tabakrauch kaum sichtbar, seine schwarzen Augenbrauen waren zusammengezogen, seine Stirn gerunzelt, und sein abwesender Blick schweifte in die Ferne. Endlich legte er seine Pfeife beiseite und sprang auf die Füße.

»Es hilft nichts!« meinte er mit einem Lachen. »Lassen Sie uns gemeinsam an den Klippen entlanggehen und nach Steinpfeilen suchen. Wir werden sie höchstwahrscheinlich eher finden als Anhaltspunkte zu diesem Problem. Ein Gehirn ohne genügend Material arbeiten lassen ist wie einen Motor durchdrehen lassen – es läuft heiß. Jetzt brauchen wir Seeluft, Sonne und Geduld, Watson – alles übrige kommt von selbst.«

»So, Watson, sondieren wir einmal in Ruhe die Lage«, fuhr

er fort, als wir zusammen um die Klippen herumgingen. »Lassen Sie uns das Wenige, das wir wissen, fest in den Griff bekommen, damit wir eventuelle neue Fakten sofort richtig einordnen können. Zuerst einmal gehe ich davon aus, daß keiner von uns beiden an teuflische Kräfte glaubt. Beginnen wir also damit, diese Möglichkeit völlig auszuschließen. Sehr gut! Übrig bleiben drei Menschen, die durch eine unbewußte oder bewußte menschliche Handlung auf abscheuliche Art und Weise getroffen wurden. Das ist ein konkreter Anhaltspunkt. So. Wann wurde die Tat verübt? Angenommen, der Bericht von Mr. Mortimer Tregennis stimmt, so geschah es sofort, nachdem Mortimer Tregennis das Zimmer verlassen hatte. Das ist ein sehr wichtiger Punkt. Ich vermute, daß die Tat innerhalb weniger Minuten danach vollbracht wurde. Die Karten lagen noch auf dem Tisch. Der Zeitpunkt, an dem die Geschwister gewöhnlich zu Bett gingen, war schon überschritten. Dennoch hatten sie ihre Körperhaltung nicht geändert oder ihre Stühle zurückgeschoben. Ich wiederhole: Das Ereignis trat sofort nach Mortimer Tregennis' Weggang ein, und zwar nicht später als elf Uhr abends. Unser nächster, notwendiger Schritt ist, zu ermitteln, soweit es uns möglich ist, was Mortimer Tregennis getan hat, nachdem er den Raum verlassen hatte. Darin liegt weiter keine Schwierigkeit, er scheint über jeglichen Verdacht erhaben zu sein. Da Sie meine Methoden kennen, waren Sie sich natürlich über den Zweck der umgestoßenen Gießkanne im klaren. Ich wollte damit einen deutlicheren Fußabdruck von Mortimer Tregennis erhalten, als es anders möglich gewesen wäre. Der nasse, sandige Boden des Gartenwegs nahm ihn wunderbar ab. Wie Sie sich erinnern werden, war es auch vergangene Nacht feucht. So war es nicht schwierig, mit diesem Musterab-

druck seine Spur unter den anderen herauszufinden und seine Schritte zu verfolgen. Er scheint schnellen Fußes in Richtung Pfarrhaus geeilt zu sein.
Wenn somit Mortimer Tregennis von der Bildfläche verschwunden war und dennoch ein Außenstehender die Kartenspieler angegriffen hat, wie können wir diesen Jemand ausfindig machen, und wie wurde diese schreckliche Wirkung erzielt? Mrs. Porter kann ausgeschlossen werden. Sie ist offensichtlich harmlos. Gibt es irgendeinen Anhaltspunkt dafür, daß sich jemand ans Gartenfenster herangeschlichen hat und in irgendeiner Art und Weise einen derart grauenerregenden Effekt produziert hat, daß diejenigen, die ihn gesehen haben, verrückt wurden? Die einzige Andeutung in dieser Richtung kommt von Mortimer Tregennis selbst, der aussagt, sein Bruder habe im Garten eine Bewegung wahrgenommen. Das ist wirklich bemerkenswert, denn an dem Abend war es regnerisch, bewölkt und dunkel. Jeder, der die Absicht hegte, diese Menschen zu erschrecken, war gezwungen, sein Gesicht gegen die Fensterscheibe zu pressen, bevor er überhaupt gesehen werden konnte. Außerdem liegt vor diesem Fenster ein drei Fuß breites Blumenbeet; es waren aber keinerlei Fußabdrücke ausfindig zu machen. Es ist also schwer, sich vorzustellen, wie ein Außenstehender die Geschwister in derartiges Entsetzen versetzen konnte. Zudem fehlt uns jegliches Motiv für diese wohldurchdachte Tat. Watson, Sie erfassen die Schwierigkeiten?«
»Sie sind mir nur zu bewußt«, antwortete ich mit Überzeugung.
»Und dennoch, mit ein wenig mehr Material könnten wir beweisen, daß sie nicht unüberwindlich sind«, sagte Holmes. »Ich glaube, Watson, Sie könnten in Ihrem umfangreichen Archiv Fälle finden, die beinah ebenso

obskur waren. Aber diesen sollten wir vorerst einmal beiseite legen, bis uns mehr Material zur Verfügung steht, und den Rest unseres Morgens dem Studium der neolithischen Menschen widmen.«

Ich mag die Fähigkeit meines Freundes abzuschalten schon beschrieben haben, aber ich habe niemals mehr darüber gestaunt als an diesem Frühlingsmorgen in Cornwall, als er zwei Stunden lang völlig gelöst über Kelten, Pfeilspitzen und Tonscherben dozierte, als ob kein düsteres Geheimnis auf seine Aufklärung wartete. Erst als wir am Nachmittag bei unserer Rückkehr ins Cottage einen auf uns wartenden Besucher vorfanden, wurden unsere Gedanken wieder auf den Fall gelenkt. Keinem von uns brauchte gesagt zu werden, wen wir vor uns hatten. Der mächtige Körper, das zerfurchte und tief zerklüftete Gesicht mit den glühenden Augen und der Adlernase, das graumelierte, fast die Zimmerdecke berührende Haar, der Bart, an den Spitzen golden, nahe den Lippen weiß, abgesehen von den Nikotinflecken seiner ewig qualmenden Zigarre – alle diese Charakteristika waren in London genauso bekannt wie in Afrika und konnten nur mit der erstaunlichen Persönlichkeit von Dr. Leon Sterndale, dem großen Löwenjäger und Forscher, in Verbindung gebracht werden.

Wir hatten von seiner Anwesenheit in dieser Gegend gehört und hatten auch ein-, zweimal flüchtig seine große Gestalt auf den Pfaden durch die Heide gesehen. Er hatte keinen Kontakt zu uns gesucht, noch wäre es uns in den Sinn gekommen, uns ihm zu nähern, denn es war wohl bekannt, daß er die Zurückgezogenheit liebte, was ihn auch dazu veranlaßte, den größeren Teil seiner Englandaufenthalte in einem kleinen, in den einsamen Wäldern von Beauchamp Arriance errichteten Bungalow zu verbringen. Dort, umgeben von seinen Büchern und Landkarten, führte er

ein völlig abgeschiedenes, auf sich gestelltes Leben und zollte den Angelegenheiten seiner Nachbarn nur wenig Aufmerksamkeit. Es war deshalb überraschend für mich, ihn Holmes mit einer besorgten Stimme fragen zu hören, ob dieser irgendwelche Fortschritte bei seinen Ermittlungen gemacht habe. »Die örtliche Polizei ist völlig ratlos«, äußerte er, »aber vielleicht haben Sie mit Hilfe Ihrer langjährigen Erfahrung eine überzeugend klingende Erklärung vorzuschlagen. Mein Anspruch, von Ihnen ins Vertrauen gezogen zu werden, basiert allein darauf, daß ich während meiner vielen Aufenthalte in dieser Gegend die Familie Tregennis sehr gut kennenlernte. Ich könnte sie sogar als Cousins mütterlicherseits bezeichnen. Deshalb war ihr tragisches Schicksal für mich natürlich ein großer Schock. Ich kann Ihnen sagen, daß ich schon in Plymouth war, auf dem Weg nach Afrika, aber als mich die Nachricht heute morgen erreichte, kehrte ich sofort zurück, um bei den Nachforschungen behilflich zu sein.«
Holmes zog seine Augenbrauen hoch.
»Haben Sie dadurch Ihr Schiff verpaßt?«
»Ich werde das nächste nehmen.«
»Mein Gott, das nenne ich Freundschaft.«
»Ich sagte Ihnen ja schon, daß es meine Verwandten waren.«
»Richtig – Cousins mütterlicherseits. War Ihr Gepäck schon an Bord?«
»Nur ein geringer Teil, der Großteil steht noch im Hotel.«
»Ich verstehe. Aber sicherlich haben Sie die Nachricht nicht durch die Morgenzeitungen von Plymouth erfahren?«
»Nein, Sir, ich erhielt ein Telegramm.«
»Darf ich fragen, von wem?«
Ein Schatten huschte über das angespannte Gesicht des Forschers.

»Sie sind sehr neugierig, Mr. Holmes.«
»Das ist mein Beruf.«
Mit etwas Mühe gewann Dr. Sterndale seine Fassung wieder.
»Ich sehe keinerlei Veranlassung, es zu verheimlichen«, sagte er. »Mr. Roundhay, der Pfarrer, hat mir das Telegramm geschickt, das mich zurückrief.«
»Vielen Dank«, erwiderte Holmes. »Ich will Ihnen nun Ihre eingangs gestellte Frage beantworten. Ich überschaue die Zusammenhänge dieses Falles noch nicht so recht, aber ich hege die Hoffnung, zu einer Aufklärung zu kommen. Es wäre voreilig, mehr zu sagen.«
»Vielleicht würde es Ihnen nichts ausmachen, mir zu sagen, ob Ihr Verdacht in eine bestimmte Richtung geht?«
»Darauf kann ich leider nicht antworten.«
»Dann habe ich meine Zeit verschwendet und brauche meinen Besuch nicht länger auszudehnen.« In ausgesprochen schlechter Laune stolzierte der berühmte Doktor aus unserem Haus, und innerhalb von fünf Minuten war Holmes ihm auf den Fersen. Ich sah ihn bis zum Abend nicht wieder. Als er mit langsamem Schritt und abgehärmtem Gesicht zurückkehrte, war ich überzeugt, daß er keine großen Fortschritte in seinen Ermittlungen gemacht hatte. Er blickte kurz auf ein in der Zwischenzeit für ihn eingetroffenes Telegramm und warf es in den Kamin.
»Es war von seinem Hotel in Plymouth, Watson«, bemerkte er. »Ich erfuhr den Namen des Hotels vom Pfarrer, denn ich wollte mich telegraphisch versichern, daß Dr. Leon Sterndales Bericht der Wahrheit entsprach. Es scheint so, als habe er tatsächlich die vergangene Nacht dort verbracht und einige seiner Gepäckstücke nach Afrika segeln lassen, während er zurückkehrte, um an der Untersuchung des Falles teilzunehmen. Was halten Sie davon, Watson?«

»Er ist außerordentlich interessiert.«
»Ja – außerordentlich interessiert. Es zieht sich ein roter Faden durch die Geschichte, der uns durch das Wirrwarr führen könnte, aber wir haben ihn bisher noch nicht ergriffen. Kopf hoch, Watson, denn ich bin mir ziemlich sicher, daß unser Untersuchungsmaterial bis jetzt noch nicht vollständig vorliegt. Wenn es komplett vorhanden ist, werden wir unsere Schwierigkeiten bald überwunden haben.«
Schneller als gedacht sollten sich Holmes' Worte bewahrheiten, und zwar auf eine merkwürdige und unheimliche Art, die ein völlig neues Licht auf die Angelegenheit warf. Ich rasierte mich gerade morgens am Fenster, als ich das Geklapper von Pferdehufen hörte und einen im Galopp auf dem Weg heranrasenden, leichten Dogcart erblickte. Er wurde vor unserer Haustür zum Stehen gebracht, und unser Freund, der Pfarrer, sprang aus ihm heraus und eilte den Gartenweg herauf. Holmes war schon angezogen, und so eilten wir die Treppe hinunter, um ihn zu empfangen.
Unser Besucher war so aufgeregt, daß er kaum artikulieren konnte, aber schließlich kam die tragische Geschichte keuchend und stoßweise aus ihm heraus.
»Wir sind alle vom Teufel besessen, Mr. Holmes! Meine arme Kirchengemeinde ist vom Teufel besessen!« schrie er. »Der leibhaftige Satan ist in die Sache verwickelt! Wir sind in seine Hände gefallen!« In seiner Aufregung tanzte er im Zimmer herum; er hätte einen lächerlichen Anblick geboten, wenn nicht sein aschfahles Gesicht und seine verschreckten Augen gewesen wären. Endlich schleuderte er seine grauenvolle Nachricht heraus.
»Letzte Nacht starb Mr. Mortimer Tregennis mit denselben Symptomen wie seine Geschwister.«
Holmes sprang voller Vehemenz auf die Füße.

»Können Sie uns beide in Ihrem Dogcart mitnehmen?«
»Ja, das kann ich.«
»Dann, Watson, werden wir unser Frühstück verschieben. Mr. Roundhay, wir stehen ganz zu Ihrer Verfügung. Aber wir wollen uns bitte beeilen, damit niemand inzwischen die Spuren verwischen kann.«
Mr. Mortimer Tregennis hatte zwei Räume im Pfarrhaus gemietet. Es waren zwei übereinanderliegende Eckzimmer, der untere Raum war ein großes Wohnzimmer, der obere das Schlafzimmer, mit Blick auf eine Rasenfläche, die bis an die Hausmauer reichte. Wir waren sowohl vor dem Doktor als auch vor der Polizei angekommen, so daß wir alles völlig unberührt vorfanden. Lassen Sie mich die Szene genau beschreiben, die sich uns an jenem dunstigen Märzmorgen bot. Sie hat einen Eindruck bei mir hinterlassen, den ich niemals mehr aus meinem Gedächtnis tilgen kann.
Die Atmosphäre des Raumes war von einer schrecklich beklemmenden Dumpfheit. Das Dienstmädchen, das zuerst den Raum betreten hatte, hatte sofort das Fenster aufgerissen, denn sonst wäre es nicht auszuhalten gewesen. Das mag teilweise an dem Umstand gelegen haben, daß eine flackernde, rauchende Petroleumlampe mitten auf dem Tisch stand. Neben dem Tisch saß der Tote, in seinem Stuhl zurückgelehnt, sein spärlicher Bart vorstehend, die Brille auf die Stirn zurückgeschoben, sein hageres, dunkles Gesicht war zum Fenster hin gewendet mit demselben angstverzerrten Ausdruck, der auch seine Schwester gekennzeichnet hatte. Seine Glieder waren verkrampft und seine Finger gekrümmt, als sei er an einem wahren Paroxysmus von Furcht gestorben. Er war vollständig angezogen, obwohl manches darauf hinwies, daß er sich in Eile angekleidet hatte. Wir hatten schon erfahren, daß sein Bett

benutzt worden war und das tragische Ende ihn erst am frühen Morgen ereilt hatte.

Man mußte Holmes' energiegeladene Persönlichkeit unter seinem phlegmatischen Äußeren erkennen, wenn man sah, wie völlig er sich in dem Moment verwandelte, da er das verhängnisvolle Zimmer betrat. Sofort war er äußerst konzentriert und wachsam, seine Gesichtszüge waren zwar unbeweglich, aber seine Augen glänzten, und seine Glieder bebten vor Erregung. Er ging nach draußen auf den Rasen, kletterte durchs Fenster ins Zimmer zurück, durchschritt den Raum und stieg die Treppe zum Schlafzimmer hinauf – wie ein eifriger Jagdhund, der das Wild im Dickicht verfolgt. Im Schlafzimmer schaute er sich kurz einmal um und beendete seine Inspektion mit dem Aufreißen des Fensters, wobei er anscheinend eine neue Entdeckung machte, denn er lehnte sich mit einem lauten Ausruf der Befriedigung und der Freude weit hinaus. Dann rannte er die Treppe hinab durch die geöffnete Terrassentür, warf sich bäuchlings auf den Rasen, sprang wieder auf und eilte in den Raum zurück, alles mit der Energie eines Jägers, der seiner Beute dicht auf den Fersen ist. Er untersuchte die gewöhnliche Petroleumlampe mit größter Sorgfalt und nahm verschiedene Messungen an ihr vor. Er prüfte mit seiner Lupe sehr genau den Lampenschirm, kratzte ein bißchen von der an der Oberfläche haftenden Asche ab und tat sie in einen Umschlag, den er in sein Notizbuch steckte. Endlich, gerade als der Doktor und die Polizei erschienen, winkte er den Pfarrer heran, und wir drei begaben uns nach draußen auf den Rasen.

»Ich bin froh, behaupten zu können, daß meine Untersuchung nicht völlig unergiebig gewesen ist«, bemerkte Holmes. »Ich kann nicht hierbleiben, um die Angelegenheit mit der Polizei durchzudiskutieren, aber ich wäre

Ihnen außerordentlich verbunden, Mr. Roundhay, wenn Sie den Inspektor von mir grüßen und seine Aufmerksamkeit auf das Schlafzimmerfenster und die Wohnzimmerlampe lenken würden. Jedes für sich allein gibt schon zu denken, und beides zusammen gestattet, fast den ganzen Vorfall herzuleiten. Wenn die Polizei weitere Informationen wünschen sollte, würde ich mich glücklich schätzen, einen Beamten bei mir im Cottage zu empfangen. Und jetzt, Watson, glaube ich, sollten wir uns vielleicht lieber anderswo betätigen.«

Es ist möglich, daß die Polizei die Einmischung eines Amateurs übelnahm oder sich einbildete, selbst eine erfolgversprechende Fährte zu verfolgen, zumindest hörten wir in den nächsten zwei Tagen nichts von ihr. In diesen Tagen verbrachte Holmes eine gewisse Zeit mit Rauchen und Träumen im Haus, aber hauptsächlich machte er einsame stundenlange Spaziergänge über Land, ohne hinterher zu erzählen, wo er gewesen war. Aber ein Experiment zeigte mir, in welche Richtung sich seine Überlegungen bewegten. Er hatte dasselbe Modell der Lampe gekauft, die am Morgen der Tragödie im Zimmer von Mortimer Tregennis gebrannt hatte. Diese Lampe füllte Holmes mit demselben Öl, wie es im Pfarrhaus benutzt wurde, zündete sie an und stoppte genau die Zeit, bis das Öl aufgebraucht war. Das nächste von ihm durchgeführte Experiment war weniger angenehm, und ich werde es kaum vergessen.

»Watson, sicher ist Ihnen aufgefallen«, sagte Holmes am zweiten Nachmittag, »daß eine Gemeinsamkeit in den verschiedenen, bisher gehörten Berichten auftaucht. Sie betrifft die Wirkung, die die Atmosphäre des Raumes auf diejenige Person ausübte, die ihn zuerst betrat. Sie besinnen sich doch, daß Mortimer Tregennis bei der Beschreibung seines letzten Besuchs in Tredannick Wartha äußerte, der Doktor sei beim Betreten des Zimmers halb ohnmächtig in den Stuhl gesunken. Haben Sie das vergessen? Nun, ich kann Ihnen versichern, daß es so war. Sie werden sich auch daran erinnern, daß Mrs. Porter, die Haushälterin, uns erzählte, daß sie beim Betreten des besagten Zimmers bewußtlos wurde und hinterher erst einmal das Fenster öffnete. Im zweiten Fall – dem von Mortimer Tregennis selbst – haben Sie doch nicht die schrecklich stickige Luft im Zimmer vergessen, als wir ankamen, obwohl das Dienstmädchen vorher die Fenster aufgerissen hatte. Meine Nachforschungen haben ergeben, daß dem Dienstmädchen aber übel wurde und sie sich ins Bett legen mußte. Sie werden zugeben, Watson, diese Umstände sind verdächtig. In beiden Fällen war die Zimmerluft offensichtlich vergiftet. Außerdem verbrannte in beiden Fällen etwas in dem Raum – im ersten etwas im Kamin, im zweiten etwas in der Lampe. Das Kaminfeuer war wohl wegen des kühlen Abends notwendig, aber die Lampe wurde erst lange nach Tagesanbruch angezündet – der Ölverbrauch meiner Lampe beweist das. Warum? Sicherlich, weil eine Verbindung zwischen den drei Dingen besteht – dem Verbrennen, der stickigen Luft und schließlich dem Wahnsinn beziehungsweise dem Tod dieser unglücklichen Menschen. Das ist doch einleuchtend, oder?«

»Es scheint so.«

»Wenigstens können wir es als Hypothese akzeptieren. Nehmen wir also einmal an, daß in beiden Räumen etwas verbrannt wurde, das einen merkwürdigen toxischen Effekt hervorrief. Sehr gut! Im ersten Fall – in dem der Tregennis-Familie – wurde diese Substanz ins Kaminfeuer gegeben. Das Fenster war geschlossen, aber ein Teil der Dämpfe mußte natürlich durch den Kaminabzug entweichen. Von daher würde man eine geringere Giftwirkung erwarten als im zweiten Fall, denn dort war weniger Abzugsmöglichkeit für den Rauch vorhanden. Die vorliegenden Fakten scheinen meine These zu bestätigen, denn im ersten Fall wurde nur die Frau getötet, die höchstwahrscheinlich einen empfindlicheren Organismus hatte, während die beiden Brüder nur ein temporärer oder fortwährender Wahnsinn befiel, der offenbar der erste Effekt der Droge ist. Im zweiten Fall war das Resultat vollständig. Alles zusammen betrachtet läßt daher die Schlußfolgerung zu, daß ein durch Verbrennung wirkendes Gift verwendet wurde.

Mit dieser Theorie im Kopf schaute ich mich natürlich genau in Mortimer Tregennis' Zimmer um, um etwaige Reste dieser Substanz zu finden. Es war das Nächstliegende, einen Blick auf den Schirm der Lampe zu werfen. Und tatsächlich, ich entdeckte dort etwas flockige Asche und am Rand eine Spur von bräunlichem Pulver, das noch nicht verbrannt war. Wie Sie gesehen haben, nahm ich die Hälfte mit, und tat sie in einen Briefumschlag.«

»Warum nur die Hälfte?«

»Es ist nicht meine Art, mein lieber Watson, der Polizei im Wege zu stehen. Ich habe ihr alle Beweise dagelassen, die ich selbst gefunden habe. Das Gift liegt noch auf dem Rand, wenn die Polizei die Intelligenz besitzt, es dort zu finden. Jetzt, Watson, werden wir unsere Lampe anzünden. Wir werden jedoch die Vorsichtsmaßnahme ergreifen, unsere Fenster zu öffnen, um ein verfrühtes Hinscheiden zweier wohlverdienter Mitglieder der Gesellschaft zu vermeiden. Sie werden sich in den nahe am Fenster stehenden Lehnstuhl setzen, es sei denn, daß Sie als vernünftiger Mann beschließen, nichts mit dem Experiment zu tun haben zu wollen. Oh, Sie wollen es bis zum Ende durchstehen? Gut!

Ich wußte es, ich kenne doch meinen Watson. Ich werde diesen Stuhl Ihnen gegenüber hinstellen, so daß wir uns in die Augen schauen können und denselben Abstand zum Gift haben. Die Tür lehnen wir nur an. Jeder kann jetzt also den anderen beobachten und das Experiment abbrechen, sobald alarmierende Symptome auftreten. Haben Sie alles verstanden? Gut, dann nehme ich unser Gift – oder was davon noch übrig ist – aus dem Briefumschlag und schütte es auf den Schirm der brennenden Lampe. So! Nun, Watson, lassen Sie uns Platz nehmen und die weitere Entwicklung abwarten.«

Die weitere Entwicklung ließ nicht lange auf sich warten. Ich hatte mich kaum in den Stuhl gesetzt, als ich mir eines durchdringenden, schwülen, moschusartigen und Übelkeit erregenden Geruchs bewußt wurde. Schon beim ersten Atemzug gerieten mein Verstand und meine Phantasie außer Kontrolle. Eine dicke, schwarze Wolke kräuselte sich vor meinen Augen, und mein Verstand sagte mir, daß in dieser Wolke, jetzt noch unsichtbar, aber bereit, sich jeden Moment auf mich zu stürzen, all das lauerte, was es im Universum an Schrecklichem, Monströsem und unvorstellbar Bösem gab. Vage Formen wirbelten und schwebten im Innern dieser dunklen Wolkenbank, jede eine Bedrohung, eine Warnung, daß sich etwas Unaussprechliches näherte, dessen Schatten allein schon meine Seele zerschmettern würde. Ich wurde starr vor Entsetzen. Ich spürte, daß mir die Haare zu Berge standen, daß mir meine Augen schier aus den Augenhöhlen sprangen, daß mein Mund offen stand und meine Zunge sich wie ein Stück Leder anfühlte. Das Durcheinander in meinem Kopf tobte so heftig, daß er zu platzen drohte. Ich versuchte zu schreien, aber ich vernahm nur ein krächzendes Geräusch – meine eigene Stimme, weit entfernt und losgelöst von mir. Im selben Moment, in einer Art Fluchtversuch, durchbrach ich die Wolke der Verzweiflung und erhaschte einen flüchtigen Blick von Holmes' Gesicht, weiß, starr und von Entsetzen entstellt, derselbe Ausdruck, den ich auf den Gesichtern der Toten gesehen hatte. Dieser Anblick gab mir für einen Augenblick meinen Verstand und meine Kraft zurück. Ich sprang von meinem Stuhl auf und schlang meine Arme um Holmes. Zusammen schwankten wir aus der Tür ins Freie, warfen uns auf den Rasen und lagen Seite an Seite, nahmen nur den wunderbaren Sonnenschein wahr, der sich seinen Weg durch die teuflische Wolke des Schreckens bahnte, die uns umfaßt hatte. Langsam hob sie sich von unseren Seelen wie Nebelschleier von einer Landschaft, bis endlich Friede und Vernunft wieder eingekehrt waren und wir auf dem Rasen saßen, uns den feuchtkalten Schweiß von der Stirn wischten und mit Besorgnis den anderen anschauten, um die letzten Spuren des schrecklichen Experiments, dem wir uns unterzogen hatten, zu beobachten.

»Auf mein Wort, Watson!« sagte Holmes schließlich mit unsicherer Stimme. »Ich schulde Ihnen meinen Dank und meine Abbitte. Es war ein unverantwortliches Experiment, schon für mich selbst, und erst recht für einen Freund. Es tut mir wirklich sehr leid.«

»Wissen Sie«, antwortete ich gerührt, denn ich hatte vorher niemals so tief in Holmes' Herz blicken können, »für mich ist es die größte Freude und Auszeichnung, Ihnen helfen zu können.«

Er fiel wieder in seinen halb humorvollen, halb zynischen Ton zurück, den er gewöhnlich seiner Umwelt gegenüber anschlug. »Es wäre reichlich überflüssig gewesen, uns mit diesem Experiment in den Wahnsinn zu treiben, mein lieber Watson«, sagte er. »Ein objektiver Beobachter würde gewiß erklären, daß wir schon wahnsinnig waren, als wir uns auf so ein Experiment einließen. Ich gestehe, daß ich mir nicht hätte träumen lassen, daß die Wirkung so plötzlich und überwältigend eintreten würde.« Er eilte ins Cottage, kehrte mit der Lampe zurück, die er weit von sich gestreckt in der Hand hielt, und warf sie in die Brombeersträucher. »Wir müssen das Zimmer einen Moment lüften. Ich nehme an, Watson, Sie haben nicht mehr die leisesten Zweifel, wie diese Tragödien herbeigeführt wurden.«

»Nicht die Spur eines Zweifels.«

»Aber das Motiv bleibt weiterhin im Dunkeln. Kommen Sie mit mir in die Laube und lassen Sie uns darüber reden. Dieser giftige Stoff steckt noch in meiner Kehle. Ich denke, alle Anhaltspunkte weisen darauf hin, daß Mortimer Tregennis der Täter in der ersten Tragödie war, aber zum Opfer in der zweiten wurde. Wir müssen uns erstens ins Gedächtnis zurückrufen, daß es früher Familienstreitigkeiten gab, denen später eine Aussöhnung folgte. Wie erbittert die Auseinandersetzungen gewesen sein mögen oder wie hohl die Versöhnung war, wissen wir nicht. Wenn ich an Mortimer Tregennis denke, mit seinem Fuchsgesicht und seinen kleinen, schlauen Knopfaugen hinter der Brille, so würde ich meinen, er war nicht der Mann, der gerne etwas vergeben hätte. Nun, Sie werden sich zweitens daran erinnern, daß die Theorie mit der Bewegung im Garten, die unsere Aufmerksamkeit für einen Moment von der tatsächlichen Ursache der Tragödie ablenkte, von ihm stammte. Mortimer Tregennis hatte Grund genug, uns irre zu führen. Schließlich, wenn er nicht diese giftige Substanz beim Verlassen des Raumes ins Feuer warf, wer tat es dann? Das Unglück überfiel die Geschwister unmittelbar nach seinem Weggang. Wenn irgendjemand anders das Zimmer betreten hätte, hätte sich die Familie vom Tisch erhoben. Und im übrigen, im ruhigen Cornwall werden keine Besuche mehr nach zehn Uhr abends gemacht. Wir dürfen annehmen, daß alles auf Mortimer Tregennis als Schuldigen hinweist.«

»Dann war sein eigener Tod Selbstmord.«

»Nun, Watson, auf der einen Seite ist das keine abwegige Vermutung. Ein Mann, auf dessen Seite die Schuld lastet, seiner eigenen Familie ein solches Schicksal bereitet zu haben, könnte von quälenden Gewissensbissen dazu getrieben werden, sich selbst auf die gleiche Weise zu richten. Triftige Gründe sprechen aber dagegen. Glücklicherweise gibt es einen Mann in England, der über alles Bescheid weiß. Ich habe eine Verabredung mit ihm getroffen, so daß wir heute nachmittag die genauen Umstände aus seinem Munde erfahren werden. Ah! Er kommt ein wenig früher als verabredet. Würden Sie so freundlich sein, Dr. Leon Sterndale, mit hier herüber zu kommen. Wir haben im Haus ein chemisches Experiment durchgeführt, das unser kleines Wohnzimmer kaum in dem Zustand belassen hat, dort einen so bedeutenden Besucher empfangen zu können.«

Ich hatte das Klicken des Gartentors gehört, und jetzt erschien die majestätische Gestalt des großen Afrikaforschers auf dem Gartenweg. Etwas erstaunt steuerte er auf die Gartenlaube zu, in der wir saßen.

»Sie wünschten mich zu sprechen, Mr. Holmes. Ihre Einladung hat mich vor einer Stunde erreicht, und ich bin gekommen, obwohl ich nicht wirklich weiß, warum ich ihr Folge leisten sollte.«

»Vielleicht können wir den Punkt klären, bevor wir uns wieder trennen«, sagte Holmes. »Inzwischen danke ich Ihnen für Ihr freundliches Entgegenkommen. Sie werden diesen informellen Empfang im Freien entschuldigen, aber mein Freund Watson und ich hätten beinahe ein Kapitel zu dem hinzugefügt, was die Zeitungen als ›Schrecken von Cornwall‹ bezeichnen, weshalb wir momentan frische Luft vorziehen. Aber weil die Angelegenheit, die wir zu besprechen haben, Sie sehr persönlich betrifft, ist es vielleicht gar nicht schlecht, wenn wir uns hier unterhalten, wo uns niemand belauschen kann.«

Der Forscher nahm seine Zigarre aus dem Mund und sah meinen Freund finster an. »Sir, ich wüßte wirklich nicht, über was Sie mit mir sprechen könnten, das mich sehr persönlich berührt«, erwiderte er.

»Ich meine den Mord an Mortimer Tregennis«, antwortete Holmes.

Für einen Augenblick wünschte ich, bewaffnet zu sein. Sterndales wutverzerrtes Gesicht verfärbte sich zu einem tiefen Dunkelrot, seine Augen funkelten, und die Adern an seiner Stirn traten dick angeschwollen hervor, während er mit geballten Fäusten auf meinen Freund zusprang. Plötzlich hielt er ein, und mit größter Willensanstrengung gewann er seine kalte, unbewegliche Ruhe wieder, die vielleicht gefährlicher war als sein hitziger Ausbruch.

»Ich habe so lange zwischen Wilden und ohne Gesetz gelebt«, sagte er, »daß ich mein eigenes Gesetz wurde. Sie würden gut daran tun, Mr. Holmes, das nicht zu vergessen, denn ich habe eigentlich nicht die Absicht, Sie zu verletzen.«

»Noch habe ich die Absicht, Sie zu verletzen, Dr. Sterndale. Der beste Beweis dafür ist, daß ich trotz meines Wissens nach Ihnen geschickt habe und nicht nach der Polizei.«

Sterndale setzte sich mit einem schweren Atemzug hin, er war vielleicht zum ersten Mal in seinem abenteuerlichen Leben eingeschüchtert. Das ruhige Vertrauen in die eigene Stärke, das Holmes ausstrahlte, hatte etwas Unwiderstehliches. Unser Besucher stotterte für einen Moment; in seiner Erregung faltete er dauernd seine Hände auf und zu.

»Was meinen Sie?« fragte er schließlich. »Wenn Sie mich bluffen wollen, Mr. Holmes, dann haben Sie sich den falschen Mann dafür ausgesucht. Lassen Sie uns nicht um den heißen Brei reden. Was *meinen* Sie?«

»Ich werde es Ihnen sagen«, antwortete Holmes, »und zwar, weil ich hoffe, daß Offenheit mit Offenheit erwidert wird. Wie mein nächster Schritt aussehen wird, hängt von Ihrer Verteidigung ab.«

»Meiner Verteidigung?«

»Ja, Sir.«

»Meiner Verteidigung gegenüber was?«

»Gegen die Anklage, Mortimer Tregennis umgebracht zu haben.«

Sterndale fuhr sich mit dem Taschentuch über die Stirn. »Auf mein Wort, Sie verstehen etwas davon«, sagte er. »Hängen alle Ihre Erfolge von diesem unwahrscheinlichen Talent zum Bluffen ab?«

»Wenn hier jemand blufft«, erwiderte Holmes fest, »dann sind Sie es, Dr. Leon Sterndale, nicht ich. Als Beweis werde ich Ihnen einige Fakten anführen, auf denen meine Schlußfolgerungen basieren. Über Ihre Rückkehr aus Plymouth, obwohl ein großer Teil Ihres Hab und Guts schon auf dem Weg nach Afrika war, will ich nur soviel sagen, daß sie mich erst darauf brachte, Sie beim Rekonstruieren dieses Dramas als Faktor in Betracht zu ziehen.«

»Ich kam zurück, weil – «

»Ich habe Ihre Gründe gehört und empfinde sie als nicht überzeugend und unzureichend. Wir wollen darüber hinweggehen. Sie kamen zu mir, um mich zu fragen, wen ich verdächtige. Ich weigerte mich, Ihnen zu antworten. Dann gingen Sie zum Pfarrhaus, warteten eine Zeitlang draußen und kehrten schließlich in Ihr Cottage zurück.«

»Woher wissen Sie das?«

»Ich folgte Ihnen.«

»Ich habe niemanden gesehen.«

»Damit dürfen Sie rechnen, wenn ich jemanden verfolge. Sie verbrachten eine unruhige Nacht in Ihrem Cottage, und Sie schmiedeten einen Plan, den Sie am frühen Morgen in die Tat umsetzten. Sie verließen bei Tagesanbruch Ihr Haus und füllten Ihre Taschen mit einigen rötlichen Kieselsteinen, die neben Ihrer Haustür auf einem Haufen lagen.«

Sterndale fuhr mit einem gewaltigen Ruck hoch und blickte Holmes erstaunt an.

»Sie eilten von Ihrem Haus zum Pfarrhaus. Wenn ich es bemerken darf, Sie trugen dasselbe Paar Tennisschuhe, das Sie auch jetzt an den Füßen haben. Beim Pfarrhaus gingen Sie durch den Obstgarten und an der Seitenhecke entlang, bis Sie unter dem Fenster des Mieters Mortimer Tregennis herauskamen. Es war bereits heller Tag, aber im Haus rührte sich noch nichts. Sie nahmen ein paar Kieselsteine aus der Tasche und warfen sie gegen das Schlafzimmerfenster von Mortimer Tregennis.«

Sterndale sprang auf seine Füße.

»Ich glaube, Sie sind der Teufel höchstpersönlich!« schrie er. Holmes lächelte bei dem Kompliment. »Es bedurfte zweier oder dreier Würfe, bevor der Mieter ans Fenster trat. Sie bedeuteten ihm, herunterzukommen. Er zog sich schnell an und stieg die Treppe zu seinem Wohnzimmer hinab. Sie betraten das Zimmer durch die Fensterflügeltüre. Es folgte eine kurze Unterredung, während der Sie im Raum auf und ab schritten. Dann gingen Sie wieder ins

Freie, schlossen das Fenster hinter sich, rauchten draußen auf dem Rasen eine Zigarre und beobachteten, was geschah. Endlich, nach Eintritt des Todes von Tregennis, verschwanden Sie auf demselben Weg, auf dem Sie gekommen waren. Mr. Sterndale, wie rechtfertigen Sie solch ein Verhalten, und was waren Ihre Motive für diese Tat? Wenn Sie irgendwelche Ausflüchte machen oder mit mir spielen sollten, versichere ich Ihnen, daß die Angelegenheit für immer aus meinen Händen gegeben wird.«

Das Gesicht unseres Besuchers wurde aschfahl, als er den Worten seines Anklägers lauschte. Jetzt saß er für eine Weile in Gedanken versunken da und vergrub sein Gesicht in den Händen. Dann zog er mit einer plötzlichen, impulsiven Bewegung eine Photographie aus seiner Brusttasche und warf sie auf den vor uns stehenden Holztisch.

»Das ist der Grund, warum ich es getan habe«, sagte er.

Die Photographie zeigte das Portrait einer wunderschönen Frau. Holmes beugte sich darüber.

»Brenda Tregennis«, stellte er fest.

»Ja, Brenda Tregennis«, wiederholte unser Besucher. »Seit Jahren liebte ich sie, und seit Jahren liebte sie mich. Das ist der Grund für mein zurückgezogenes Leben in Cornwall, über das sich die Leute so gewundert haben. So konnte ich dem einzigen, was mir auf Erden lieb war, nahe sein. Ich konnte mich aber nicht mit ihr vermählen, weil ich schon mit einer Frau verheiratet bin, die mich zwar vor Jahren verlassen hat, von der ich mich aber aufgrund der beklagenswerten Gesetze in England nicht scheiden lassen konnte. Brenda wartete jahrelang auf mich, und ich wartete jahrelang auf sie. Und jetzt dieses Ende!« Ein schreckliches Schluchzen durchschüttelte seine mächtige Gestalt, und er griff sich an die Kehle. Dann riß er sich mit Anstrengung zusammen und erzählte weiter:

»Der Pfarrer war davon unterrichtet. Er war unser Vertrauter. Er würde Ihnen bestätigen, daß sie ein Engel auf Erden war. Das ist der Grund, warum er mir telegraphierte und ich zurückkehrte. Was bedeutete mir mein Gepäck oder Afrika, als ich von dem Schicksal hörte, das über meinen Liebling gekommen war? Hier haben Sie das fehlende Motiv zu meiner Tat, Mr. Holmes.«

»Fahren Sie fort«, sagte mein Freund.

Dr. Sterndale zog aus seiner Tasche eine kleine Tüte und legte sie auf den Tisch. Sie war beschriftet mit *Radix pedis diaboli*, und darunter war ein roter Totenkopf. Er schob sie mir zu. »Soweit ich es verstanden habe, sind Sie als Arzt tätig, Sir. Haben Sie jemals von diesem Präparat gehört?«

»Teufelsfußwurzel? Nein, ich habe noch nie etwas davon gehört.«

»Ich werfe Ihnen nicht mangelnde Fachkenntnisse vor«, antwortete er, »denn ich glaube, daß, bis auf eine Probe in einem Laboratorium in Buda, dieses Kraut in Europa nicht existiert. Bisher hat es auch den Weg in die Literatur der Pharmazie oder der Toxikologie noch nicht gefunden. Die Wurzel ist wie ein Fuß geformt, halb menschlich, halb ziegenartig. Deshalb wurde der Pflanze dieser phantasievolle Name gegeben, von einem botanisch interessierten Missionar. In einigen Gegenden Westafrikas wird die Pflanze bei Gottesurteilen von den Medizinmännern verwendet, und sie hüten sie als ihr großes Geheimnis. Diese spezielle Probe erhielt ich unter äußerst ungewöhnlichen Umständen im Gebiet der Ubanghi.« Während er sprach, öffnete er die Tüte und zeigte uns eine kleine Menge rötlich-braunes, schnupftabakähnliches Pulver.

»Nun, Sir?« fragte Holmes ernst.

»Ich bin dabei, Ihnen alles zu schildern, Mr. Holmes. Da Sie tatsächlich schon soviel über das Geschehene wissen, liegt es sicher in meinem Interesse, daß Sie auch den Rest erfahren. Ich habe schon meine Beziehung zu der Tregennis-Familie erklärt. Um der Schwester willen ging ich mit den Brüdern freundlich um. Wegen finanzieller Familienstreitigkeiten lebte Mortimer getrennt von den anderen, aber der Zwist wurde angeblich beigelegt, und später traf ich ihn ebenso häufig wie seine Brüder. Er war ein verschlagener kluger, Ränke schmiedender Mann. Verschiedene Ereignisse riefen in mir einen unbestimmten Verdacht gegen ihn hervor, aber ich hatte keine richtige Veranlassung, mit ihm zu brechen.

Vor einigen Wochen besuchte er mich eines Tages in meinem Cottage, und ich zeigte ihm einige meiner afrikanischen Kuriositäten. Unter anderem führte ich ihm dieses Pulver vor und berichtete ihm von seinen merkwürdigen Eigenschaften, wie es jene Zentren im Gehirn stimuliert, die die Empfindung von Furcht kontrollieren, und wie entweder Wahnsinn oder Tod den unglücklichen Eingeborenen trifft, über den von den Priestern seines Stammes dieses Urteil gesprochen worden ist. Ich erzählte ihm auch, die europäische Wissenschaft könne dieses Gift nicht nachweisen. Wie er sich eines Teils des Pulvers bemächtigte, weiß ich nicht, wahrscheinlich, während ich Schränke öffnete und mich über Schachteln beugte. Ich erinnere mich, wie beharrlich er mich ausfragte, welche Menge und wieviel Zeit für die Wirkung notwendig wären. Ich dachte nicht im Traume daran, daß er aus persönlichen Gründen fragte.

Ich hatte die Geschichte vergessen, bis das Telegramm des Pfarrers mich in Plymouth erreichte. Dieser Schurke hatte geglaubt, daß ich schon auf hoher See sein würde, bevor ich die Nachricht erhielt, und daß ich dann für Jahre in Afrika verschwunden bleiben würde. Aber ich kehrte sofort zurück. Als ich die Details hörte, wußte ich natürlich sofort, daß mein Gift verwendet worden war. Ich kam mit der Hoffnung zu Ihnen, daß Sie mir eine andere Erklärung geben würden. Aber das konnten Sie nicht. Ich war überzeugt, daß Mortimer Tregennis der Mörder war. Er hat es wegen des Geldes getan, denn wenn die anderen Familienmitglieder alle für geisteskrank erklärt worden wären, wäre er der alleinige Vermögensverwalter gewesen. So wendete er das Pulver der Teufelsfußwurzel an. Die zwei Brüder trieb er in den Wahnsinn, und seine Schwester tötete er, das einzige menschliche Wesen, das ich jemals geliebt habe oder das mich geliebt hat. Das war sein Verbrechen. Wie sollte er dafür bestraft werden?

Sollte ich mich an die Polizei wenden? Wo waren meine Beweise? Ich wußte, daß es stimmte, aber konnte ich ein ländliches Geschworenengericht von einer so phantastischen Geschichte überzeugen? Vielleicht, vielleicht auch nicht. Aber dieses Risiko konnte ich nicht eingehen. Meine Seele schrie nach Rache. Ich habe Ihnen anfangs gesagt, Mr. Holmes, daß ich den Großteil meines Lebens außerhalb der Gesetze verbracht habe und daß ich schließlich mein eigenes Gesetz wurde. Ich beschloß, daß das Schicksal, das Mortimer den Geschwistern bereitet hatte, von ihm geteilt werden sollte. Sollte das mißlingen, wollte ich ihn selbst mit meiner eigenen Hand richten. In diesem Augenblick gibt es niemanden in England, der weniger Wert auf sein Leben legt, als ich es jetzt tue.

Nun habe ich Ihnen alles erzählt. Den Rest haben Sie selbst herausgefunden. Ich tat es, wie Sie sagen, nach einer unruhigen Nacht und verließ mein Cottage am frühen Morgen. Ich sah die Schwierigkeit, Mortimer Tregennis zu wecken, deshalb steckte ich mir einige neben der Haustür liegende Kieselsteine in die Tasche. Nachdem ich sie gegen sein Schlafzimmerfenster geworfen hatte, kam er herunter und ließ mich durchs Wohnzimmerfenster eintreten. Ich sagte ihm sein Verbrechen auf den Kopf zu, und daß ich in zweifacher Funktion gekommen wäre, einmal als Richter und einmal als Henker. Der elende Wicht sank beim Anblick meines Revolvers starr vor Entsetzen in einen Stuhl. Ich zündete die Lampe an, schüttete das Pulver darauf, begab mich wieder nach draußen und stellte mich vor das Fenster, bereit, ihn zu erschießen, falls er versuchen sollte, das Zimmer zu verlassen. Er starb innerhalb von fünf Minuten. Mein Gott, aber wie! Ich blieb ungerührt, denn er erlitt nichts anderes als das, was mein unschuldiger Liebling vor ihm durchgemacht hatte. Das ist meine Geschichte, Mr. Holmes. Vielleicht hätten Sie, wenn Sie eine Frau liebten, genauso wie ich gehandelt. Auf jeden Fall haben Sie mich jetzt in der Hand. Machen Sie mit mir, was Sie wollen. Ich wiederhole es: Es gibt keinen lebenden Mann auf Erden, der den Tod weniger fürchtet, als ich es jetzt tue.«

Holmes saß eine Weile schweigend da.

»Wie sehen Ihre weiteren Pläne aus?« fragte er schließlich.

»Ich hatte vorgehabt, mich in Zentralafrika zu vergraben. Meine Arbeit dort ist erst zur Hälfte getan.«

»Dann gehen Sie, und erledigen Sie die andere Hälfte. Ich habe nicht die Absicht, Sie daran zu hindern.«

Dr. Sterndale stemmte seinen riesigen Körper hoch, verneigte sich tief und verschwand aus der Laube. Holmes zündete sich eine Pfeife an und reichte mir den Tabakbeutel herüber.

»Ein nicht giftiger Rauch ist eine willkommene Abwechslung«, bemerkte er. »Ich denke, Sie stimmen mir zu, Watson, daß wir uns bei diesem Fall nicht einmischen sollten.

Da unsere Ermittlungen unabhängig erfolgten, sollte unser Verhalten das auch sein. Sie würden den Mann doch nicht anzeigen, oder?«

»Mit Sicherheit nicht.«

»Ich habe niemals geliebt, Watson, aber wenn ich es getan hätte und wenn die Frau, die ich geliebt hätte, ein derartiges Schicksal getroffen hätte, ich hätte wohl auch so gehandelt wie unser gesetzloser Löwenjäger. Wer weiß? Nun, Watson, ich will Ihre Intelligenz nicht durch die Erklärung von Offensichtlichem beleidigen. Der Kies auf dem Fensterbrett war natürlich der Ausgangspunkt. Er stammte nicht aus dem Garten des Pfarrhauses. Erst als meine Aufmerksamkeit auf Dr. Sterndale und sein Haus gezogen wurde, entdeckte ich den Ursprung der Kieselsteine. Die bei hellem Tageslicht brennende Lampe und die Pulverrückstände auf dem Schirm waren aufeinanderfolgende Verbindungsstücke in einer ziemlich eindeutigen Kette von Ereignissen. Und jetzt, mein lieber Watson, denke ich, lassen wir die Angelegenheit fallen und kehren mit reinem Gewissen zu unseren Studien der chaldäischen Sprachwurzeln zurück, die sicherlich im kornischen Zweig des großen keltischen Sprachraums aufzuspüren sind.«

ACHILLESFERSE

Ruth Rendell

Die Stadtmauern boten nach der einen Seite Aussicht auf die blaue Adria, nach der anderen auf ein Meer von Dächern aus verwitterten Tonziegeln und auf steinerne Katarakte von Straßen, die zur Kathedrale und zur Stradun Placa hin abfielen. Es war sehr heiß auf den Mauern, die Sonne stechend, die Luft trocken und klar. Zwischen den rotbraunen Dächern und den verschlungenen Wällen und Treppen schimmerten andere Farben, das Purpur der Bougainvillea, das Himmelblau der Bleiwurz und die Stichflamme der gelbroten Trompetenblume.

»Herrlich«, sagte Dora Wexford. »Atemberaubend. Bist du jetzt nicht froh, daß ich dich hergelockt habe?«

»Ihr Dunkelhäutigen habt gut reden«, brummte ihr Mann. »Mir kommt meine Nase schon vor wie ein gebratenes Ei.«

»Gehen wir an der nächsten Treppe runter, dann kannst du dir bei einem Glas Bier noch mal Sonnencreme drauftun.«

Es war Mittag, Samstag, der achtzehnte Juni. Die Hitze des Tages hatte die Jugoslawen, nicht aber die Touristen von den Mauern ferngehalten. Deutsche mit Kameras gingen vorbei oder blieben staunend stehen: »Wunderschön!« Lebhafte Italiener schwatzten, unbeeindruckt von der hochsommerlichen Hitze. Doch manche der Gesprächsfetzen, die Wexford erreichten, waren ihm nicht nur unverständlich, er ahnte nicht einmal, um welche Sprachen es sich handelte. Um so überraschender war es dann, Englisch zu hören.

»Geh mir nicht auf die Nerven damit, Iris!«
Zuerst konnte er den Sprecher nicht sehen. Aber als sie jetzt aus der engen Gasse heraustraten und auf einen der breiten, vorspringenden Plätze kamen, die das Mauerwerk bildete, sahen sie sich dem Engländer fast gegenüber. Ein großer, gutaussehender junger Mann, der im äußersten Winkel des Platzes stand, bei ihm war eine dunkelhaarige Frau. Mit dem Rücken zu Wexford stehend, blickte sie hinaus auf das Meer. Ihrer Kleidung nach sah es aus, als hätte sie sich im Süden Frankreichs heimischer gefühlt als auf den Mauern von Dubrovnik. Sie trug ein jadegrünes Oberteil mit Halsträger, das ihren tiefgebräunten Rücken und die Taille frei ließ, und einen wadenlangen, grünblauen Seidenrock mit Monden in Flamingorosa. Auch ihre Sandalen waren rosa, hochhackig und an den Beinen hochgeschnürt. Das Auffallendste an ihr war vielleicht aber ihr Haar. Rabenschwarz und sehr kurz, war es im Nacken zu drei spitzen V zugeschnitten.
Sie mußte ihrem Begleiter geantwortet haben, wenn auch Wexford die Worte nicht gehört hatte. Denn jetzt stampfte sie, ohne sich umzudrehen, mit dem Fuß auf, und der Mann sagte: »Wie willst du denn bloß dahin, Iris, wenn wir keinen finden, der uns rüberbringt? Man kann da nirgends landen. Ich wünschte bei Gott, du würdest endlich aufhören.«
Dora faßte ihren Mann am Arm und zog ihn weiter. Er konnte ihre Gedanken lesen: Man lauscht nicht, wenn andere sich streiten.
»Du bist so neugierig, Liebling«, sagte sie an der Treppe, als sie außer Hörweite waren. »Das kommt wohl davon, wenn man Polizist ist.«
Wexford lachte. »Es freut mich, daß du den wahren Grund

erfaßt hast. Jede andere Frau würde ihrem Mann vorwerfen, er hätte sich nur nach dem Mädchen umgedreht.«

»Sie war aber wirklich schön, nicht?« sagte Dora wehmütig im Gefühl ihres eigenen Alters. »Ihr Gesicht konnten wir ja zwar nicht sehen, aber sag doch selbst, die Figur war vollkommen.«

»Bis auf die Beine. Schade, daß sie nicht so klug ist, Hosen zu tragen.«

»Och, Reg, was war denn mit ihren Beinen? Und so schön braun war sie. Wenn ich so ein Mädchen sehe, komme ich mir wie eine richtige alte Tante vor.«

»Red nicht so albern«, sagte Wexford ärgerlich. »Du siehst gut aus.« Er meinte es ehrlich. Er war stolz auf seine aparte Frau, die für eine Endfünfzigerin so jung und elegant aussah in ihrem marineblauen Rock und der weißen Bluse, mit ihrem schon nach zwei Tagen Urlaub goldbraunen Teint. »Und eins will ich dir sagen«, setzte er hinzu. »In jedem Wettbewerb um die schönsten Fesseln schlägst du sie haushoch.«

Dora lächelte ihn an, getröstet. Sie setzten sich an den Tisch eines Straßencafés in den Schatten, wo ein milder, kühler Wind wehte. Genügend Zeit noch für ein Bier und einen Orangensaft, dann wartete schon das Wassertaxi, um sie die Küste hinunter zurück nach Mirna zu bringen. Im Serbokroatischen bedeutet *mirna* friedlich. Und genauso empfand Wexford den Ferienort nach einem zermürbenden Winter und tristen Frühling in Kingsmarkham, nach den kleinen Vergehen und schweren Verbrechen, die schließlich in einem schmutzigen Mordfall gipfelten, der trotz seiner Knochenarbeit und seiner Recherchen nicht von ihm, sondern von einem jungen Spezialisten des Scotland Yard gelöst worden war. Mike Burden war es dann, der ihm geraten hatte, vor allem anderen erst einmal

Urlaub zu machen. Aber nicht wie sonst in Wales oder Cornwall, sondern an der dalmatinischen Küste von Jugoslawien, wo er mit seinen Kindern im Vorjahr hingefahren war.

»In Mirna«, hatte Burden gesagt, »gibt es drei gute Hotels, aber der Ort ist noch unverbraucht. Auf dem Wasserweg kommt man überallhin. Zwei oder drei alte Burschen haben da ein schwimmendes Taxiunternehmen. Als wir dort waren, hat es nicht einmal geregnet. Und du bist ja so umweltbewußt, alter Ökologe. Das Meeresleben da ist wirklich faszinierend und genauso die Blumen und die vielen Schmetterlinge.«

Und dieses Meeresleben war es denn auch, das Wexford zwei Tage nach ihrem Ausflug nach Dubrovnik näher kennenlernte. Er hatte Dora, die sich am Swimmingpool des Hotels auf einer Luftmatratze sonnte, allein gelassen, um seine angelsächsische Haut zu retten. Seine Nase schälte sich schon. Also hatte er sein Gesicht eingecremt, ein Hemd mit langen Ärmeln angezogen und war um die bewaldete Landspitze herum zum Hafen von Mirna gegangen. Die Mauer des kleinen Seehafens war aus denselben Steinen erbaut wie die Stadt Dubrovnik, und als er sich hinkniete, um hinunterzuschauen, sah er, daß die Steine und das Mauerwerk unter der Wasserlinie dicht mit einem Teppich aus Seeanemonen, winzigen Muscheln, blühenden Pflanzensträngen und Seesternen bedeckt waren. Das Wasser war vollkommen klar und sauber. Er konnte deutlich bis auf den Grund sehen, fünf Meter tief, und gleich darauf huschte ein Schwarm silbrig-brauner Fische aus einem Seegrasgestrüpp. Fasziniert lehnte er sich weiter vor, und er verstand, weshalb so viele von den Schwimmern dort draußen mit Taucherbrillen und Schnorcheln ausgerüstet waren. Ein scharlachroter Fisch schoß unter einem

Fels hervor, dann ein flacher, silberner mit dicken schwarzen Streifen.
Eine Stimme hinter ihm sagte: »Gefällt es Ihnen?«
Wexford richtete sich halb auf. Der Mann, der ihn angesprochen hatte, war älter als er, dünn, von Falten zerfurcht und sah abgehärtet aus. Er hatte ein nußbraunes Gesicht, ein trockenes Lächeln und erstaunlich gute Zähne. Vielleicht wegen der Seemannsmütze, die er zu einem weiß- und blaugestreiften T-Shirt trug, erkannte Wexford ihn als einen der Bootstaxifahrer.
Langsam und deutlich sagte er: »Es gefällt mir sehr gut. Es ist schön, wunderschön.«
»Die Küsten Ihres Landes waren auch einmal so. Aber im neunzehnten Jahrhundert schrieb ein Mann namens Gosse, ein Meeresbiologe, darüber ein Buch, und innerhalb von wenigen Jahren hatten die Sammler, die sich über die Strände hermachten, sie kahl gerupft.«
Wexford konnte nicht anders, aber er mußte lachen. »Guter Gott«, sagte er, »entschuldigen Sie bitte, aber ich dachte ...«
»Daß ein alter Schiffer nur ›bitte‹ und ›danke‹ und ›zehn Dinar‹ sagen kann?«
»Ungefähr, ja.« Wexford stand auf und überragte den anderen fast um einen halben Kopf. »Sie sprechen hervorragend Englisch.«
Ein breites Lächeln. »Nein, es ist zu pedantisch: Ich war nur einmal in England, und das vor vielen Jahren.« Er streckte seine Hand aus. »Freut mich, Sie kennenzulernen, *gospodin.* Ivo Racic, zu Ihren Diensten.«
»Reginald Wexford.«
Die Hand war eisenhart, der Händedruck jedoch sanft. Racic sagte: »Ich wollte Sie nicht stören. Ich sprach Sie an, weil man nur selten einen Touristen trifft, den die Natur

interessiert. Den meisten geht es nur ums Sonnenbaden, ums Essen und Trinken, nicht? Oder sie fangen die Fische und horten die Muscheln.«

»Trinken Sie ein Glas mit mir?« fragte Wexford. »Oder haben Sie zu tun?«

»Josip, Mirko und ich, wir haben ein kleines Unternehmen, die werden es nicht krummnehmen, wenn ich eine halbe Stunde blaumache. Aber die Getränke bezahle ich. Dies ist mein Land, und Sie sind mein Gast.«

Sie gingen auf die von stämmigen Palmen gesäumte Allee zu. »Ich bin hier in Mirna geboren«, sagte Racic. »Mit achtzehn ging ich fort, um zu studieren, und als ich mich zur Ruhe setzte und nach mehr als vierzig Jahren wieder her kam, waren die Palmen noch wie immer, nicht größer, nicht verändert. Nichts hat sich geändert, bis die Hotels gebaut wurden.«

»Was haben Sie in den vierzig Jahren denn gemacht? Kein Bootsunternehmen geführt?«

»Ich war Professor für Anglistik an der Universität in Belgrad, Gospodin Wexford.«

»Aha«, sagte Wexford. »Da kommt es ans Licht. Und als Sie pensioniert wurden, haben Sie mit Josip und Mirko zusammen den Fährdienst eingerichtet. Waren das vielleicht Freunde aus Ihrer Kindheit?«

»So ist es. Ich sehe, Sie besitzen Scharfsinn. Und darf ich nun fragen, was Ihr Beruf ist?«

Wexford sagte, was er im Urlaub immer sagte: »Ich bin Staatsbeamter.«

Racic lächelte. »Hier in Jugoslawien sind wir alle Staatsbeamte. Aber holen wir uns erst mal was zu trinken. *Ha jdemo, arug*!«

Sie entschieden sich für eine Tischgruppe unter einem rebenüberrankten Vordach, durch das die Sonne weiche

Tupfer auf das Straßenpflaster streute. Racic trank Slibowitz. Der feurige Branntwein mit seinem leichten Beigeschmack von Pflaumen war für Wexford, der auf seinen Blutdruck achten mußte, tabu. Er hatte sogar schon ein schlechtes Gewissen, als der Posip, der einheimische Weißwein, den Racic für ihn bestellt hatte, in einem bis zum Rand gefüllten Becher eintraf.

»Wohnen Sie hier in Mirna?«

»Ja, alleine in dem Haus, dem *kucia*, das einst meinem Vater gehörte. Meine Frau starb in Belgrad. Aber es lebt sich angenehm und gut hier. Ich habe meine Pension und mein Boot, die Trauben und die Feigen, die ich ziehe, und manchmal einen Gast wie Sie, Gospodin Wexford, an dem ich mein Englisch üben kann.«

Wexford hätte ihn zwar gerne nach den politischen Verhältnissen gefragt, doch es schien ihm, das könnte unklug sein oder vielleicht unhöflich wirken. So äußerte er sich statt dessen zu der imposanten Erscheinung einer Frau in Landestracht – weißer Haube, reichbesticktem, steifem schwarzem Kleid –, die mit einem vollen Korb aus einem Lebensmittelladen getreten war. Racic nickte, dann wies er mit dem Daumen auf einen Tisch außerhalb des Schattens der Kletterpflanzen.

»Ich glaube, das da ist besser. Gesünder, nicht? Und freier.«

Sie saß in der prallen Sonne, eine junge Frau mit kurzen, geometrisch zugeschnittenen, schwarzen Haaren, und sie trug nur weiße Shorts und ein jadegrünes Oberteil mit Halsträger. Ein Mann kam aus dem Wechselbüro, und als sie aufstand und ihm entgegenging, erkannte Wexford in den beiden das Paar, das er auf den Mauern von Dubrovnik gesehen hatte. Hand in Hand schlenderten sie davon und stiegen in einen weißen Lancia Gamma, der unter den Palmen parkte.

»Als ich sie das letzte Mal sah, haben sie sich gezankt.«
»Sie wohnen im Hotel Bosnia«, sagte Racic. »Am Sonntag abend sind sie mit dem Wagen von Dubrovnik hierhergekommen und wollen wohl noch eine Woche bleiben. Wie sie heißt, kann ich Ihnen nicht sagen, aber er heißt Philip.«
»Darf ich fragen, wie es kommt, daß Sie so eine Fundgrube an Informationen sind, Mr. Racic?«
»Ich habe sie heute morgen mit dem Boot gefahren.« Racics dunkle Augen zwinkerten. »Nur die beiden, einmal hinüber nach Vrt und zurück. Aber lassen Sie mich Ihnen eine kleine Geschichte erzählen. Ungefähr vor einem Jahr hat einmal ein junges englisches Ehepaar mein Boot gemietet. Sie waren, glaube ich, auf ihrer Hochzeitsreise, in den Flitterwochen, wie man sagt, und auch offensichtlich sehr verliebt. Sie hatten nur Augen für sich selber und schon gar keine Lust, mit dem Bootsführer zu sprechen. Als wir das Ufer anliefen, vielleicht noch hundert Meter draußen waren, fing er an, seiner Frau zu erklären, wie sehr er sie liebte und daß er es kaum erwarten könnte, wieder ins Hotel zu kommen, um mit ihr zu schlafen. Oh, an Offenheit und Deutlichkeit ließ er nichts zu wünschen übrig – und warum auch, wo doch nur ein alter Jugoslawe dabei war, der nichts kennt außer seiner eigenen zungenbrecherischen Sprache?
Ich sagte nichts. Ich ließ mir nichts anmerken. Wir legten an, er gab mir zwanzig Dinar, und sie gingen den Kai hinauf. Dann sah ich, daß die junge Dame ihre Handtasche vergessen hatte, also rief ich ihr nach. Sie kam zurück, nahm ihre Tasche an sich und dankte mir. Gospodin Wexford, ich konnte nicht widerstehen. ›Sie haben einen charmanten Gatten, gnädige Frau‹, sagte ich, ›aber das haben Sie auch wirklich verdient.‹ Oh, wie sie rot geworden ist,

doch ich glaube eigentlich nicht, daß sie mir böse war, wenn sie auch nicht mehr an mein Boot kamen.«
Lachend sagte Wexford: »Das Gespräch zwischen Philip und seiner Frau in Ihrem Beisein war doch nicht etwa von derselben Art?«
»Nein.« Racic sah nachdenklich aus. »Ich glaube, ich werde Ihnen nicht sagen, was ich davon mitbekommen habe. Es geht uns nichts an. Und jetzt muß ich mich entschuldigen, aber wir werden uns wiedersehen.«
»In Ihrem Boot, ganz bestimmt. Ich möchte unbedingt mit meiner Frau nach Vrt zum Baden.«
»Ich schlage Ihnen was Besseres vor. Ich mache mit Ihnen beiden eine Rundfahrt um die Inseln. Am Mittwoch? Keine Sorge, ich bin kein Kundenschlepper. Das wird eine Fahrt auf – jetzt ein guter Ausdruck aus der Umgangssprache –, auf Kosten des Hauses! Sie und ich und Gospoda Wexford.«
»Diese netten Deutschen«, sagte Dora, »haben mich gefragt, ob wir am Mittwoch mit ihnen in ihrem Wagen nach Cetinje fahren wollen.«
»Mm«, sagte Wexford abwesend. »Gute Idee.« Es war neun Uhr, aber außerhalb des Bereichs der Uferbeleuchtung schon sehr dunkel. Sie waren nach dem Abendessen zu Fuß nach Mirna hineingegangen, denn so spät fuhren die Boote nicht mehr, und tranken Kaffee auf der Terrasse eines Restaurants am Hafenrand. Die fast gezeitenlose Adria plätscherte mit leise schluckenden Geräuschen an die Steine zu ihren Füßen.
Plötzlich fiel es ihm ein. »Ach Gott, ich kann ja nicht. Ich hab dem Jugoslawen, von dem ich dir erzählte, doch versprochen, mit ihm eine Rundfahrt um die Inseln zu machen. Ihn jetzt stehenzulassen wäre unhöflich. Aber fahr doch allein nach Cetinje.«

»Gut, ich hätte nämlich schon Lust. Wer weiß, ob ich je noch mal nach Montenegro komme. Ach, schau mal, da sind ja die jungen Leute, die wir in Dubrovnik gesehen haben!«

Zum erstenmal sah Wexford die junge Frau *en face*. Ihre Frisur war aus dieser Sicht nicht weniger spektakulär als von hinten, denn mitten auf ihrer Stirn war eine Strähne zu einem langen, spitzen Dreieck zugeschnitten. Es sah weniger wie Haar aus, dachte er, als wie eine aufgemalte, schwarze Kappe. Trotz der späten Stunde trug sie eine große Sonnenbrille. Ihr bunter Rock war der gleiche, den sie in Dubrovnik getragen hatte.

Sie und ihr Begleiter waren vom Uferdamm her auf die Terrasse gekommen. Beide gingen langsam, sie irgendwie zögernd, während der Mann namens Philip sich suchend umsah, anscheinend nach Bekannten, mit denen sie sich verabredet hatten. Einen freien Tisch hätte er nicht zu suchen brauchen, denn die Terrasse war halb leer. Dora versetzte ihrem Mann unter dem Tisch einen kleinen Tritt, als Warnung vor unverhohlener Neugier, und fing von ihren deutschen Urlaubsbekannten, Werner und Trudi, zu erzählen an. Aus den Augenwinkeln sah Wexford, wie der Mann und die junge Frau unschlüssig stehenblieben und sich dann an einen Nebentisch setzten. Er sagte irgend etwas zu Dora, merkte jedoch gleichzeitig, daß jetzt er es war, der angestarrt wurde. Eine Stimme, die er schon einmal gehört hatte, sagte:

»Entschuldigen Sie, wir haben leider keinen Aschenbecher. Dürften wir wohl Ihren nehmen?«

Dora reichte ihm ihn herüber. »Bitte sehr.« Sie blickte kaum auf.

Aber er hakte lächelnd nach. »Brauchen Sie ihn auch bestimmt nicht selber?«

»Keine Sorge. Wir sind Nichtraucher.« Wenn er bei der Stange bleibt, dachte Wexford, der etwas sehr Merkwürdiges beobachtet hatte, dann sollte ich das vielleicht auch tun. Als Dora ihn wieder mit dem Fuß anstieß, zog er lediglich seinen unter dem Stuhl weg. Er wandte sich dem anderen Tisch zu, und als die nächste Frage kam – »Bleiben Sie lange in Mirna?« –, antwortete er freundlich: »Zwei Wochen. Wir sind seit vier Tagen hier.«
Die Wirkung dieser einfachen Entgegnung war verblüffend. Der Mann hätte sich kaum erfreuter und buchstäblich nicht erleichterter zeigen können, hätte Wexford ihm Kunde von einer bedeutenden Erbschaft gebracht oder ihm mitgeteilt, daß ein Freund, den man in Gefahr wähnte, in Sicherheit war.
»Oh, phantastisch ! Das nenne ich wirklich toll. Daß man endlich mal wieder Engländer trifft! Wir müssen uns mal treffen. Das ist Iris, meine Frau. Philip und Iris Nyman. Sind Sie auch aus London?«
Wexford stellte Dora und sich vor und sagte, daß sie aus Kingsmarkham in Sussex kämen. Philip Nyman bekundete seine Freude darüber, sie kennenzulernen. Darauf müßte er ihnen einen Drink ausgeben. Nein? Vielleicht lieber noch einen Kaffee? Schließlich nahm Wexford eine Tasse Kaffee an, während er sich im stillen fragte, weshalb Iris Nyman so verstört war. Vorhin, als man sich einander vorstellte, hatte sie nur genickt, und jetzt saß sie dort wie gelähmt. Lag es an dem extravertierten Verhalten ihres Mannes? Zweifellos mußte sein überschwengliches Gebaren jeden, der nur etwas sensibel war, peinlich berühren. Nachdem die Getränkefrage geklärt war, stürzte er sich in einen umfassenden Bericht über ihre Herreise von England über Frankreich und Italien, über die Leute, die sie kennengelernt und das Wetter, das sie gehabt

hatten, von der Begeisterung über die dalmatinische Küste, die sie nun zum erstenmal bereisten, ganz zu schweigen. Iris Nyman zeigte sich nicht begeistert. Sie blickte einfach aufs Meer hinaus und goß Slibowitz in sich hinein, als wäre es Limonade.

»Wir kamen regelrecht ins Schwärmen. Man sagt, es sei das sauberste Urlaubsgebiet am ganzen Mittelmeer, und das glaube ich aufs Wort. Dubrovnik fanden wir alle toll. Was heißt alle? Wir sind zusammen mit einer Kusine meiner Frau heruntergekommen. Sie wollte zu Bekannten in Griechenland, und am Sonntag ist sie denn auch von Dubrovnik aus weiter nach Athen geflogen, und wir sind alleine hier runter.«

Dora sagte: »In Dubrovnik haben wir Sie gesehen. Auf der Stadtmauer.«

Iris Nymans Glas stieß mit einem leisen Klirren an ihre Zähne. Ihr Mann sagte: »Auf der Mauer haben Sie uns gesehen? Ach, wissen Sie, ich glaub, daran entsinne ich mich.« Er wirkte ein klein wenig betroffen. Aber noch lange nicht beirrt. »Wenn mich nicht alles täuscht, hatten wir da gerade ein bißchen Krach.«

Dora machte eine wegwerfende Bewegung mit der Hand. »Wir sind ja nur kurz an Ihnen vorbeigekommen. Es war schrecklich heiß, nicht?«

»Sie sind liebenswürdig diskret, Mrs. Wexford – oder darf ich Dora sagen? Der springende Punkt, Dora, war nämlich der: Meine Frau wollte auf einen der Berge hinauf, die dort oben sind, und ich machte ihr gerade klar, wie sinnlos das wäre. Ich meine, bei der Hitze, und überhaupt? Da sieht man auch nicht mehr als von der Mauer aus.«

»Sie konnten sie also davon abbringen?« sagte Wexford ruhig.

»Nachher schon, aber Sie kamen gerade vorbei, als das

Gefecht in vollem Gange war. Noch ein Drink, Darling? Und wie steht's mit Ihnen, Dora? Nicht doch ein Gläschen?« Sie antworteten gleichzeitig: »Noch einen Slibowitz«, und: »Recht vielen Dank, aber wir müssen gehen.« Es war lange her, daß Wexford seine Frau so verstimmt und so völlig außer Fassung erlebt hatte. Er staunte über Nymans fortdauernde Bemühungen, sein erstarrtes, aufgesetztes Lächeln.

»Lassen Sie mich raten – wohnen Sie im *Adriatic*? Er nahm das Schweigen als Zustimmung. »Wir sind im *Bosnia*. Warten Sie, was halten Sie davon, wenn wir uns, sagen wir, am Mittwoch noch mal treffen? Wir könnten doch mit meinem Wagen irgendwohin fahren.«

Da die Wexfords schon eine Verabredung hatten, ließ sich das Angebot reinen Gewissens ausschlagen. Sie sagten gute Nacht, und Wexford quittierte Nymans Beteuerung, daß sie sich wiedersehen müßten, sich nach einem so glücklichen Zusammentreffen nicht aus den Augen verlieren dürften, mit einem unverbindlichen Nicken. Seine Blicke folgten ihnen. Wexford drehte sich nicht einmal um und sah es.

»Also, wirklich!« sagte Dora, als sie außer Hörweite waren. »Was für eine unausstehliche Weibsperson!«

»Nur sehr nervös, glaube ich«, sagte Wexford nachdenklich. Er reichte ihr den Arm, und sie gingen über den Uferweg zurück. Es war sehr dunkel, die See tintenschwarz und ruhig, die Insel war nicht zu sehen. »Wenn man es sich richtig überlegt, war das alles sehr sonderbar.«

»Sonderbar? Sie war ungehobelt, und er hat sich unverschämt aufgedrängt, wenn du das sonderbar nennen willst. Ich konnte nur staunen, als er mich Dora nannte.«

»Das war nicht das Komische dabei. So werden nun mal

Urlaubsbekanntschaften geschlossen. Wahrscheinlich ging es mit Werner und Trudi ganz ähnlich.«

»Nein, Reg, überhaupt nicht. Erst mal sind wir etwa im gleichen Alter, und wir wohnen im selben Hotel. Trudi spricht ganz gut Englisch, und wir schauten den Kindern im Planschbecken zu, dabei kam sie auf ihre Enkel zu sprechen, die gerade auch so alt sind wie unsere, und so fing das an. Du gibst auch wohl zu, das ist was ganz anderes, als wenn ein Mann von dreißig in ein Lokal stolziert und sich an ein Ehepaar hängt, das alt genug ist, um seine Eltern zu sein. Ich nenne das aufdringlich.«

Wexford reagierte ungeduldig. »Mag ja alles sein. Vielleicht ist dir nicht aufgefallen, daß ein vollkommen sauberer Aschenbecher mitten auf dem Tisch stand, bevor sie sich da hinsetzten.«

»Was?« Dora blieb stehen und starrte ihn in der Dunkelheit verblüfft an.

»Es stimmt. Er muß ihn eingesteckt haben, damit er einen Vorwand hatte, um uns anzusprechen. Das war das Sonderbare. Und uns ungebeten soviel Privates zu erzählen war sonderbar. Und daß er uns bewußt angelogen hat, war am sonderbarsten. Komm jetzt, meine Liebe. Starr deinen Mann nicht so an.«

»Was meinst du damit, bewußt angelogen?«

»Als du ihm sagtest, wir hätten sie auf der Mauer gesehen, sagte er, er könnte sich daran erinnern, und wir müßten den Streit zwischen ihm und seiner Frau mit angehört haben. Das war an sich schon komisch. Warum erwähnte er es überhaupt? Was gehen uns seine häuslichen – oder von mir aus seine mäuerlichen – Zwiste an? Er sagte, sie hätten sich wegen einer Bergtour gestritten, aber im Sommer macht kein Mensch hier eine Bergtour. Außerdem entsinne ich mich noch genau, was er wirklich auf der

Mauer gesagt hat. Er sagte: ›Wir finden doch keinen, der uns rüberbringt.‹ Nun gut, damit könnte er gemeint haben, sie fänden keinen Bergführer. Aber ›man kann da nirgends landen‹? Denn das hat er gesagt, ohne jeden Zweifel. Auf Bergen landet man nicht, Dora, es sei denn, man bezwingt sie per Hubschrauber.«

»Aber warum denn? Ich frage mich, was er damit bezweckt.«

»Ich mich auch«, sagte Wexford, »aber ich bin ziemlich sicher, daß er es nicht darauf angelegt hat, Aschenbecher aus Strandrestaurants zu stibitzen.«

Sie bogen um die Landspitze, und die Lichter des Hotels *Adriatic* kamen in Sicht. Ein wenig näher noch, und sie konnten wieder ihre Gesichter erkennen. Dora sah das seine und las genügend darin, um beunruhigt zu sein.

»Du fängst mir nicht an, Detektiv zu spielen, Reg!«

»Ich kann nichts dafür, es steckt mir in den Knochen. Aber dein Urlaub soll darunter nicht leiden, das verspreche ich dir.«

Am Dienstagmorgen wartete Racics Taxiboot am Landesteg vor dem Hotel.

»Gospoda Wexford, ich bin sehr erfreut, Sie kennenzulernen.« Gewandt half er Dora in das Boot. Die Plane aus grünem Segeltuch, die jetzt aufgerollt war, verlieh ihm ein wenig das Aussehen einer Gondel. Als die Motoren ansprangen, entschuldigte sich Dora wegen des nächsten Tages.

»Cetinje wird Ihnen gefallen«, sagte Racic. »Genießen Sie es. Gospodin Wexford und ich werden eben einen Junggesellenausflug machen. Die Jungs geschlossen unter sich, hm? Haben Sie es bequem? Ein bißchen angemessener für eine Dame als das dort, hoffe ich.«

Er wies mit einer Handbewegung auf die Bucht hinaus,

wo ein Mann in einem gelbblauen Schlauchboot paddelte. Die Frau bei ihm trug einen sehr knappen Bikini. Die Nymans.

»Wenn Sie zusehen könnten, daß wir nicht an diesen Leuten vorbeikommen, Mr. Racic«, sagte Dora, »dann fände ich es in Ihrem Boot wirklich sehr angenehm.«

Racic blickte zu Wexford. »Sie haben sie kennengelernt? Sind sie Ihnen lästig gewesen?«

»Das nicht. Sie haben uns gestern abend in Mirna angesprochen, und der Mann war etwas übereifrig.«

»Ich halte mich dicht am Ufer und kreuze erst von der kleinen Halbinsel dort hinüber nach Vrt.«

Den größten Teil des Vormittags waren sie an dem kleinen kieseligen Strand von Vrt, ein Name, der nach Racics Auskunft »Garten« bedeutet, fast allein. Die dichtgedrängten Hütten weiter hinten waren überwachsen von den blauen Trichterblüten der Prunkwinde, und zwischen den Mauern ragten die schlanken Spitzen der Zypressen empor. Wexford saß im Schatten und las, während Dora sich sonnte. Das Schlauchboot kam nur einmal näher heran, doch die Wexfords blieben, vielleicht weil sie nur Badesachen trugen, unerkannt. Einmal stand Iris Nyman kurz auf und sprang mit einem mächtigen Platscher in das tiefe Wasser.

»Ungehobelt mag sie ja sein«, sagte Dora, »aber ich gebe zu, sie hat eine reizende Figur. Und mit ihren Beinen hast du dich geirrt, Reg. Ihre Beine sind tadellos.«

»Ist mir nicht aufgefallen«, sagte Wexford.

Josip brachte sie zurück. Er war ein dünner, freundlicher, braungebrannter Mann, nicht viel anders als Racic, doch er konnte kein Englisch außer »danke« und »auf Wiedersehen«. Am Nachmittag nahmen sie sein Boot noch einmal, um nach Mirna zu kommen, und verbrachten bei einer Tasse Kaffee einen ruhigen, angenehmen Abend mit Werner und Trudi Müller auf dem Balkon der Deutschen.

Der Mittwoch begann mit einem Unwetter bei Sonnenaufgang, so daß Wexford sich angesichts der Blitze und der aufgewühlten See schon fragte, ob Burden mit seiner Schönwettergarantie nicht doch zu optimistisch gewesen sei. Aber um neun war die Sonne draußen und der Himmel klar. Er brachte Dora hinaus zum Mercedes der Müllers und ging hinunter zum Landungssteg. Racics Boot glitt heran.

»Ich habe Brot und Würstchen für unser Mittagessen mitgebracht und eine Thermosflasche Posip, damit er schön kühl bleibt.«

»Das müssen wir dann zwischendurch verdrücken, denn zum Mittagessen lade ich Sie ein.«

Sie aßen schließlich in einem Lokal in Dubrovnik, nachdem Racic ihm die Insel Lokrum gezeigt hatte. Wexford lauschte mit zunehmendem Interesse den Geschichten des Bootsführers und Professors – wie die Blüte und der Wohlstand der Handelsstadt zu einer literarischen Renaissance geführt hatten, welche Rolle in Dubrovnik erbaute Schiffe in der spanischen Armada spielten, wie einst ein Erdbeben die Stadt verwüstet und fast den ganzen Staat zerstört hatte. Sie fuhren weiter nach Lopud, Sipan und Kolucep und kehrten, als die Sonne zu sinken begann, über das weite, ruhige Wasser zurück.

»Hat die kleine Insel da auch einen Namen?« fragte Wexford.

»Sie heißt ›Vrapci‹, das bedeutet ›Spatzen‹. Es soll dort Tausende von Spatzen geben, und nichts als Spatzen, denn kein Mensch fährt dahin. Man kann nirgends an Land.«

»Sie meinen, man kann mit dem Boot nicht anlegen, weil

die Felsen zu steil sind? Was ist denn mit der anderen Seite?«

»Ich fahre mal ran, dann sehen Sie es. Da ist zwar ein Strand, aber den würde niemand benutzen wollen. Warten Sie.«

Die Insel war sehr klein, vielleicht nur eine halbe Meile Umfang, und völlig überwuchert von Krüppelkiefern. An ihren Wurzeln fiel der graue Fels aus einer Höhe von etwa zehn Fuß jäh zum Wasser ab. Racic brachte das Boot herum, und sie gelangten auf die der Adria zugewandte Seite der Insel. Spatzen waren nicht zu sehen, überhaupt kein Lebenszeichen. Eingekeilt zwischen Felswänden lag ein schmaler, unansehnlicher Kiesstrand, auf den eine überhängende Kiefer tiefe Schatten warf. Ein Blick in den Himmel und hinab in diese dunkle, steinige Mulde überzeugte Wexford, daß die Sonne, wie hoch sie auch stand, niemals zu diesem Strand durchdringen würde. Nach vorn zu, wo sich der Strand zuspitzte, lag eine Felsspalte, die gerade so breit war, daß der Körper eines Menschen hindurchgelangen konnte.

»Nicht sehr verlockend«, sagte er. »Was könnte die Leute hierhin ziehen?«

»Es zieht sie nicht hierhin, soviel ich weiß. Höchstens die – nun, es gibt da einen neuen Trend, Gospodin Wexford, oder Mister, wie ich sagen sollte.«

»Sagen Sie Reg.«

Racic neigte den Kopf. »Reg, ja. Danke. Der Name gefällt mir, wenn ich ihn auch noch nie gehört habe. Es gibt also, wie gesagt, einen neuen Trend, das Nacktbaden. Eigentlich ist es in Jugoslawien nicht gestattet, weil es gegen den Anstand, die guten Sitten verstößt. Bestimmt haben Sie hier und da auf den Felsen schon den Hinweis – leider wohl in beklagenswertem Englisch – *No Nudist* gesehen.

Aber manche Leute halten sich nicht dran, besonders auf den kleinen Inseln nicht. Vrapci käme ihnen da sicher gelegen, wenn sie ein Boot und einen Fahrer fänden, der sie hinbringen würde.«

»Das Boot könnte am Strand anlegen, und die Leute könnten auf der anderen Seite hinter den Felsen in der Sonne schwimmen.«

»Wenn es gute Schwimmer sind, schon. Aber wir lassen die Finger davon, Reg; aus dem Alter, wo man sich nackt auszieht und den Hals riskiert, sind wir doch heraus, was?«

Wieder kreuzten sie über das weite Meer. Wexford blickte zurück nach den Stadtmauern, diesen von Menschenhand geschaffenen, schützenden Klippen, und brachte zögernd eine Frage vor: »Würden Sie mir nicht doch sagen, was Sie von dem Gespräch dieses englischen Ehepaars, Philip und Iris Nyman, mit angehört haben, als sie auf Ihrem Boot waren?«

»Nyman heißen die Leute?« wich er aus.

»Ich habe einen guten Grund, weshalb ich danach frage.«

»Darf ich den erfahren?«

Wexford seufzte. »Ich bin Polizeibeamter.«

Racics Gesicht wurde starr und verschlossen. »Das gefällt mir aber gar nicht. Man hat Sie hergeschickt, um die Leute zu beobachten? Das hätten Sie mir vorher sagen sollen.«

»Nein, Ivo, nein.« Wexford brachte den ungewohnten Namen ein wenig unsicher heraus. »Nein, Sie haben mich falsch verstanden. Ich hatte bis letzten Samstag von beiden nie etwas gehört oder gesehen. Aber jetzt, wo ich sie kenne und mit ihnen gesprochen habe, glaube ich, daß sie in etwas Illegales verwickelt sind. Wenn das stimmt, ist es meine Pflicht, dagegen einzuschreiten. Es sind Landsleute von mir.«

»Reg«, sagte Racic etwas besänftigt, »was ich da mit

angehört habe, kann mit keiner Straftat etwas zu tun haben. Es war persönlich und privat.«

»Sie wollen es mir nicht sagen?«

»Nein. Wir sind doch keine alten Hausfrauen, die sich mit Geklatsche über die Gartenmauern ihres *kucice* hinweg die Zeit vertreiben, oder?«

Wexford grinste. »Würden Sie denn vielleicht etwas für mich tun? Würden Sie die Leute – natürlich ganz unauffällig – wissen lassen, daß Sie die englische Sprache verstehen?«

»Sind Sie sicher, daß sie etwas Gesetzwidriges tun?«

»Bestimmt. Es muß um Drogen oder um irgendeine Art von Betrug gehen.«

Ein Schweigen entstand, während dessen Racic sich auf das Meer zu besinnen schien. Dann sagte er ruhig: »Ich vertraue Ihnen, Reg. Ja, ich werde es tun, wenn sich die Möglichkeit ergibt.«

»Dann fahren Sie nach Mirna. Sehr wahrscheinlich sind sie dort in einem der Strandrestaurants.«

Mirkos Boot kam an ihnen vorbei, als sie in den Hafen einfuhren, und Mirko schwenkte die Arme und rief: »*Dobro vece!*«

An der Anlegestelle warteten Touristen in einer Schlange, um sich zurück zum Hotel *Adriatic* oder zu dem in Vrt fahren zu lassen. Es waren vielleicht ein Dutzend Leute, und Philip und Iris Nyman bildeten den Schluß der Reihe. Es ließ sich besser an, als Wexford gehofft hatte. Die ersten vier stiegen in Josips Boot nach Vrt, die nächste Gruppe in das von Mirko, das, da es nur für acht Personen zugelassen war, die Nymans nicht mehr aufnehmen konnte.

»Hotel *Adriatic*«, sagte Philip Nyman. Dann erkannte er Wexford. »Sieh da, so trifft man sich wieder. Hatten Sie einen angenehmen Tag?«

Wexford erwiderte, er sei in Dubrovnik gewesen. Er half der jungen Frau in das Boot. Sie dankte ihm, jetzt anscheinend nicht mehr so nervös, und lächelte sogar zaghaft dabei. Der Motor sprang an, und sie stießen ab, Racic als der namenlose Bootsführer, das Zubehör, ohne das die Maschine nun mal nicht fährt.
»Gestern sah ich Sie draußen mit Ihrem Schlauchboot«, sagte Wexford.
»Tatsächlich?« Philip Nyman schien erfreut. »Heute abend können wir es allerdings nicht benutzen. Im Dunkeln ist es nicht ungefährlich, und man muß auch schon Badezeug tragen. Wir essen mit einem anderen englischen Ehepaar, das wir gestern kennengelernt haben, in ihrem Hotel und wollen nachher einen romantischen Spaziergang zurück machen.«
Sie waren weniger lässig gekleidet als sonst. Nyman trug einen beigen Safarianzug, seine Frau ein gelb und schwarz gemustertes Kleid und hochhackige Sandalen. Wexford war in Alarmbereitschaft, da er mit einer Einladung rechnete, ihnen bei dem Essen Gesellschaft zu leisten, und es überraschte ihn, daß sie nicht kam.
Die Nymans zündeten sich Zigaretten an. Wexford bemerkte, wie Racic steif wurde. Er kannte die Neigungen und Grundsätze des Mannes gut genug, um seine Einstellung zur Umweltverschmutzung nachzuempfinden. Die Zigarettenkippen würden mit Sicherheit im Meer landen. Wenn er sich über seine Fahrgäste ärgerte, konnte ihn das in der Bereitschaft, sein Versprechen zu erfüllen, nur bestärken. Doch vorläufig schwieg er. Sie fuhren um die Landspitze herum auf ein Meer, das die Sonne wie mit einer Goldhaut überzogen hatte.
»Wie schön!« sagte Iris Nyman.
»Ein Jammer, daß Sie so bald schon fort müssen.«

»Wir bleiben noch bis Samstag«, sagte Nyman, allerdings ohne den Vorschlag zu erneuern, daß sie und die Wexfords sich noch einmal treffen sollten. Die junge Frau machte einen letzten Zug an ihrer Zigarette und warf sie über Bord.

»Na ja«, sagte Nyman, »da ist schon soviel Dreck drin, daß es auf das bißchen auch nicht mehr ankommt«, womit er seine noch brennende Kippe ebenfalls in die wie Schmelzgold schimmernden Wellen schnippte.

Sie näherten sich dem Landungssteg des Hotels, und Racic stellte den Motor ab. Nyman kramte in seiner Tasche nach Münzen. Wexford stand schon auf. Er wandte sich an Racic, als der Jugoslawe die Leinen festmachte: »Es war ein großartiger Tag für mich. Meinen herzlichsten Dank.«

Er sah zwar nicht hin, konnte sich den amüsierten Blickwechsel zwischen Nyman und seiner Frau aber vorstellen, nachdem doch wieder mal ein Engländer dem bekannten Vorurteil aufgesessen war, daß jeder, der kein Schwachkopf ist, seine Sprache versteht. Racic straffte sich zu seiner nicht sehr stolzen Größe. Von seinem leichten Akzent, dem manchmal etwas ungeschickten, gespreizten Satzbau war nichts mehr zu merken. Er sprach wie jemand, der in Kensington geboren und in Oxford erzogen worden war.

»Freut mich, daß es Ihnen gefallen hat. Ich fand es auch nett. Richten Sie bitte Ihrer Frau schöne Grüße aus, und daß ich hoffe, sie bald wiederzusehen.«

Kein Laut kam von den Nymans. Als sie aus dem Boot stiegen, sagte Racic: »Geben Sie mir Ihre Hand, Madame.« Nymans Stimme klang erstickt, als er seine zwanzig Dinar bezahlte und ein Dankeschön murmelte. Zu Wexford sagten beide kein Wort. Sie sahen sich nicht mehr um. Sie gingen davon, und sein Blick folgte ihnen.

»War es so richtig, Reg? Die sinnlose Verschandelung meines Meeres hat mich angetrieben.«
Abwesend, weil er noch hinterherstarrte, sagte Wexford: »Sie haben es gut gemacht.«
»Was schauen Sie sich denn so konzentriert an?«
»Beine«, sagte Wexford. »Ich danke Ihnen nochmals. Wir sehen uns morgen wieder.«
Er ging hinauf zum Hotel, hielt dort nach ihnen Ausschau, doch sie waren nirgends in Sicht. Auf der Terrasse drehte er sich um und blickte zurück, und dort waren sie: Im Eilschritt liefen sie über den Uferweg in Richtung Mirna, die neuen Bekannten und das Dinner im *Adriatic* vergessend. Wexford ging ins Hotel und nahm den Lift hinauf zu seinem Zimmer. Dora war noch nicht zurück. Da er sich recht mitgenommen fühlte, legte er sich auf das Doppelbett. Diese neueste Wendung oder Entdeckung übertraf bei weitem alles, was er erwartet hatte. Und was jetzt? In irgendeiner Form die Polizei von Dubrovnik einschalten? Er griff zum Telefon, um den Empfang zu wählen, ließ den Hörer jedoch wieder los, als Dora hereinkam.
Bestürzt trat sie zu ihm. »Bist du in Ordnung, Schatz?«
Sein Blutdruck, sein Herz, zuviel Sonne – ihm war klar, was sie dachte. Es kam selten vor, daß er sich tagsüber ausruhte. »Natürlich, mir geht's gut.« Er richtete sich auf. »Dora, etwas ganz Merkwürdiges ...«
»Du machst wieder den Detektiv! Ich hab's geahnt.« Sie schleuderte ihre Schuhe weg und stieß die Balkontür auf. »Du hast mich nicht mal gefragt, ob ich einen schönen Tag hatte.«
»Das seh ich dir doch an. Komm rein, Liebes, mach es nicht so schwierig. Ich denke mir immer gern, daß du von allen Frauen, die ich kenne, die einzige bist, die nicht schwierig ist.« Sie sah ihn argwöhnisch an. »Hör zu«, sagte er. »Tu

mir einen Gefallen. Beschreib mir die Frau, die wir auf der Stadtmauer gesehen haben.«
»Iris Nyman? Was meinst du denn?«
»Tu's mal einfach, sei so lieb.«
»Du spinnst. Du warst wirklich zu lange in der Sonne. Aber schön, wenn es dir Spaß macht ... mittelgroß, gute Figur, sehr braun, etwa dreißig, geometrischer Haarschnitt. Sie trug ein jadegrünes Oberteil mit Halsträger und einen blaugrün-rosa Rock.«
»Jetzt beschreib die Frau, die wir am Montag bei Nyman gesehen haben.«
»Da besteht doch kein Unterschied, außer einem schwarzen Oberteil und einer Stola.«
Wexford nickte. Er stand vom Bett auf, ging an ihr vorbei zum Balkon und sagte: »Es ist nicht dieselbe Frau.«
»Was in aller Welt willst du damit andeuten?«
»Ich wünschte, das wüßte ich«, sagte Wexford, »aber ich weiß, daß die Iris Nyman, die wir auf der Stadtmauer gesehen haben, nicht die Iris Nyman ist, die ich am Montagmorgen gesehen und die ich heute abend gesehen habe.«
»Du läßt deine Phantasie mit dir durchgehen. Bestimmt, Reg. Die Haare zum Beispiel, die waren doch auffallend, und dann die Kleider und daß sie bei Philip Nyman war.«
»Begreifst du denn nicht? Das sind doch genau die Dinge, die man sich zunutze machen würde, um vorzutäuschen, daß es sich um die gleiche Frau handelt. Beim erstenmal hat keiner von uns ihr Gesicht gesehen und ihre Stimme gehört. Wir haben nur das Auffällige an ihr registriert.«
»Wie kommst du darauf, daß sie nicht dieselbe Person ist?«
»Durch ihre Beine. Die Beine sind anders. Du hast mich auf sie aufmerksam gemacht. Man könnte sagen, du hast mich überhaupt erst auf die Spur gebracht.«

Dora beugte sich über das Balkongeländer. Sie ließ die Schultern sinken. »Dann wünschte ich, ich hätte es nicht getan. Zu Hause sprichst du nie mit mir über deine Fälle. Warum also hier?«
»Es ist sonst niemand da.«
»Herzlichen Dank. Diese ganze Geschichte, daß sie nicht dieselbe Frau wäre, ist unsinnig, das hast du dir zurechtgeträumt. Weshalb sollte jemand so etwas vortäuschen wollen? Und letzten Endes, wie sollte das gehen?«
»Ganz leicht. Man braucht nichts weiter dazu als eine Komplizin von der gleichen Statur und im gleichen Alter. Am Samstag oder Sonntag ließ die Komplizin ihr Haar tönen und frisieren und übernahm Iris Nymans Kleidung. Ich will herausfinden, warum.«
Dora kehrte dem Sonnenuntergang den Rücken und sah ihn starr und eisig an. »Nein, Reg. Ich spiele nicht die Schwierige. Ich reagiere nur wie jede andere Frau, die in Urlaub fährt und feststellen muß, daß ihr Mann seinen Beruf nicht mal zwei Wochen daheim lassen kann. Das ist mein erster Auslandsurlaub seit zehn Jahren. Wenn man dich hergeschickt hätte, um die Leute zu beobachten, wenn es deine Aufgabe wäre, würde ich keinen Ton sagen. Aber du hast dich nur in etwas hineingesteigert, weil du dich nicht entspannen und die Sonne und das Meer genießen kannst wie andere Leute.«
»Na gut«, sagte ihr Mann. »Dann sieh es eben so.« Er mochte seine Frau, er schätzte sie, und daß er sie zwangsläufig oft vernachlässigen mußte, ging ihm sehr nahe. Sie auch jetzt wieder zu vernachlässigen, das mußte ihr vorkommen, als hätte sich sein eingefleischter Drang, Geheimnisse zu enträtseln, verselbständigt. »Mach nicht so ein Gorgonengesicht. Ich habe dir gesagt, daß dein Urlaub nicht darunter leiden wird, und dazu stehe ich.« Er berühr-

te ihre Wange und streichelte sie sanft. »Jetzt nehme ich erst mal ein Bad.«

Kaum mehr als zwölf Stunden später ging er über den Fußweg nach Mirna. Die Sonne war schon heiß, und ein Schnellboot fuhr draußen in der Bucht. Teppichhändler hatten ihre Ware auf dem Marktplatz ausgebreitet, und für die Durstigen, die Kaffee oder – selbst zu dieser Stunde – Pflaumenbranntwein trinken wollten, waren die Restaurants geöffnet.

Das *Bosnia*, zum größten Teil durch Pinien und Reihen von Zypressen gnädig verdeckt, wirkte aus der Nähe betrachtet mit seinen tellerförmig abgestuften Etagen und Strebebögen eher wie ein im Wald gestrandetes Ufo als wie ein Ferienhotel. Wexford überquerte einen Hof von der Größe eines Fußballfeldes und betrat ein Foyer, das dem Justizpalast einer Hauptstadt durchaus Ehre gemacht hätte. Der Empfangschef sprach gut Englisch.

»Mr. und Mrs. Nyman haben sich gestern abend abgemeldet, Sir.«

»Aber wollten sie nicht eigentlich noch drei Tage bleiben?«

»Davon ist mir nichts bekannt, Sir. Sie haben das Hotel gestern abend vor dem Essen verlassen. Mehr kann ich Ihnen nicht sagen.«

Damit hatte sich das.

»Und was hast du jetzt vor?« fragte Dora bei einem verspäteten Frühstück. »Eine wilde Verfolgungsjagd entlang der dalmatinischen Küste zu veranstalten?«

»Ich werde abwarten, was passiert. Und in der Zwischenzeit genieße ich meinen Urlaub und sorge dafür, daß du deinen genießt.« Zum erstenmal seit dem Abend vorher sah er sie lächeln und sich entspannen.

Zwar ließ ihn der Gedanke an die Nymans die ganze Zeit nicht los, doch es gelang ihm wirklich, den Rest des Urlaubs zu genießen. Mit Werner und Trudi zusammen besichtigten sie in Mostar die türkische Brücke. Mit dem Bus machten sie einen Ausflug nach Budva, und die Mitglieder des Taxiboot-Unternehmens fuhren sie von Mirna nach Vrt und hinaus nach Lokrum. Es war sein Geheimnis, daß Wexford täglich eine Londoner Zeitung kaufte, drei Tage alte Exemplare zum dreifachen Preis. Er wußte genau, weshalb er es tat, was er sich davon erhoffte oder was er befürchtete. An ihrem letzten Vormittag hätte er sich die Mühe fast erspart. Schließlich würden sie in kaum mehr als vierundzwanzig Stunden wieder daheim sein, und dort würde er auf jeden Fall etwas unternehmen müssen. Doch als er am Empfangstisch vorbeikam, alleine, weil Dora schon zum Frühstück in das Gästezimmer gegangen war, hielt ihm der Portier wie sonst auch die Zeitung hin.

Wexford bedankte sich – und es stand auf der Titelseite.

Industriellentochter verschwunden, hieß die Schlagzeile. *Strandkleidungskönig befürchtet Entführung*. Der Text darunter lautete: »Mrs. Iris Nyman, 32, kehrte gestern unerwartet von Einkäufen in der Stadt nicht in ihre Wohnung im Norden Londons zurück. Ihr Vater, Mr. James Woodhouse, Präsident der Sunsports Ltd., eines führenden Strandkleidungsunternehmens, befürchtet, daß seine Tochter einer Entführung zum Opfer gefallen sein könnte, und erwartet eine Lösegeldforderung. Die Polizei beurteilt die Situation ernst.

Mrs. Nymans Mann, der dreiunddreißigjährige Philip Nyman, sagte heute in der Wohnung des Ehepaars in Flask Walk, Hampstead: ›Meine Frau und ich waren gerade von einer Autoreise durch Italien und Jugoslawien zurückgekehrt. Am Morgen darauf ging Iris zum Einkaufen und kam nicht mehr zurück. Ich könnte wahnsinnig werden. Sie machte einen glücklichen, entspannten Eindruck.‹

Das Unternehmen von Mr. Woodhouse, zu dessen Aufsichtsrat Mrs. Nyman gehört, machte in diesem Jahr wegen einer bedeutenden Fusion von sich reden, durch die zwei große Textilfirmen von der Sunsports Ltd. übernommen wurden. Der Vorjahresumsatz der Gesellschaft lag im Bereich von 100 Millionen Pfund.«

Beigefügt war ein Foto von Iris Nyman mit dunkler Brille. Wexford wäre in schwerer Bedrängnis gewesen, hätte er sagen sollen, ob es eine Aufnahme von der Frau auf der Stadtmauer oder von der Frau in Mirna war.

Am Abend gaben sie für Racic ein Abschiedsessen im *Dubrovack*-Restaurant.

»Sagen Sie nicht, was alle immer sagen, Reg – daß Sie im nächsten Jahr wiederkommen. Jetzt finden Sie und Gospoda Wexford Dalmatien schön, aber nach ein paar Tagen läßt die Erinnerung nach. Irgend jemand wird Ihnen San Marino oder Ibiza als nächstes empfehlen, und dort fahren Sie dann hin. Ist es nicht so?«

»Ich habe gesagt, ich komme zurück«, sagte Wexford, »und es ist mir Ernst damit.« Er hob sein Glas Posip. »Aber nicht erst in einem Jahr. Es wird früher sein.«

Dreihundertundzweiundsechzig Tage früher, wie Racic dann betonte.

»Und hier bin ich und sitze im *vrt* ihres *kucica*!«

»Sie werden noch fließend Serbokroatisch lernen, Reg.«

»Leider wohl nicht. Morgen abend muß ich schon wieder in London sein.«

Sie waren in Racics Garten, auf halber Höhe des terrassenförmig abgestuften Hügels hinter Mirna, und saßen in Korbstühlen unter seinem Wein und seinen Feigen. Rosa, weißer und roter Oleander schimmerte in der Dämmerung, und über ihren Köpfen hingen Büschel kleiner grüner Trauben zwischen den Leisten eines Sonnendachs. Auf dem Tisch stand eine Flasche Posip neben den Resten eines Abendessens aus Königsgarnelen und gedünsteten Kartoffeln, Salat und Brot und großen, reifen Pfirsichen.

»Nachdem wir nun satt geworden sind«, sagte Racic, »erzählen Sie mir bitte, welche wichtige Angelegenheit es war, die Sie so erfreulich schnell wieder nach Mirna geführt hat. Geht es dabei um Mr. und Mrs. Nyman?«

»Ivo, aus Ihnen wird noch ein richtiger Polizist.«

Racic lachte und schenkte Wexford Wein nach. Dann machte er ein ernstes Gesicht. »Es ist wohl nichts zum Lachen, nichts Erfreuliches?«

»Weit davon entfernt. Iris Nyman ist tot, ermordet, wenn ich mich nicht sehr irre. Heute nachmittag begleitete ich die Polizei von Dubrovnik hinaus in die Bucht, und wir bargen ihren Leichnam aus dem Felsspalt auf Vrapci.«

»*Zaboga*! Das kann nicht Ihr Ernst sein! Die junge Frau, die im *Bosnia* wohnte und mit ihrem Mann in meinem Boot rausfuhr?«

»Nein, die meine ich nicht. Die lebt, und sie ist in Athen, von wo sie vermutlich ausgeliefert wird.«

»Das verstehe ich nicht. Erzählen Sie mir die Sache einmal von vorne.«

Wexford lehnte sich in seinem Stuhl zurück und blickte durch die Weintrauben hinauf zum violetten Himmel, wo schon die ersten Sterne erschienen. »Ich muß wohl mit der Vorgeschichte anfangen«, sagte er, und nach einer Pause: »Iris Nyman war die Tochter und das einzige Kind von James Woodhouse, dem Präsidenten einer Firma namens Sunsports Ltd., die Sport- und Strandkleidung herstellt und nach vielen Ländern exportiert. Sie heiratete schon sehr jung, als sie noch keine Zwanzig war, einen jüngeren Vertreter aus der Firma ihres Vaters. Nach der Heirat machte Woodhouse sie zum Aufsichtsratsmitglied, ließ ihr eine Menge Geld zukommen, kaufte ihr ein Haus und gab ihr einen Firmenwagen. Um ihr Gehalt und ihre Spesen zu rechtfertigen, unternahm sie regelmäßig einmal im Jahr mit ihrem Mann eine Reise zu bekannten Urlaubsorten in Europa, nach außenhin, um Sunsports-Bekleidung zu tragen und festzustellen, wer sie sonst noch trug, und auch, um sich über die Erfolge der Konkurrenz zu informieren. Wahrscheinlich machte sie einfach Urlaub.

Die Ehe war nicht gerade glücklich. Oder jedenfalls Philip Nyman nicht. Iris war ein typisch arrogantes reiches Mädchen, alles mußte nach ihrem Kopf gehen. Außerdem gehörten das Geld und das Haus und der Wagen ihr allein. Er blieb Vertreter. Vor etwa einem Jahr verliebte er sich dann in eine Kusine von Iris, eine junge Frau namens Anna Ashby. Wie es scheint, ahnte Iris davon nichts und ihr Vater mit Sicherheit auch nicht.«

»Wie haben Sie es dann ...?« unterbrach Racic.

»Bei diesen Affären gibt es immer jemanden, der Bescheid weiß, Ivo. Eine Bekannte Annas hat vor Scotland Yard ausgesagt.« Wexford hielt inne und trank an seinem Wein. »Das ist die Vorgeschichte«, sagte er. »Jetzt zu dem, was vor einem Monat etwa geschah.

Die Nymans hatten sich vorgenommen, wie üblich nach Südfrankreich zu fahren, wollten diesmal aber weiter durch Norditalien, um acht oder zehn Tage hier an der dalmatinischen Küste zu verbringen. Anna Ashby hatte geplant, einen Teil des Sommers bei Bekannten in Griechenland zu verleben, deshalb sollte sie, *auf Einladung von Iris*, die Nymans bis Dubrovnik begleiten, ihnen dort noch ein paar Tage Gesellschaft leisten und dann weiter nach Athen fliegen.

In Dubrovnik, nachdem die drei ein paar Tage dort gewesen waren, kam Iris auf die Idee, an der Insel Vrapci zu baden. Vielleicht wollte sie nackt baden, vielleicht war sie an dem ›Oben-ohne‹-Strand in St.-Tropez schon gewesen. Ich weiß es nicht. Philip Nyman hat von alledem nichts eingestanden. Bis zu dem Zeitpunkt, als ich wegfuhr, beharrte er noch darauf, daß seine Frau mit ihm nach England zurückgekehrt sei.«

»Dann war es Ihre Idee«, warf Racic ein, »daß die Leiche der jungen Frau auf der Spatzeninsel versteckt war?«

»Es war eine Vermutung«, sagte Wexford. »Erst hörte ich ein paar Worte mit an, später wurde ich belogen. Ich bin Kriminalbeamter. Ob sie am Samstag, dem 18. Juni, oder am Sonntag, dem 19., nach Vrapci gefahren sind, kann ich Ihnen nicht sagen. Es genügt, daß sie hingefahren sind – und zwar mit ihrem Schlauchboot. Zu dritt sind sie hin, aber nur zwei kamen zurück, Nyman und Anna Ashby.«

»Haben sie Mrs. Nyman umgebracht?«

Wexford sah nachdenklich drein. »Ich muß es annehmen. Natürlich besteht auch die Möglichkeit, daß sie ertrunken ist, daß es ein Unfall war. Aber hätte in diesem Fall nicht jeder normale Ehemann sofort die zuständigen Behörden verständigt? Wenn er sie tot geborgen hätte, würde er sie dann nicht mit zurückgebracht haben? Wir warten noch auf das Autopsieergebnis, aber selbst wenn der Körper keine Wunden oder Spuren von Gewaltanwendung aufweist, selbst wenn die Lungen voll Wasser sind, sollte es mich sehr wundern, wenn sich herausstellte, daß Nyman und Anna, oder einer von beiden, ihren Tod nicht beschleunigt oder zumindest zugesehen hat, wie sie ertrank.«

Beide schwiegen einen Augenblick, während Racic verdaute, was ihm Wexford erzählt hatte, und langsam mit dem Kopf nickte. Dann stand er auf und holte aus dem Haus einen Kandelaber, besann sich jedoch eines Besseren und schaltete eine elektrische Lampe an der Wand an.

»Das Licht zieht so und so die Insekten herbei, aber in der Ecke stören sie uns wenigstens nicht. Es war also diese Anna Ashby, die nach Mirna kam und sich als Mrs. Nyman ausgab?«

»Laut dem Geschäftsführer des Hotels in Dubrovnik, wo die drei gewohnt hatten, bezahlte Nyman am späten Nachmittag des Neunzehnten seine Rechnung. Keine der beiden Frauen war bei ihm. Iris war tot, und Anna war beim Friseur, um ihre Haare nach dem Schnitt und dem Farbton der Frisur ihrer Kusine herrichten zu lassen. Die Polizei hat schon den Friseur gefunden, der es gemacht hat.«

»Anschließend kamen sie hierher«, sagte Racic. »Weshalb sind sie nicht sofort zurück nach England? Und dann noch eins, in England wollten sie das Spiel doch wohl bestimmt nicht spielen? Selbst wenn sich zwei Frauen als Kusinen auch einigermaßen ähnlich sehen, durfte diese Anna doch kaum damit rechnen, einen Vater, enge Freunde oder Mrs. Nymans Nachbarn zu täuschen.«

»Die Antwort auf Ihre erste Frage ist, daß es merkwürdig ausgesehen hätte, wenn sie eine Woche früher zurückgekommen wären. Wozu auch? Das Wetter war ausgezeichnet. Nyman wollte den Eindruck erwecken, daß sie beide einen schönen, harmonischen Urlaub verbracht hätten. Nein, sein Plan ging dahin, genügend Leute hier in Jugoslawien in den Glauben zu setzen, daß Iris nach dem 19. Juni noch am Leben war. Deshalb hat er sich an uns gehängt und uns den Namen und den Wohnort entlockt. Er wollte Zeugen haben, falls sich später die Notwendigkeit ergab. Anna war nicht so kaltblütig, sie stand Todesängste aus. Aber Philip fand sogar noch zwei weitere englische ›Zeugen‹, wenn er auch, dank Ihrer Intervention, die Verabredung zum gemeinsamen Essen mit ihnen nicht einhielt.«

»Meiner Intervention?«

»Ihr ausgezeichnetes Englisch. Und jetzt können Sie mir vielleicht auch sagen, was Sie damals auf dem Boot mit angehört haben.«

Racic lachte. Seine starken weißen Zähne schimmerten im Lampenlicht. »Ich wußte, daß sie nicht Mrs. Nyman war, aber diese Auskunft hätte Ihnen damals noch gar nichts genützt, hm? Sie hatten die Dame auf der Stadtmauer gesehen, vermutlich aber nicht ihren Trauschein. Ich dachte mir, wie käme ich dazu, diesem übereifrigen Polizisten die Geheimnisse meiner Fahrgäste zu verraten? Aber jetzt, um eine Redewendung zu gebrauchen, hält mich nichts mehr, Reg. Die Frau sagte: ›Ich mache mir solche Vorwürfe, es ist schrecklich, was wir getan haben‹, und er antwortete: ›Hier denkt doch jeder, du bist meine Frau, und zu Hause wird niemand Verdacht schöpfen. Eines Tages wirst du es sein, und wir werden das alles vergessen.‹ Jetzt sagen Sie selbst, hätten Sie angenommen, daß da von Mord die Rede war oder von verbotener Leidenschaft?«

Wexford lächelte. »Nyman muß geglaubt haben, wir würden Rücksprache nehmen, Sie und ich, und zu dem ersten Schluß gelangen, oder er wußte nicht mehr, was er gesagt hatte. Denn das vergißt er ziemlich leicht.«

»Und nach ihrer Abreise?«

»Benutzte Anna den Paß von Iris, in der Hoffnung, daß er wenigstens an einem Grenzübergang gestempelt würde. Er wurde sogar an zweien gestempelt, zwischen Jugoslawien und Italien und dann noch mal in Calais. In Dover trennte sich Anna vermutlich von ihm und nahm den erstbesten Flug nach Athen. Nyman fuhr nach Hause, wo er am Abend des 28. eintraf, genau dem Datum, an dem er und Iris vorgehabt hatten zurückzukommen. Am Nachmittag darauf erklärte er seinem Schwiegervater und der Polizei, Iris sei verschwunden.«

»Er hoffte offensichtlich«, sagte Racic, »daß die Suche nach ihr oder ihrem Leichnam auf England beschränkt bleiben würde, weil er unumstößliche Beweise dafür besaß, daß sie noch in Mirna bei ihm gewesen und mit ihm nach England zurückgereist war. Niemand wäre darauf gekommen, sie hier zu suchen, weil es viele Zeugen dafür gab, daß sie lebendig von hier weggefahren war. Aber was erhoffte er sich davon? Denn eins steht fest, wenn Ihre Gesetze so sind wie unsere, und ich glaube, darin stimmen sie allgemein überein, dann hätte es ohne ihre Leiche doch wohl Jahre gedauert, bis er ihr Vermögen geerbt oder wieder hätte heiraten können?«

»Sie dürfen nicht vergessen, daß es kein vorsätzlicher Mord war. Es muß spontan, ohne Überlegung passiert sein. Also wird die Leiche versteckt, an einer Stelle, wo man sie vielleicht nie findet, oder erst, wenn sie nicht mehr zu identifizieren ist, er erklärt, daß seine Frau in England verschwunden ist, und sichert sich so das Mitgefühl seines mächtigen Schwiegervaters, der ihm zweifellos Iris' Haus als Wohnung überläßt und Iris' Wagen zur Verfügung stellt. Er behält seinen Job, den er im Falle einer Scheidung von Iris verloren hätte, und sehr wahrscheinlich wird ein Teil ihrer Einkünfte, wenn nicht alles, auf ihn überschrieben. Anna entfärbt sich die Haare – von Natur aus sind sie braun –, läßt sie nachwachsen, kehrt nach Hause zurück, und sie nehmen ihre freundschaftlichen Beziehungen wieder auf. Eines Tages wird Iris für tot erklärt, und ihrer Heirat steht nichts mehr im Wege.«

Racic schnitt sich eine Scheibe Brot ab und knabberte an

einer Olive. »Das leuchtet mir ja alles ein oder fast alles. Ich begreife wohl, daß das Komplott, wären Sie nicht in Mirna gewesen, aller Wahrscheinlichkeit nach geglückt wäre. Was ich nicht verstehe, ist folgendes. Wenn diese Frau sich doch so stark dem Äußeren der Frau anpaßte, die Sie auf der Mauer gesehen haben, wenn sie die gleiche Frisur, dieselbe Kleidung trug – aber ich bin ja nicht dumm! Sie haben ihr Gesicht gesehen.«

»Ich habe weder ihr Gesicht gesehen noch ihre Stimme gehört. Dora und ich sahen sie nur ganz kurz an und außerdem nur von hinten.«

»Das geht über meinen Verstand.«

»Die Beine«, sagte Wexford. »Die Beine waren anders.«

»Aber, mein lieber Reg, mein lieber Polizist, zweifellos sieht doch das Bein der einen braungebrannten, schlanken jungen Frau dem einer anderen ganz ähnlich. Oder hatte sie ein Muttermal oder vielleicht eine Krampfader?«

»Nicht daß ich wüßte. Das einzige Mal, als ich die echte Iris Nyman sah, trug sie einen Rock, der ihre Beine bis halb über die Waden bedeckte. Eigentlich war nur sehr wenig von den Beinen zu sehen.«

»Dann bin ich ratlos.«

»Die Fesseln«, sagte Wexford. »Es gibt zwei Arten auf der Welt, wie Fesseln normalerweise geformt sind, und den Unterschied erkennt man nur von hinten. Bei der einen Art scheint die Wade durch einen sich zwar verjüngenden, aber nicht ausgeprägten Schaft in die Ferse überzugehen. Bei der anderen, dem schöneren Typ, bildet die Achillessehne einen langen, schlanken Schaft mit tiefen Mulden zu beiden Seiten unterhalb der Knöchel. Ich sah Iris Nymans Beine nur von hinten, und bei ihr war die Achillessehne nicht sichtbar. Es war ein schwacher Punkt in ihrer Erscheinung. Als ich zum erstenmal Anna Ashbys Beine von hinten betrachtete, das war, als sie aus Ihrem Boot stieg, bemerkte ich den langen Schaft der Sehne, der in den Muskel einer wohlgeformten Wade überleitete. Ihre Beine hatten keinen schwachen Punkt, aber diesen Vorzug könnte man ihre Achillesferse nennen.«

»*Zaboga*! Schönheit was? Nur zwei Sorten auf der Welt?« Racic streckte seinen Fuß vor und rollte sein Hosenbein hoch. Wexford hatte seines schon hochgeschoben. Im Schein der Lampe beguckten sie gegenseitig von hinten ihre Waden. »Ihre sind in Ordnung«, sagte Racic, »sie sind sogar richtig gut. Von der schönen Sorte.«

»Und Ihre genauso, Sie alter Professor und Bootsführer.« Racic brach in Gelächter aus. »*Tesko meni!* Zwei ältere Herren, die es besser wissen müßten, entblößen ihre Glieder zu einem Wettstreit um die schönsten Fesseln. Was wohl als nächstes kommt?«

»Na, ich sollte zwar nicht«, sagte Wexford,«aber als nächstes, denke ich, trinken wir den Posip aus.«

DAS FASZINIERENDE PROBLEM MIT ONKEL MELEAGERS TESTAMENT

Dorothy Sayers

Sie machen so ein bekümmertes Gesicht, Bunter«, sagte Seine Lordschaft freundlich zu seinem Diener. »Kann ich Ihnen irgendwie helfen?«

Des Getreuen Miene hellte sich auf, während er die graue Hose seines Herrn aus dem Spannbügel nahm.

»Vielleicht können Eure Lordschaft so freundlich sein und mir ein Wort mit sieben Buchstaben und einem P in der Mitte nennen, das etwas mit Zwei zu tun hat.«

»Doppelt«, sagte Lord Peter wie aus der Pistole geschossen.

»Danke, Mylord, das hatte ich auch schon gedacht, aber es paßt leider nicht.«

»Dann eben nicht«, sagte Lord Peter. »Wie steht's mit meinem Bad?«

»Es müßte gleich fertig sein, Mylord.«

Lord Peter Wimsey schwang seine seidenbekleideten Beine über die Bettkante und dehnte sich wohlig. Es war ein schöner Juni in diesem Jahr. Durch die offene Tür sah er die Dampfwölkchen, die sich einladend durch einen gelben Sonnenstrahl kräuselten. Jeder seiner Schritte in Richtung Bad war ein bewußter Akt des Genießens. Mit seinem etwas belegten, hellen Tenor schmetterte er ein paar Töne von *»Maman, dîtes-moi«*, dann kam ihm plötzlich ein Gedanke, und er kehrte noch einmal um.

»Bunter!«

»Mylord?«

»Keinen Speck heute morgen. Der Geruch paßt heute nicht.«
»Ich hatte an Rühreier gedacht, Mylord.«
»Ausgezeichnet. Buttergelb. Das richtige Beaconsfield-Gefühl«, sagte Seine Lordschaft beifällig.
Sein Gesang erstarb in einem verzückten Schmachtlaut, als er in das nach Verbenaöl duftende Wasser stieg. Sein Blick glitt abwesend über die hellblau und weiß gekachelten Badezimmerwände.
Mr. Bunter hatte sich in die Küche verzogen, um den Kaffee aufzusetzen, als die Glocke ertönte. Überrascht eilte er zurück ins Schlafzimmer. Es war leer. Mit zunehmender Verwunderung stellte er fest, daß es die Badezimmerglocke gewesen sein mußte. Das Wort »Herzanfall« schoß ihm durch den Kopf, aber gleich trat an seine Stelle der noch beklemmendere Gedanke: »Keine Seife.« Fast angstvoll öffnete er die Tür.
»Eure Lordschaft haben geläutet?« fragte er den Kopf, der als einziges von Lord Peter noch zu sehen war.
»Ja«, sagte Seine Lordschaft unvermittelt. »Gespann.«
»Wie meinen, Mylord?«
»Gespann. Wort mit sieben Buchstaben, das mit Zwei zu tun hat. Ein P in der Mitte. Zwei Pferde. Ein Gespann.«
Auf Bunters Gesicht machte sich Seligkeit breit.
»Zweifellos richtig«, sagte er, indem er einen kleinen Zettel aus der Tasche zog und das Wort mit Bleistift eintrug. »Ich bin Eurer Lordschaft zutiefst verbunden. In diesem Fall muß der gute Koch mit sechs Buchstaben, der auf R endet, Hunger heißen.«
Lord Peter entließ ihn mit einer Handbewegung.

Als Lord Peter ins Schlafzimmer zurückkam, staunte er nicht schlecht, seine Schwester Mary dort in seinem höchsteigenen Sessel sitzen und seine Rühreier verzehren zu sehen. Er begrüßte sie mit freundschaftlicher Bissigkeit und erkundigte sich, was sie zu so gottloser Stunde zu ihm führe.

»Ich reite mit Freddy Arbuthnot aus«, antwortete Ihre Ladyschaft, »was du ja schon an meinen Beinkleidern sehen könntest, wenn du wirklich der große Sherlock Holmes wärst, für den du dich ausgibst.«

»Auf Reiten war ich schon gekommen«, erwiderte ihr Bruder, »aber ich muß zugeben, daß Freddys Name für meine Vorfrühstücksaugen nicht mit Großbuchstaben auf den Knien deiner Reithose stand. Aber warum der Besuch?«

»Einfach weil du am Weg wohnst«, sagte Lady Mary, »und ich sonst schon den ganzen Tag beschäftigt bin, und weil ich möchte, daß du heute abend mit mir in den Sowjet-Club essen gehst.«

»Großer Gott, Mary, wozu denn das? Du weißt, wie ich dieses Lokal hasse. Miserable Küche, unrasierte Männer, und die Gespräche bringen mich auf die Palme. Und als ich das letzte Mal dort war, hat mir außerdem dein Freund Goyles eine Kugel in die Schulter verpaßt. Ich dachte übrigens, du hättest den Sowjet-Club aufgegeben.«

»Es geht auch nicht um mich, sondern um Hannah Marryat.«

»Was, dieses verbiesterte junge Mädchen mit dem schlechten Haarschnitt und den Schnürschuhen?«

»Sie konnte sich eben noch nie einen guten Friseur leisten. Und das ist genau der Punkt, an dem ich deine Hilfe brauche.«

»Mein liebes Kind, ich kann ihr doch nicht die Haare schneiden. Vielleicht Bunter. Er kann ja fast alles.«

»Unsinn! Nein, aber sie hat – das heißt, sie hatte – einen Onkel, so einen reichen, knickrigen, der nie einem andern mal einen Penny abgab. Also, dieser Onkel ist jetzt tot, und sie können sein Testament nicht finden.«

»Vielleicht hat er keins gemacht.«

»O doch, er hat. Er hat es ihr sogar geschrieben. Aber der gemeine Kerl hat es versteckt, und jetzt können sie es nicht finden.«

»Ist das Testament zu ihren Gunsten?«

»Ja.«

»Wer ist der nächste Verwandte?«

»Sie und ihre Mutter sind die einzigen, die von der Familie noch übrig sind.«

»Na, dann braucht sie sich ja nur zu gedulden, und irgendwann kriegt sie das Geld.«

»Nein – denn dieser schreckliche Alte hat zwei Testamente gemacht, und wenn sie das letzte nicht finden, wird das erste für gültig erklärt. Das hat er ihr genau auseinandergesetzt.«

»Aha, verstehe. Übrigens, ich dachte, sie wäre Sozialistin.«

»Und wie. Man kann sie da wirklich nur bewundern. Sie hat großartige Arbeit geleistet.«

»O ja, ich kann es mir vorstellen. Aber dann verstehe ich nicht, warum sie so scharf auf Onkelchens Taler ist.«

Mary mußte leise lachen.

»Haha, aber das ist es ja, womit Onkel Meleager – «

»Onkel *was?*«

»Meleager. So hieß er. Meleager Finch.«

»Oh!«

»Ja – und das hat er eben so raffiniert eingefädelt. Wenn sie das neue Testament nicht findet, tritt das alte in Kraft, und dann geht jeder Penny an die Primelliga.«

Lord Peter stieß einen kleinen Freudenschrei aus.

»Bravo, Onkel Meleager! Weißt du, Polly, ich bin doch nun allenfalls ein Konservativer. Jedenfalls gewiß kein Roter.

Warum soll ausgerechnet ich helfen, der Primelliga das schöne Geld wegzuschnappen, damit die Dritte Internationale es kriegt? Onkel Meleager ist ein feiner Kerl. Er gefällt mir allmählich.«

»Oh – aber Peter, ich glaube wirklich nicht, daß sie das Geld dahin geben würde. Wenigstens im Moment nicht. Die beiden sind so schrecklich arm, und Hannahs Mutter braucht irgendeine furchtbar schwierige Operation oder so was Ähnliches und müßte im Ausland leben, darum ist es doch so wichtig, daß sie das Geld bekommen. Und vielleicht wäre Hannah ja auch gar nicht so rot, wenn sie je einen Penny besessen hätte. Außerdem könntest du ja für deine Hilfe die Bedingung stellen, daß sie zu Bresil geht und sich mal ordentlich frisieren läßt.«

»Du bist eine alte Zynikerin«, sagte Seine Lordschaft. »Aber es würde mir schon Spaß machen, mir einmal Onkel Meleager vorzuknöpfen. War er wenigstens so entgegenkommend, ein paar Hinweise zu geben, wo das Testament zu finden sein könnte?«

»Er hat einen ganz komischen Brief geschrieben, aus dem wir vorn und hinten nicht schlau werden. Komm doch heute abend mit in den Club, dann zeigen wir ihn dir.«

»Abgemacht. Ist sieben Uhr recht? Und hinterher könnten wir ins Varieté gehen. Würde es dir etwas ausmachen, hier jetzt zu verschwinden? Ich möchte mich nämlich anziehen.«

Der Sowjet-Club trifft sich zum Dinieren in einem niedrigen Kellergewölbe, in dem man vor lauter Krach sein eigenes Wort nicht mehr versteht. Heiße Diskussionen um ethische und soziologische Fragen sowie die neuesten Verse aus den modernen Dichterschulen vermengen sich hier mit dem Rauch unzähliger Zigaretten und schaffen eine Luft zum Zersägen, durch die eine Anzahl flächiger, geometrischer Wandgemälde verschwommen auf die Zecher herabblicken. Für Ellbogen und andere Körperteile bleibt schmerzlich wenig Platz. Lord Peter – die Füße unter den Stuhl gezogen, um den verirrten Tritten der derben Schnürschuhe seines Gegenübers zu entgehen – empfand akut die unbekömmliche Körperhaltung und ein überhitztes Gefühl um den Kopf herum. Er hatte es schwer, aus Hannah Marryat irgendwelche Antworten herauszubekommen. Unter ihren dichten, schlecht geschnittenen Haarfransen sah sie ihn mit ihren dunklen, brütenden Augen düster an. Zugleich aber glaubte er, dahinter eine große Vitalität zu spüren. Er stellte sich plötzlich vor, welch unvermutete Lebensfreude sie hervorkehren könnte, wenn es nur erst gelänge, sie aus dieser Abwehrhaltung und der vermeintlichen Verpflichtung zum Ernstsein herauszulocken. Sein Interesse war erwacht, aber er fühlte sich beengt. Zu seiner großen Erleichterung schlug Mary vor, sie sollten ihren Kaffee oben trinken.

Sie fanden eine stille Ecke mit bequemen Sesseln.

»Also«, sagte Mary aufmunternd.

»Sie müssen natürlich wissen«, erklärte Miss Marryat mit Trauermiene, »daß ich nie etwas wegen des Geldes unternehmen würde, wenn Onkel Meleagers anderes Testament nicht so himmelschreiend ungerecht und meine Mutter nicht so krank wäre. Aber wenn es um 250.000 Pfund geht und man wirklich etwas Gutes damit anfangen könnte – «

»Natürlich«, sagte Lord Peter, »es geht nicht ums Geld, sondern, wie die schöne alte Binsenweisheit lautet, ums Prinzip. Recht so. Jetzt schlage ich vor, wir werfen einmal einen Blick auf Onkel Meleagers Brief.«

Miss Marryat kramte in einer sehr großen Handtasche und reichte ihm das Papier herüber.

Es war Onkel Meleagers Brief, datiert zwölf Monate zuvor in Siena:

»Liebe Hannah – wenn ich einmal sterbe – was ich nach eigenem Gutdünken zu tun beabsichtige und nicht nach den Wünschen meiner Familie –, wirst Du endlich einmal meinen Geldwert feststellen. Er ist natürlich erheblich geringer, als Du gehofft hast, und kann, wie ich Dir versichere, bei weitem nicht meinen wahren Wert in den Augen des Kenners wiedergeben. Ich habe gestern mein Testament gemacht und mein ganzes Vermögen mit allem, was dazugehört, der Primelliga vermacht – einer Körperschaft, die nicht minder einfältig ist als andere in unserm lächerlichen Staate auch, jedoch den Vorzug hat, Dir ganz besonders gegen den Strich zu gehen. Dieses Testament wird man im Safe meiner Bibliothek finden.

Indessen habe ich keineswegs vergessen, daß Deine Mutter meine Schwester ist und Du und sie meine einzigen lebenden Anverwandten seid. Aus diesem Grunde werde ich mir das Vergnügen machen, heute ein zweites Testament aufzusetzen, welches das andere außer Kraft setzt und das ganze Geld Dir zuspricht. Ich war schon immer der Überzeugung, daß Frauen zur Frivolität geboren sind. Eine Frau, die vorgibt, seriös zu sein, vergeudet ihre Zeit und läßt ihr Äußeres verkommen. Ich finde, Du hast Deine Zeit in wirklich erschreckendem Ausmaß vergeudet, und darum werde ich dieses Testament in einer Weise verstecken, daß Du es ganz gewiß nicht findest, außer durch eine länger anhaltende Anwandlung von Frivolität.

In der Hoffnung, daß Du es fertigbringen wirst, frivol genug zu sein, um mich doch noch zu beerben, grüßt Dich

Dein Dir zugetaner
Onkel Meleager«

»Könnten wir diesen Brief nicht als Beweis für die Absichten des Erblassers anführen und das andere Testament anfechten?« fragte Mary besorgt.
»Ich fürchte, nein«, sagte Lord Peter. »Seht mal, es gibt ja keinen Beweis dafür, daß dieses zweite Testament wirklich je geschrieben wurde. Obwohl wir vermutlich die Zeugen ausfindig machen könnten.«
»Das haben wir schon versucht«, sagte Miss Marryat, »aber sehen Sie, Onkel Meleager reiste damals gerade im Ausland herum, und wahrscheinlich hat er sich irgendwelche obskuren Leute in irgendeinem obskuren italienischen Nest geholt, um das Testament bezeugen zu lassen. Wir haben schon eine Annonce aufgegeben, aber keine Antwort darauf bekommen.«
»Hm. Onkel Meleager scheint nichts dem Zufall überlassen zu haben. Überhaupt sind Testamente eine Sache für sich, genau wie Notare und Scheidungsanwälte. Das Nächstliegende ist, nach dem zweiten Testament zu suchen. Tauchen die Hinweise, von denen er spricht, irgendwo in seinen Papieren auf?«
»Wir haben alles durchgesehen. Und natürlich haben wir das Haus vom Dach bis zum Keller nach dem Testament durchsuchen lassen. Aber es war vollkommen nutzlos.«
»Sie haben natürlich nichts vernichtet, oder? Wer waren die Vollstrecker des Testaments zugunsten der Primelliga?«
»Meine Mutter und Mr. Sands, Onkel Meleagers Anwalt. In dem Testament wurde meiner Mutter für ihre Mühen eine silberne Teekanne vermacht.«
»Onkel Meleager gefällt mir immer besser. Immerhin ist er sportlich an die Sache herangegangen. Der Fall macht mir langsam Spaß. Wo wohnte Onkel Meleager eigentlich?«

»In einem alten Haus unten in Dorking. Ein ziemlich komisches Gemäuer. Irgend jemand hatte die Idee, dort so eine Art römische Villa zu bauen, mit der Veranda hinten, Säulen und einem Bassin in der Vorhalle und Statuen. Jetzt ist es ganz nett dort, aber im Winter ist es entsetzlich kalt mit den Steinböden und Steintreppen und einem Oberlicht über der Halle! Mutter meinte, Sie wären vielleicht so freundlich, mit hinzufahren und es sich anzusehen.«

»Ich kann es kaum erwarten. Können wir gleich morgen losfahren? Ich verspreche Ihnen, wir werden frivol genug sein, um selbst Onkel Meleager zu gefallen, wenn nur Sie auch Ihren Teil dazu tun, Miss Marryat. Sollen wir, Mary?«

»Natürlich! Und – hör mal, sollten wir jetzt nicht lieber aufbrechen, wenn wir noch ins Pallambra wollen?«

»Ich gehe nie ins Varieté«, sagte Miss Marryat ungnädig.

»Oh, aber heute abend *müssen* Sie mitkommen«, versuchte Seine Lordschaft sie zu überreden. »Das ist so frivol. Denken Sie nur, wie das Onkel Meleager gefallen würde!«

So sah denn der nächste Tag die ganze Gesellschaft, nicht ohne den unentbehrlichen Mr. Bunter, in Onkel Meleagers Haus versammelt. Solange die Testamentsfrage nicht geklärt war, hatte Mr. Finchs Testamentsvollstreckerin und nächste Angehörige allen denkbaren Grund, in diesem Haus zu wohnen und somit alle Möglichkeiten für die »Schatzsuche« zu bieten, wie Lord Peter das Unternehmen nannte. Nachdem sie Mrs. Marryat vorgestellt worden waren, die als Invalide in ihrem Zimmer blieb, ließen Lady Mary und ihr Bruder sich von Miss Marryat das übrige Haus zeigen und erklären, mit welcher Gewissenhaftigkeit die bisherige Suche durchgeführt worden war. Jedes

Blatt Papier war geprüft, jedes Buch in der Bibliothek Seite für Seite durchgeblättert, alle Wände nach Verstecken abgeklopft, alle Dielen herausgerissen worden, doch ohne Ergebnis.

»Wissen Sie was?« meinte Seine Lordschaft. »Ich bin sicher, daß Sie die Sache von der falschen Seite angegangen sind. Mein Gedanke ist, daß Onkel Meleager ein Mann war, der zu seinem Wort stand. Wenn er ›frivol‹ sagte, dann meinte er auch richtig frivol. Irgend etwas furchtbar Albernes. Ich frage mich nur, was das sein könnte.«

Er fragte sich das immer noch, als er zum Umziehen nach oben ging. Bunter steckte soeben Manschettenknöpfe in sein Hemd. Lord Peter sah ihn nachdenklich an, dann fragte er:

»Ist noch jemand von Mr. Finchs altem Personal hier?«

»Ja, Mylord. Die Köchin und die Haushälterin. Und die beiden sagen, er sei ein wunderbarer alter Herr gewesen. Dreiundachtzig Jahre, aber noch so auf dem laufenden, wie man es sich nur wünschen kann. Er hatte sein Radio im Schlafzimmer und genoß jeden Abend seines Lebens die Savoy-Orchester. Er verfolgte die Politik und wußte über die neuesten großen Strafprozesse immer bestens Bescheid. Wenn eine junge Dame ihn besuchen kam, sah er ihr Haar gern geschnitten und ihre Kleidung nach der neuesten Mode. Sie sagen, er habe sich auf Kreuzworträtsel gestürzt, als sie aufkamen, und sie nicht nur erstaunlich flink gelöst, Mylord, sondern auch selbst welche erfunden. Einmal hat er dafür im *Daily Yell* einen Preis von zehn Pfund gewonnen, und darüber soll er sich riesig gefreut haben, Mylord, obwohl er doch so reich war.«

»Wahrhaftig?«

»Ja, Mylord. Davor war er, wie sie sagen, ein großer Liebhaber von Akrostichen, aber als dann die Kreuzworträtsel aufkamen, warf er seine Akrostichen weg und sagte, das neue Spiel gefalle ihm besser. Er scheint, wenn ich das sagen darf, für so einen alten Herrn noch sehr beweglich gewesen zu sein.«

»So so, beim Zeus!« sagte Seine Lordschaft geistesabwesend, und dann mit plötzlichem Feuer:

»Bunter, ich würde am liebsten Ihr Gehalt verdoppeln, aber das würden Sie wahrscheinlich als Beleidigung auffassen.«

Die Unterhaltung trug ihre Früchte beim Abendessen.

»Was ist eigentlich aus Onkel Meleagers Kreuzworträtseln geworden?« erkundigte sich Seine Lordschaft.

»Kreuzworträtsel?« meinte Hannah Marryat, die dichten Brauen zusammengezogen. »Ach, diese Dinger! Der arme Alte war ganz verrückt danach. Er ließ sich jede Zeitung schicken und versuchte noch im letzten Stadium seiner Krankheit, die Kästchen auszufüllen. Das war noch schlimmer als mit seinen Akrostichen und Puzzlespielen. Ich fürchte, der Ärmste muß völlig senil gewesen sein. Natürlich haben wir sie durchgesehen, aber sie gaben nichts her. Wir haben sie auf den Speicher gebracht.«

»Der Speicher gehört mir«, sagte Lord Peter.

»Und mir«, sagte Mary. »Ich glaube nicht, daß Onkel Meleager im mindesten senil war.«

Es war ein warmer Abend, und sie hatten in dem kleinen Viridarium hinter dem Haus mit seinen hohen Vasen, hängenden Blumenkörben und kleinen Marmorstatuen gegessen.

»Gibt es hier überhaupt einen Speicher?« fragte Peter. »Es kommt mir so – so widersprüchlich vor, ein Speicher in diesem Haus.«

»Es ist auch nur ein scheußliches enges kleines Loch über dem Hauseingang«, sagte Miss Marryat, indem sie aufstand

und voranging. »Vorsicht, fallen Sie nicht ins Bassin. Es ist so unpraktisch, so ein Ding an dieser Stelle, vor allem abends. Ich sage immer, die Leute sollen das Licht anlassen.«
Lord Peter warf einen Blick in das kleine Impluvium mit seinem Boden aus roten, weißen und schwarzen Kacheln.
»Kein sehr klassisches Motiv«, bemerkte er.
»Nein. Onkel Meleager hat sich immer darüber beschwert und wollte es abändern lassen. Früher war einmal ein richtiges Mosaik darin, aber das wurde beschädigt, und der Mann, dem das Haus vor Onkel Meleager gehörte, hat es von irgendeinem hiesigen Trottel ausbessern lassen. Gleichzeitig wurden im Eßzimmer drei Erkerfenster eingebaut, die es natürlich viel heller machen, aber schrecklich aussehen. Diese Kachelung hier ist aber in Ordnung. Die hat Onkel Meleager selbst einbauen lassen.«
Sie zeigte auf einen Mosaikhund an der Schwelle mit dem Spruch »cave canem«, und Lord Peter erkannte ihn als die Kopie eines pompejanischen Originals.
Eine schmale Treppe führte sie zum »Speicher«, wo die Wimseys sich voll Begeisterung auf einen dicken Stapel verstaubter alter Zeitungen und Manuskripte stürzten. Die letzteren sahen erfolgversprechender aus, also nahmen sie sich diese zuerst vor. Es war eine Sammlung von Kreuzworträtseln in handschriftlicher Form – wahrscheinlich Onkel Meleagers eigene geistige Produkte. Das Feld, die Liste der Definitionen und die Lösung waren jedesmal säuberlich zusammengeheftet. Einige (zweifellos frühe Versuche) waren kinderleicht, aber andere waren schwierig und arbeiteten mit Andeutungen und Wortspielen; manche hatten die gewöhnliche Zeitungsform, andere wieder waren gereimt. Sie nahmen sich die Lösungen eingehend vor und suchten in den Definitio-

nen nach Akrostichen oder versteckten Wörtern, aber lange vergeblich.

»Das hier ist ein komisches«, sagte Mary, »da scheint überhaupt nichts zu passen. Oh, das sind zwei, die zusammengeheftet sind! Nein, doch nicht – aber ja – sie sind nur falsch zusammengeheftet. Peter, hast du irgendwo das Diagramm gesehen, das zu diesen Stichworten paßt?«

»Welches soll das sein?«

»Nun, es ist ziemlich komisch numeriert, mit römischen und arabischen Ziffern, und es fängt mit etwas an, was überhaupt keine Nummer hat:

Die Wahrheit, armes Kind, war niemandes Tochter;
warf ab ihre Kleider und sprang ins Wortmeer.«

»So ein frivoler alter Kerl!« sagte Miss Marryat.

»Fri... he, gebt mal her!« rief Lord Peter. »Seht euch das an. Aber hören Sie mal, Miss Marryat, das hätten Sie wirklich nicht übersehen dürfen.«

»Ich dachte, das gehört nur zu dem anderen Diagramm.«

»Das nicht. Es ist anders. Ich glaube, das ist es, was wir suchen. Hört mal zu:

Deine Hoffnung, reich zu sein,
geht hier in den Himmel ein.

Das ist auf Sie gemünzt, Miss Marryat. Mary, such überall. Wir müssen das Diagramm hierzu finden.«

Doch obwohl sie wirklich alles umkrempelten, fanden sie nirgends ein Diagramm mit römischen und arabischen Zahlen.

»Hölle und Schwefel!« schimpfte Peter. »Es muß so angelegt sein, daß es zu einem von diesen anderen paßt. Hört mal zu! Ich weiß, was er gemacht hat. Er hat einfach ein Diagramm mit fünfzehn Feldern waagerecht und senkrecht genommen und es in der einen Richtung mit römischen und in der anderen mit arabischen Zahlen numeriert. Ich wette, es paßt zu dem, mit dem es zusammengeheftet war.«

Aber das Diagramm, mit dem es zusammengeheftet war, hatte nur dreizehn Felder.

»Hol's der Kuckuck«, sagte Seine Lordschaft, »wir werden alles nach unten tragen und durcharbeiten müssen, bis wir das gefunden haben, zu dem es paßt.«

Er nahm sich einen großen Packen Zeitungen und ging als erster hinaus. Die andern folgten, jeweils auch mit einem Armvoll. Die Suche hatte einige Zeit gedauert, und das Atrium lag schon im Halbdunkel.

»Wohin soll ich die Sachen bringen?« rief Peter über die Schulter zurück.

»He!« rief Mary, und: »Passen Sie auf, wohin Sie treten!« rief ihre Freundin.

Beide Warnungen kamen zu spät. Ein Platschen und Spritzen verriet, daß Lord Peter wie Hans-guck-in-die-Luft mit Zeitungen und allem über den Rand des Impluviums getreten war.

»Du Esel!« rief Mary.

Seine Lordschaft kam prustend herausgeklettert, und Hannah Marryat brach unvermittelt in das erste Lachen aus, das Peter je von ihr gehört hatte.

»Die Wahrheit, so heißt es, war niemandes Tochter;
warf ab ihre Kleider und sprang ins Wortmeer«,

deklamierte sie.

»Ich konnte mir ja wohl nicht gut in Ihrer Gegenwart die Kleider ausziehen, oder?« knurrte Lord Peter. »Wir müssen die Zeitungen herausfischen. Ich fürchte, sie sind ein wenig feucht geworden.«

Miss Marryat knipste das Licht an, und sie begannen das Bassin leerzufischen.

»Die Wahrheit, armes Kind – « begann Lord Peter, und plötzlich stieß er einen kleinen Schrei aus und fing an, auf dem marmornen Beckenrand zu tanzen.

»Eins, zwei, drei, vier, fünf, sechs – «

»Total verrückt geworden«, sagte Mary. »Wie soll ich das nur Mutter beibringen?«

»Dreizehn, vierzehn, fünfzehn!« rief Seine Lordschaft und setzte sich, naß wie er war und ganz erschöpft von der eigenen Aufregung, plötzlich hin.

»Geht's dir langsam besser?« fragte seine Schwester bissig.

»Mir geht's gut. Ausgezeichnet. Allerbestens. Ich *liebe* Onkel Meleager. Fünfzehn Quadrate in beiden Richtungen. Seht es euch mal an. *Seht's* euch an. Die Wahrheit ist im Wasser. Hat er das nicht gesagt? O Freudentag! Juhu, juchhe! Ich frohlocke. Mary, was ist aus den Definitionen geworden?«

»Die sind in deiner Tasche, ganz naß«, sagte Mary.

Lord Peter riß sie eilends heraus.

»Alles klar, sie sind noch nicht zerlaufen«, sagte er. »O liebster Onkel Meleager. Können Sie das Impluvium ablassen, Miss Marryat, und uns etwas Holzkohle besorgen? Inzwischen ziehe ich mir trockene Sachen an, und dann gehen wir gleich an die Arbeit. Sehen Sie es denn nicht? Da ist unser fehlendes Diagramm, auf dem Boden des Bassins!«

Es nahm jedoch einige Zeit in Anspruch, das Bassin zu leeren, und erst am andern Morgen ließ die Gesellschaft, mit Holzkohlestücken bewaffnet, sich auf dem Boden des Impluviums nieder, um auf den Marmorkacheln Onkel Meleagers Kreuzworträtsel zu lösen. Ihr erstes Problem war, ob sie die roten Kacheln als Leerstellen ansehen oder ausfüllen mußten, doch nachdem ein paar Wörter gelöst waren, nahm der Aufbau des Rätsels Gestalt an. Die Schatzsucher erhitzten sich immer mehr und wurden immer schwärzer von der Kohle, während der aufmerksame Mr. Bunter zwischen Atrium und Bibliothek hin und her rannte und die Nachschlagewerke auf dem Beckenrand sich immer höher türmten.

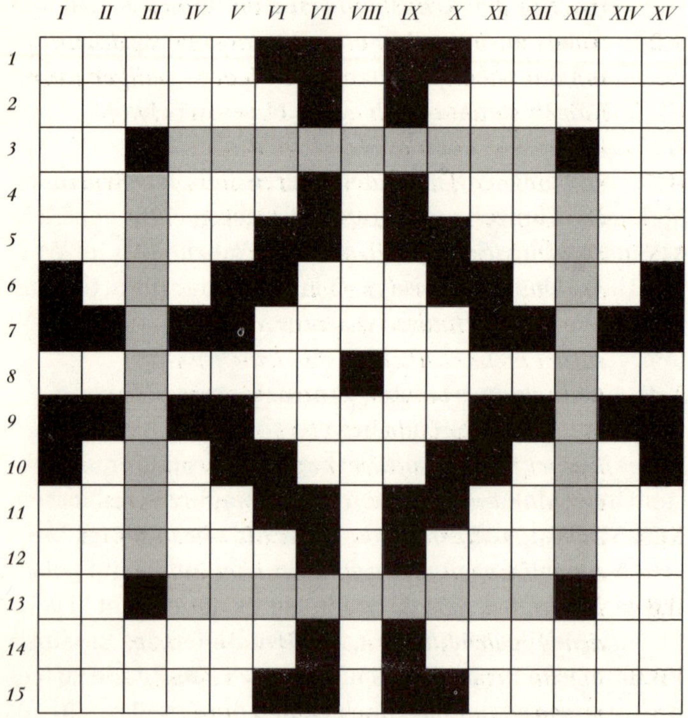

Und dies war Onkel Meleagers Kreuzworträtsel:

Die Wahrheit, armes Kind, war niemandes Tochter;
warf ab ihre Kleider und sprang ins Wortmeer.

WAAGERECHT

I.1 *Narr oder Weise, allein sie wohne,*
zwischen Macht und Recht auf himmlischem Throne.

XI.1 *Wie süß war seinen Ohren Goldes Klang!*
Die Gier nach Schätzen war sein Untergang.

»Das bezieht sich wohl auf uns«, meinte Lord Peter.

I.2 *Essig und Öl, von beidem ein Schuß,*
machen den Krauskopf erst zum Genuß.

X.2 *Nichts in sich selbst, braucht's nur wenig daran,*
um das Nichts zu werden, drob der Prediger sann.

I.3 *Mögen staubig auch meine Gesellen sein,*
wir sind ein königlicher Verein.

IV.3 *Hab deinen Willen, doch laß dran nicht rücken:*
Der neue kann den alten nicht flicken.

XIV.3 *Der Dichter ist des Reimes froh,*
doch tät ein Schrei es ebenso.

I.4 *Von allen Schnitten ist dieser der schlimmste,*
sofern nicht mathematisch deine Künste.

X.4 *Klein und verborgen, für niemand zu sehen,*
laß ich im Dunkeln das Brot aufgehen.

I.5 *Bedarf für dieses (hier nur abgekürzt)*
entstand durch einen Turm, der eingestürzt.

XI.5 *Mehr als Augen sehen, mehr als Ohren hören,*
sagen Blumen mit ihm, um zu betören.

II.6 *Rückwärts seht ihren Weg sie gehen,*
den Weg der Klugheit, wie Weise es sehen.

VII.6 *Vor langem wuchs sie an Flusses Rand,*
wo bald man nur noch Binsen fand.

XII.6 *An dieser ›Drei‹ wird erkannt*
der Bürger aus südlichem Land.

VI.7 *Ein Schlag in diesem Worte liegt:*
Mit Fünf davor ist der Römer besiegt.

I.8 *Dank seinen Werken erkennt man das meiste,*
klar im Glase, dunkel im Geiste.
IX.8 *Mit kleinen Schritten geht es hinan;*
ein Hammerschlag zeigt das Ende an.
VI.9 *Mit tollen Sprüngen bewundert man hier*
ein afrikanisches Steppentier.
II.10 *Zwar ist nicht hoch der Ton,*
doch kommt das Wort davon.
VII.10 *Oft hört man davon viel,*
wenn nichts steht auf dem Spiel.
XII.10 *Über Land und Meer auf tödlichen Schwingen,*
kann Pein sie dem Starken, Tod dem Schwachen bringen.
I.11 *Auch in der größten Ausführlichkeit*
sind sie zu kurz meist für Höflichkeit.
XI.11 *Cäsar, die Sterbenden grüßen dich hier,*
zu kämpfen mit Waffen und wildem Getier.
I.12 *Wie oft genügt das eine Wort allein,*
wo »Leih dein Ohr mir« viele schrein.
X.12 *Gewundene Umlaufbahn*
deutet die Lösung an.
I.13 *Für Irland er geworben hat,*
sowohl mit Feder, Wort und Tat.

»Das ist ja ausnahmsweise mal leicht«, sagte Miss Marryat.

IV.13 *Zwölfe stehen hier zur Wahl,*
doch sieben kennen nur die Zahl.
XIV.13 *Den Stand der Sterne man nach meinen Brüdern nennt;*
mich selbst man unter Lateinern kennt.
I.14 *Mit freiem Blick, um Beute zu bringen,*
lasset den Falken ins Blau sich schwingen.
X.14 *An Borgias Tafel, ihr Leut',*
nehmt dies zur Sicherheit!

I.15 *Freundschaft, etwas übertrieben,*
hätte ihn fast aufgerieben.
XI.15 *Bei vielen ist sie geschmeidig und glatt,*
bei mancher das Schönste, was sie hat.

SENKRECHT

1.I *Wenn wir durch russische Steppe gehen,*
können wir viele davon sehen.

»Bunter«, sagte Lord Peter, »bringen Sie mir einen Whisky mit Soda.«

11.I *Willst ohne meinen Kopf mich tun,*
so lasse deine Hände ruhn;
doch stell den Kopf mir nur voran,
dein Jubel kommt so besser an.
1.II *Geschoben zwischen Rand und Rand*
steht etwas, wo vorher nichts stand.
10.II *»Nach etwas, das auf meinen Zustand paßt?«*
Wie's euch gefällt, das Wort sei hier zu Gast.
1.III *Der Welt gib das ihre, wenn alles gewesen,*
dann braucht die Welt das von dir nicht zu lesen.

»Das ist ein Trost«, sagte Lady Mary. »Es zeigt, daß wir auf dem richtigen Weg sind.«

4.III *Sing »Nunc dimittis« und »Magnificat« –*
doch geh zurück zu einem früh'ren Blatt.
14.III *In dieser Kurzform, wie schon vorgekommen,*
auf hohe Herrscher wird Bezug genommen.
1.IV *Voll Feuer, Schwung und Eleganz:*
der spanischen Zigeuner Tanz.
10.IV *Bring Haut mir, Nadel oder Stock;*
die Nadel macht's langsam, schneller der Pflock.
1.V *Ein grausam Geschäft, so ging der Ruf,*

als Fürst Phalaris sie für Menschen schuf.
11.V *Dieser König (von dem man wenig nur weiß),*
gestürzt ward er auf des Himmels Geheiß.
2.VI *»Vom ὀν και μη ὀν Abschied nehmen?« Nein,*
der wackre Römer läßt, was ist, auch weiter sein.
7.VI *Mit dieser schönen Endung*
schließt manche Geisteswendung.
12.VI *An Norwegens Küste bin ich gemischt*
mit ebbenden Wassers brüllender Gischt.
6.VII *Ich stehe, eine Leiter zum Ruhm,*
zwischen den Sternen und dem Mailänder Dom.
1.VIII *Die Farbe begehren beide nicht wenig:*
der kleine Ysop und der große König.

»Das klärt die Frage nach den Quadraten«, sagte Mary. »Ich glaube, es bedeutet noch mehr«, versetzte ihr Bruder.

9.VIII *Den Weg zum Hades nicht gehen wollte,*
an Jünglings Statt der vernünftige Alte.
6.IX *Sie ließen fallen vor langer Zeit,*
womit den Boden wir düngen heut.
2.X *Dem kleinsten Wort der große Redner Größe gibt;*
im alten Rom war diese Alternative beliebt.
7.X *Die ganze Plage lohnt sich kaum,*
der Mühe Lohn ist doch nur Schaum.
12.X *Ein IAS füge in verstecktem Buche ein,*
daselbst erkennst du Anglerlatein.
1.XI *»Löwen«, sagte der Gallier von diesen Tieren,*
»sind's nicht.« Gütige Seelen – sie lassen dein Herzblut gefrieren.
11.XI *Ein Attritut für dürre Bengel,*
erst grün, dann gelb auf hohem Stengel.
1.XII *Ganz, ohne Löcher, bin ich fürwahr;*
was ich bedeute, ist doch klar.

10.XII *Läuft rundherum, berührt den Boden nimmer,*
wenn nicht in dem, vielleicht im nächsten Zimmer.
1.XIII *Ihr Götter, denkt der Göttin kurzen Namens auch,*
die anzurufen ist des Jägers Brauch.
4.XIII *Der Priester singt mit hoher Stimme vor,*
die Menge antwortet darauf im Chor.
14.XIII *Wenn ihr's erraten, freut euch offen;*
ihr habt eine goldene Wahl getroffen.
1.XIV *Nicht kommt Gelehrsamkeit in Krieges Not zuleide,*
ich ward geboren schon im Eisenkleide.
10.XIV *Im Abenddämmer seht den Bauersmann*
die Ochsen schirren von des Pflugs Gespann.
1.XV *Ein Wunder war für ihn vonnöten;*
jetzt, Rater, laß ihn für dich beten.
11.XV *Die Römer wußten, daß es frommt,*
wenn man auf schwier'gem Pfad zu ihnen kommt.

Das Bemerkenswerteste an dieser Suche – das fand zumindest Lord Peter – war ihre Wirkung auf Miss Marryat. Anfangs kauerte sie wie ein Häufchen Elend am Beckenrand, ein Bild verletzter Würde, nur daß sie sich eben doch geniert hätte, sich von denen zu distanzieren, die da so fleißig und fröhlich zu ihrem Wohle arbeiteten.
»Ich glaube, das muß das und das sein«, pflegte Mary zwischendurch hoffnungsvoll zu sagen, worauf ihr Bruder begeistert antwortete: »Auf Anhieb getroffen, altes Haus. Bravo! Diesmal haben wir's, Miss Marryat – « worauf er es ihr dann erklärte.
Und Hannah Marryat erwiderte darauf nur verächtlich: »Genau das sind so die kindischen Scherze meines Onkels Meleager.«
Nach und nach aber wurde auch sie von der Faszination der sich füllenden Kästchen angesteckt, und als das erste

Wort erschien, an dem die Schatzsucher erkannten, daß sie auf der richtigen Fährte waren, legte sie sich auf den Bauch und sah Lord Peter über die Schulter zu, wie er unter ihr herumkrabbelte, mit Holzkohle Buchstaben malte, sie mit dem Taschentuch wieder wegwischte und sich dann damit über die heiße Stirn fuhr, bis er dem Mohr von Venedig an Schwärze nicht mehr nachstand. Einmal äußerte sie halb abfällig, halb schüchtern eine Vermutung; zweimal äußerte sie eine Vermutung; das dritte Mal hatte sie eine Eingebung. Eine Minute später war sie schon mitten im Gewühl, kroch hochrot vor Aufregung auf den Kacheln herum, wischte wichtige Buchstaben mit den Knien aus, schneller als Peter sie schreiben konnte, und blätterte mit glühenden Augen unter wirrem schwarzem Haar in Rogets Thesaurus. Hastige Imbisse aus kaltem Braten und Tee hielten die Lebensgeister der erschöpften Mannschaft lebendig, und als die Sonne sich dem Horizont entgegenneigte, fügte Lord Peter mit einem Triumphschrei den letzten Buchstaben in das Diagramm ein.

Sie stiegen aus dem Bassin und betrachteten ihr Werk.

»Es können nicht alle Wörter Hinweise enthalten«, sagte Mary. »Ich vermute, es sind nur diese vier.«

»Zweifellos. Das ist völlig klar. Wir brauchen nur noch an der Stelle nachzuschlagen. Wo gibt's hier eine Bibel?«

Miss Marryat fischte sie aus einem Stapel von Nachschlagewerken heraus. »Aber«, sagte sie, »so heißt doch gar keines der Bibelbücher. Diese Sachen kommen immer im Abendgottesdienst vor.«

»Was Sie nicht alles wissen«, sagte Lord Peter. »Ich bin nämlich religiös erzogen, jawohl. Vulgata ist das, jawohl. Da haben Sie natürlich völlig recht, aber wir müssen, wie Onkel Meleager sagt, ›zurück zu einem früh'ren Blatt.‹ Bitte, da steht's. Also.«

»Aber es ist kein Kapitel angegeben.«
»Stimmt, es ist – ich meine, ist nicht.«
»Und überhaupt sind die Kapitel alle viel zu kurz.«
»Teufel auch! Oh, Moment. Wir könnten ja die Verse einfach mal von vorn durchzählen – eins, zwei, drei – «
»Siebzehn im ersten Kapitel, achtzehn, neunzehn – das hier muß es sein.«
Zwei blonde Köpfe und ein dunkler beugten sich aufgeregt über den Kleindruck, während Bunter sich bescheiden im Hintergrund hielt.

»O meine Taube in den Felsklüften, im Versteck der Felswand ...«

»Ach du lieber Gott!« sagte Mary enttäuscht, »das klingt ziemlich hoffnungslos. Bist du auch sicher, daß du richtig gezählt hast? Das kann doch *alles* heißen.«
Lord Peter kratzte sich am Kopf.
»Das ist ein ziemlich böser Schlag. Ich kann Onkel Meleager gar nicht mehr so gut leiden. Alter Gauner!«
»Nachdem wir uns die ganze Arbeit gemacht haben!« stöhnte Mary.
»Es *muß* stimmen«, rief Miss Marryat. »Vielleicht steckt eine Art Anagramm darin. Wir dürfen jetzt nicht aufgeben!«
»Bravo!« sagte Lord Peter. »Das ist die richtige Einstellung. Ich fürchte nur, wir müssen uns in eine neue Frivolitätsorgie stürzen, Miss Marryat.«
»Also, bisher hat's großen Spaß gemacht«, gestand Hannah Marryat.
»Wenn Sie mir verzeihen wollen – « begann Bunter mit untertäniger Stimme.
»Sie hatte ich ganz vergessen, Bunter«, sagte Seine Lordschaft. »Natürlich können Sie uns wieder berichtigen – wie immer. Wo haben wir den Fehler gemacht?«

»Ich wollte nur bemerken, Mylord, daß die Worte, die Sie zitierten, nicht ganz mit meiner Erinnerung an die fragliche Passage übereinstimmen. In der Bibel meiner Mutter hieß es, glaube ich, ein wenig anders, Mylord.«
Lord Peter klappte die Bibel zu und sah auf dem Buchrücken nach.
»Vollkommen klar«, sagte er, »Sie haben natürlich wieder einmal recht. Das hier ist eine revidierte Ausgabe. Ihre Schuld, Miss Marryat. *Sie* müssen natürlich eine revidierte Ausgabe haben. Aber können wir uns das bei Onkel Meleager vorstellen? Nein. Bringen Sie mir Onkel Meleagers Bibel.«
»Kommen Sie mit in die Bibliothek!« rief Miss Marryat, indem sie ihn bei der Hand packte und schon losrannte. »Haben Sie doch nicht so die Ruhe weg!«
In der Bibliothek lag mitten auf dem Tisch eine ehrwürdige Bibel – ehrwürdig durch Alter und kunstvollen Ledereinband. Lord Peter fuhr liebkosend mit der Hand darüber, denn ein edles altes Buch war wie ein Lied für seine Seele. Von seiner Schönheit beeindruckt blätterten sie in den vergilbten Seiten:

»In den Felsklüften, in den Steinrissen ...«

»Miss Marryat«, sagte Seine Lordschaft, »wenn Ihr Onkel das Testament hier nicht irgendwo in einer Mauerritze versteckt hat, dann – also, ich kann nur sagen, dann hat er uns einen üblen Streich gespielt«, schloß er etwas lahm. »Hoffentlich müssen wir dafür das Haus nicht abreißen.«
»O nein, das glaube ich nicht. Wenn Ihr Onkel hier irgendwelche drastischen Umbauten vorgenommen hätte, wäre das wohl jemandem aufgefallen. Moment! Fragen wir doch mal die Haushälterin.«
Mrs. Meakers wurde gerufen und erinnerte sich genau, daß

Mr. Finch sie vor ungefähr neun Monaten auf »so was wie einen kleinen Riß« an der Unterseite der Haupttreppe aufmerksam gemacht und einen Handwerker bestellt hatte, um das auszubessern. Gewiß könne sie ihnen die Stelle ganz genau zeigen. Die Gipsfüllung könne man noch deutlich sehen.

»Hurra!« rief Lord Peter. »Bunter – einen Meißel oder dergleichen. Onkel Meleager, Onkel Meleager, jetzt haben wir dich! Miss Marryat, ich finde, es sollte Ihre Hand sein, die den Streich führt. Es ist schließlich Ihre Treppe – das heißt, wenn wir das Testament finden; wenn hier also jemand was kaputtmacht, dann bitte Sie.«

Atemlos standen sie drumherum und schauten zu, wie die Gipskrümel herausfielen und ein breiter Spalt im Mauerwerk sichtbar wurde. Hannah Marryat ließ Hammer und Meißel fallen und griff in die Ritze.

»Da ist was«, keuchte sie. »Hebt mich mal hoch, ich komme nicht dran. O ja, da ist was! Das ist es! Das ist *es!*« Sie zog die Hand heraus, in der sich ein länglicher versiegelter Umschlag befand. Er trug die Aufschrift:

»Meleager Finchs ENDGÜLTIG Letzter Wille«

Miss Marryat fiel mit einem Freudenjauchzer Lord Peter um den Hals.

Mary führte einen Freudentanz auf. »Das muß ich aller Welt sagen!«

»Kommt mit und sagt's meiner Mutter!« rief Miss Marryat.

Bunter griff ein.

»Eure Lordschaft mögen verzeihen«, sagte er bestimmt, »aber Eurer Lordschaft Gesicht ist ganz schwarz von Holzkohle.«

»Schwarz, aber gar lieblich«, sagte Lord Peter. »Aber ich beuge mich Ihrer Zurechtweisung. Ach, was waren wir doch alle klug! Wie herrlich das alles ist! Wie reich Sie sein werden! Wie spät es ist und wie hungrig ich bin! Ja, Bunter, ich wasche mir das Gesicht. Kann ich noch irgend etwas für irgend jemanden tun, solange ich in der Stimmung dazu bin?«

»Wenn Eure Lordschaft so gütig wären«, sagte Bunter, indem er einen Zettel aus der Tasche zog, »wäre ich Eurer Lordschaft sehr dankbar für einen südafrikanischen Vierbeiner mit sechs Buchstaben, der mit Q anfängt.«

Lösung des Kreuzworträtsels von Seite 338:

	I	*II*	*III*	*IV*	*V*	*VI*	*VII*	*VIII*	*IX*	*X*	*XI*	*XII*	*XIII*	*XIV*	*XV*
1	V	I	R	G	O			S			M	I	D	A	S
2	E	N	D	I	V	E		C		V	A	N	I	T	A
3	R	S		T	E	S	T	A	M	E	N	T		H	I
4	S	E	C	A	N	T		R		L	E	A	V	E	N
5	T	R	A	N	S			L			S	C	E	N	T
6		T	N	A			S	E	G			T	R	E	
7			T			I	C	T	U	S			S		
8	S	P	I	N	O	Z	A		A	U	C	T	I	O	N
9			C			E	L	A	N	D			C		
10		A	L	T			A	D	O			F	L	U	
11	P	L	E	A	S			M			A	R	E	N	A
12	L	I	S	T	E	N		E		T	W	I	S	T	S
13	A	E		T	H	I	R	T	Y	O	N	E		E	T
14	U	N	H	O	O	D		U		B	E	Z	O	A	R
15	D	A	M	O	N			S			D	E	R	M	A

Anmerkungen zur Lösung des Kreuzworträtsels. (Aus verständlichen Gründen mußten die englischen Lösungswörter beibehalten werden; d. Übers.):

I.1 VIRGO *(Jungfrau) das Sternzeichen zwischen* LEO *(Löwe – Macht) und* LIBRA *(Waage – Gerechtigkeit). Anspielung auf das Gleichnis von den zehn Jungfrauen*

I.2 ENDIVE *(dt.: Endivie)*

X.2 VANITA (+ S = VANITAS – *Eitelkeit)*

I.3 RS = *Royal Society (Königliche Gesellschaft), deren Mitglieder sich mit allgemein als trocken angese-*

he- *ner Materie befassen*

XIV.3 HI – *bezieht sich auf* »The Hunting of the Snark« von *Lewis Carroll: »He would answer to Hi! Or to any loud cry.«*

X.4 LEAVEN *(dt.: Sauerteig)*

I.5 TRANS(LATION) = *Übersetzung. Notwendig geworden durch Sprachverwirrung nach Turmbau zu Babel*

XI.5 SCENT *(dt.: Duft)*

II.6 ANT *(dt.: Ameise)*

VII.6 SEG *(dt.: Segge/Riedgras)*

XII.6 TRE – *(it.: drei)*

VI.7 ICTUS – (*it. für »Schlag«). Wird mit einer römischen Fünf davor zu VICTUS (besiegt)*

I.8 SPINOZA – *schrieb über optische Gläser und Philosophie*

VI.9 ELAND *(dt.: Elen – Antilope)*

II.10 ALT (*-stimme)*

VII.10 ADO – *nach »Much Ado About Nothing« (Viel Lärm um nichts)*

XII.10 FLU *(dt.: Grippe)*

I.11 PLEAS *(dt.: Bitten)*

I.12 LISTEN *(dt.: Hör zu)*

X.12 TWISTS *(dt.: Windungen)*

I.13 AE – *Pseudonym des irischen Dichters George William Russell*

IV.13 THIRTYONE *(dt.: Einunddreißig). Sieben von zwölf Monaten haben 31 Tage*

XIV.13 ET *(dt.: und), lat. Konjunktion; »Konjunktion« bezeichnet auch bestimmte Planetenkonstellation*

I.14 UNHOOD – *dem Falken die Kappe abnehmen*

X.14 BEZOAR *(dt.: Magenstein), soll ein vorbeugendes Gegengift sein*

XI.15 DERMA (*lat. Haut)*

1.I VERST (*dt. Schreibweise »Werst«) – früheres russisches Längenmaß (1,067 km)*

11.I PLAUD – *Kurzform für »applaud« = applaudieren. Ohne »Kopf«, d.h. den ersten Buchstaben:* LAUD *– loben*

1.II INSERT *(dt.: Einfügung)*

10.II ALIENA – *aus »Wie es euch gefällt« (Shakespeare)*

1.III RD – *Abk. für »Refer to Drawer« – (einen Scheck)*
an *den Aussteller zurückgeben*

4.III CANTICLES – *Lobgesänge in der Vulgata, aber auch Hohelied Salomos (darum »früheres Blatt«)*

14.III HM – *His (oder Her) Majesty = Seine (Ihre) Majestät*

10.IV TATTOO *(dt.: Tätowierung)*

1.V OVENS *(dt.: Ofen)*

7.VI IZE – *Fremdwortendung, entsprechend dem deutschen -ieren. Beisp.: philosophize – philosophieren*

12.VI NID – *Nidaros (alter Name für Trondheim)*

1.VIII SCARLET *(dt.: Scharlachrot–Purpur)*

2.X VEL (*lat. oder)*

7.X SUD *(dt.: Seifenschaum)*

1.XI MANES – *gütige Geister; bezieht sich auf Emile Faguet: »Un lion est une mâchoire et non pas une crinière.«*

11.XI AWNED *(dt. gegrannt)*

10.XII FRIEZE *(dt.: Fries)*

1.XIII DI – *Kurzform für Diana (lat. Göttin der Jagd)*

4.XIII VERSICLES – *Versikel (hier als Lösungswort für Vers in der Bibel)*

14.XIII OR *(frz. Gold)*

1.XV SAINT *(dt.: Heiliger)*

11.XV ASTRA – *per aspera ad astra: durch Widernisse zu den Sternen*

QUELLENNACHWEIS

Die Texte auf den mit Ziffern bezeichneten Seiten sind den folgenden Quellen entnommen.

Wir danken den Verlagen und Autoren für die freundliche Erteilung der Abdruckgenehmigung. Der Quellennachweis wurde nach bestem Wissen und Gewissen erstellt. Sollten dennoch Urheberrechte falsch wiedergegeben oder vergessen worden sein, geschah dies ohne Absicht. Der Verlag ist selbstverständlich zu einer Nachhonorierung bereit.

52 Agatha Christie: Das Wespennest. Aus: Agatha Christie. Der Unfall und andere Fälle. © alle deutschsprachigen Rechte by Scherz-Verlag, Bern, München, Wien

64 Arthur Conan Doyle: Der Mann mit der Narbe. Aus: Arthur Conan Doyle. Sherlock Holmes Geschichten. Aus dem Engl. von M. Nedem. Copyright © der dt. Übersetzung 1984 Diogenes Verlag AG, Zürich

97 Ruth Rendell: Der Fieberbaum. © by Ruth Rendell 1982 . © der deutschen Übersetzung 1985 by Verlag Ullstein, Berlin

125 Gilbert Keith Chesterton: Die Sünden des Prinzen Saradin. Aus: Gilbert Keith Chesterton. Die besten Pater-Brown-Geschichten. Aus dem Engl. von St. Kuhn-Werner. Copyright © 1993 by Reclam-Verlag, Stuttgart

154 Gilbert Keith Chesterton: Der Salat des Oberst Cray. Aus: Gilbert Keith Chesterton. Die besten Pater-Brown-Geschichten. Aus dem Engl. von St. Kuhn-Werner. Copyright © 1993 by Reclam-Verlag, Stuttgart

174 Gilbert Keith Chesterton: Vaudreys Verschwinden. Aus: Gilbert Keith Chesterton. Die besten Pater-Brown-Geschichten. Aus dem Engl. von St. Kuhn-Werner. Copyright © 1993 by Reclam-Verlag, Stuttgart

249 Arthur Conan Doyle: Der Teufelsfuß. Aus: Arthur Conan Doyle. Sherlock Holmes Geschichten. Aus dem Engl. von M. Nedem. Copyright © der dt. Übersetzung 1984 Diogenes Verlag AG, Zürich

287 Ruth Rendell: Achillesferse. Aus: Ruth Rendell. Die Wege des Bösen. © der Originalausgabe 1979 by Kingsmarkham Enterprises Ltd. © der deutschsprachigen Ausgabe by Wilhelm Goldmann Verlag, München GmbH

323 Dorothy Sayers: Das faszinierende Problem mit Onkel Meleagers Testament. Aus: Dorothy Sayers. Der Mann mit den Kupferfingern. Deutsch von O. Bayer. Copyright © 1982 by Rowohlt Verlag GmbH, Reinbek bei Hamburg